Sportwissenschaft und Sportpraxis

Herausgeber: Clemens Czwalina   ISSN 0342-457X

Band 76

D1735884

Redaktion:

Fritz Dannenmann

Volleyball erforschen

14. Symposium
des Deutschen Volleyballverbandes 1988

Preis DM 28,-

Verlag Ingrid Czwalina D-2070 Ahrensburg bei Hamburg

CIP-Titelaufnahme der Deutschen Bibliothek

Volleyball erforschen / Red.: Fritz Dannenmann. – 1. Aufl. –
Ahrensburg bei Hamburg : Czwalina, 1989
    (Sportwissenschaft und Sportpraxis ; Bd. 76) (. . . Symposium des
    Deutschen Volleyballverbandes ; 14. 1988)
    ISBN 3-88020-200-1
NE: Dannenmann, Fritz [Red.]; GT; Deutscher Volleyball-Verband:
    . . . Symposium des . . .

ISSN 0342-457X
ISBN 3-88020-200-1
1. Auflage /Ahrensburg 1989
Copyright by Verlag Ingrid Czwalina, D-2070 Ahrensburg bei Hamburg
Printed in the Federal Republic of Germany
Herstellung: WERTDRUCK, D-2000 Hamburg 73

INHALTSVERZEICHNIS

IV. Methodik-Arbeiten zum Volleyballspiel

V. Volleyball im internationalen Vergleich

VI. Volleyball-Video

EINFÜHRUNG

Innerhalb der bundesdeutschen Sportgemeinschaft findet augenblicklich ein intensiver Verdrängungswettbewerb statt: immer mehr Sportarten kämpfen um die Gunst zunehmend weniger Kinder und Jugendlicher. Da außerdem neben den Sportvereinen kommerzielle Anbieter mit attraktiven Sportarten und -formen wie Squash oder Bodybuilding die Jugendlichen bewerben, wird es für die einzelnen Sportarten zunehmend schwerer, ihren Nachwuchs zu sichern. Wohl dem, der da eine Steffi hat...

Wie fast immer, so gibt es auch hier mehrere Möglichkeiten, um zum Erfolg zu kommen. Zwei Wege sind erfolgversprechend. Kurz- und mittelfristigen Erfolg bei der Bestandssicherung bietet vor allem der internationale sportliche Erfolg. Bei Olympischen Spielen und Welt- oder Europameisterschaften vorne zu sein, bedeutet in die Medien zu kommen: bringen Zeitung und Fernsehen attraktive Erfolgsmeldungen, bieten sich gar Identifikationsfiguren an, strömen die Jugendlichen in die Abteilungen. - Langfristig führt nur ein eher stiller Weg zum Erfolg: das Volleyballspielen in Verein und Schule - Training wie Unterricht - müssen so attraktiv werden, daß bei Anfängern die Lust wächst, diese Sportart zu erlernen und weiter auszuüben. Und Fortgeschrittene dürfen die Lust am Spiel nicht verlieren. Dies gelingt nur, wenn hervorragende Lehrer, Übungsleiter und Trainer mit Engagement und Kompetenz unterrichten und trainieren.

Die alljährlich vom DEUTSCHEN VOLLEYBALLVERBAND für die Volleyballdozenten der Universitäten und Hochschulen organisierten Symposien wollen ihren Teil dazu beitragen, daß dieses hohe Ziel erreicht wird. Das 14. Symposium des DVV in Bonn bot wieder Gelegenheit zur Information und Diskussion. Dieser Berichtsband gibt Zeugnis davon.- Im ersten Kapitel setzen sich PAPAGEORGIOU/BLÜHM mit Fragen der "Terminologie im Volleyball" auseinander. Obwohl begriffliche Klarheit für die Entwicklung einer Disziplin ohne Zweifel wichtig ist, gibt es dazu - von einigen knappen Beiträgen von DÜRRWÄCHTER abgesehen - nur wenige Veröffentlichungen. Mit den Methoden der Literaturanalyse und der Expertenbefragung kommen die Autoren zu statistischen Häufigkeiten, die sie zur Grundlage von Terminologievorschlägen im Bereich der Technik des Volleyballspiels heranziehen.

Das zweite Kapitel enthält zwei physiologische Forschungsarbeiten von Mitarbeitern des Physiologischen Instituts der Deutschen Sporthochschule Köln. BAUM/ESSFELD stellen Überlegungen zu "Mögliche Ursachen der Ermüdung im Wettkampf" an. Am Beispiel der Sprunghöhenvariation werden verschiedene physiologische Parameter diskutiert und abschließend einige allgemeine Trainingshinweise gegeben.- KÜNSTLINGER setzt sich mit der "Entstehung von Muskelkrämpfen" auseinander. Sie diskutiert sechs verschiedene Ursachen und schlägt abschließend fünf unterschiedliche Gegenmaßnahmen vor.

Im dritten Abschnitt sind "Sozialwissenschaftliche Forschungsarbeiten zum Volleyballspiel" zusammengefaßt. FISCHER/ZOGLOWEK hegen Zweifel an der Attraktivität des Volleyballspiels in der Schule. Sie wollen "auf der Grundlage einer detaillierten Strukturanalyse...Vorschläge für mögliche Veränderungen bei der Vermittlung des Volleyballspiels im Rahmen des Schulsports" ausarbeiten. Dazu stellen sie erste Untersuchungsergebnisse eines längerfristigen Forschungsprojektes vor.-TREUTLEIN/JANALIK/HANKE informieren unter dem Titel "Diagnose und Veränderung von Trainerverhalten im Volleyball" über Teilergebnisse eines sechsjährigen Forschungsprojektes, mit dem handlungsleitende Kognitionen bei Lehr-/Lernprozessen im Sport erfaßt wurden. Den Verfassern geht es insbesondere um das Aufbrechen und Verändern routinisierter Handlungsabfolgen in kritischen Situation. Dazu wird ein spezielles Verfahren - der HDVT - vorgeschlagen.- PAPAGEORGIOU/BERET geben mit ihrem Beitrag interessante Einblicke in das "Coaching im Volleyball". Am Fallbeispiel eines Spitzentrainers wird verdeutlicht, welch enorme psychosomatischen Belastungen vor, während und nach einem Volleyballspiel von einem Trainer zu ertragen sind.

Das umfangreiche Kapitel IV enthält "Methodik-Arbeiten zum Volleyballspiel". DANNENMANN befaßt sich mit dem Problem "Gleichgewicht im Volleyball". Die Gleichgewichtsfähigkeit wird in der Sportmotorik oft zu gering geachtet, da die Gleichgewichtsregulation automatisch erfolgt, ohne Zuwendung des Bewußtseins. Aufbauend auf einer theoretischen Auseinandersetzung mit der Gleichgewichtsfähigkeit werden die Bedeutung im Volleyballspiel herausgearbeitet und Vorschläge zur Ausbildung unterbreitet.- KREMER betrachtet die "Funktionsgymnastik im Volleyballtraining". Ausgehend von volleyballspezifischen körperlichen Belastungen wird die Bedeutung der Rumpfmuskulatur betont. Traditionelle Übungsformen werden kritisiert und funktionale Alternativformen mitgeteilt.- RUDEL schlägt "Serienspielreihen zur Fertigkeitsvermittlung unter Berücksichtigung des Timings" vor. Pritschen, Baggern, Angriff und Aufschlag werden ausführlich bearbeitet.-

WERNER zeigt, wie mit "Lernen durch Beobachten" die Grundfertigkeiten im Volleyballspiel verbessert werden können. Sein Verfahren wurde im Schul- und Vereinsvolleyball erprobt und brachte gute Ergebnisse.- WAGNER setzt sich mit der "Fehlerkorrektur im Volleyball" auseinander. Er beschreibt und diskutiert einen handlungsdiagnostischen Ansatz, bei dem weniger die äußere Mustertechnik als die innere Regulationsstruktur Leitlinie ist.- WESTPHAL stellt "Überlegungen zur Feldverteidigung auf unterem und mittlerem Niveau" an. Auf der Grundlage statistischer Analysen macht er konkrete Vorschläge, wie individual - und mannschaftstaktisch angemessen zu reagieren und situationsbezogen auszubilden ist.-

Im fünften Abschnitt werden Einzelaspekte des "Volleyballspiels im internationalen Vergleich" bearbeitet. PAPAGEORGIOU/SCHNIEWIND stellen die Ergebnisse einer vergleichenden Literaturstudie vor, die sich mit der Volleyball-Anfänger und - Fortgeschrittenenausbildung im italienischen, französischen, niederländischen und deutschen Sprachraum befaßt. Dieser Blick in hierzuland praktisch unbekannte Methodikwerke ermöglicht zahlreiche neue Einsichten.- BOUCHERIN gibt einen Einblick in die "Volleyball-Leiter und - Trainerausbildung in der Schweiz". Über die Bearbeitung des strukturellen Rahmens hinaus informiert sie über wesentliche inhaltliche Grundpositionen und offene Probleme.-

Im letzten Teil dieses Sammelbandes wird ein in Fachkreisen vieldiskutiertes "Volleyball-Video" vorgestellt. DANNENMANN/SONNENBICHLER informieren über ihren Methodikfilm "Kinder lernen Volleyball". Zielsetzung, Technik, Inhalt und Struktur sowie verwendete Gestaltungsmittel und Einsatzmöglichkeiten werden dargestellt.

Das Symposium fand im Oktober 1988 am Institut für Sportwissenschaft der Universität Bonn statt. Das idyllisch auf dem Bonner Venusberg gelegene Institut bot ausgezeichnete Rahmenbedingungen, die Kollegen SCHALLER, JANSEN, MÜLLER, SPITZER und RUDEL trugen wesentlich dazu bei, daß für alle Teilnehmer Bonn eine Reise wert war. Ihnen und allen anderen, die zur Erstellung dieses Berichtsbandes beigetragen haben, danke ich sehr herzlich.

Fritz Dannenmann

I. VOLLEYBALL-TERMINOLOGIE

ATHANASIOS PAPAGEORGIOU/GISELA BLÜHM

TERMINOLOGIE IM SPORTSPIEL VOLLEYBALL [1]

1 EINLEITUNG

Bis heute gibt es immer wieder Erweiterungen und neue Varianten in Technik, Taktik und Regelwerk, die als das Ergebnis intensiver praktischer und theoretischer Auseinandersetzung in der Sportart Volleyball gelten. Durch diese fortschreitende Entwicklung kam und kommt es immer noch zu einem ständigen Anwachsen neuer bzw. sich verändernder technisch-taktischer Elemente, wobei sich dies direkt im Sprachgebrauch der fachspezifischen Begriffe mitauswirkt. So erscheint es immer notwendiger, eine Klärung der vorhandenen Begriffe in Technik und Taktik anzustreben, um veraltete, ein- und mehrdeutige, genaue und ungenaue bzw. synonyme Begriffe herauszufinden und daraus dann eine einheitliche und klar strukturierte Fachterminologie entwickeln zu können.

Volleyball als Teil der Sportwissenschaft sollte sich mit der Terminologie ihrer Fachsprache beschäftigen, um eine allgemeingültige und einheitliche Fachterminologie nachweisen zu können, denn "Wissenschaftliche Begriffsklarheit ist zunächst Voraussetzung jeder unmittelbaren Verständigung im Fachgebiet" (SCHINGNITZ/DÖBLER, 1959/60, 155). Unter einem Terminus (lat.: Grenzstein, Schranke, Ende) versteht man "... eine spezifische lexikalische Einheit, die einen definierten Begriff im System eines Fachgebietes bezeichnet. Durch die eindeutige definitorische Festlegung auf ein bestimmtes Denotat wird die kontext-unabhängige Sprachform erreicht, die zu einer Präzisierung führt" (KERGER, 1976, 611). Die einzelnen Termini eines Fachgebietes werden in terminologischen Systemen, den Terminologien, strukturiert. Eine Terminologie stellt "die Gesamtheit der in einer Wissenschaft oder in einem Fachgebiet verwendeten spezifischen Begriffe oder Ausdrücke (Fremdsprache)" (LETZELTER, 1971, 68) dar. Bei der Bil-

---

[1] Nach der Diplomarbeit von Gisela Blüm: Terminologie im Sportspiel Volleyball - Eine Untersuchung zur Bestandsaufnahme der sportartspezifischen Begriffe zur Technik und Taktik und Versuch einer Ableitung einer einheitlichen Terminologie. Deutsche Sporthochschule Köln, 1987.

dung von Termini, die den Kern des terminologischen Systems bilden, sollen maximale Eindeutigkeit und Abgrenzung zu anderen Sprachebenen (Jargon, Umgangssprache) erstrebt werden, um eine gewisse Neutralität nachzuweisen.

Bisher erfolgte noch keine spezifische wissenschaftlich fundierte Auseinandersetzung zu dem Thema "Terminologie im Volleyball". Die Arbeit soll einen Einstieg in die Problematik der Terminologie im Volleyball geben und den augenblicklichen Stand erarbeiten und verdeutlichen. Dabei müssen wir uns aus Platzgründen auf den Teilbereich Technik beschränken. Ein zweiter Beitrag wird sich mit dem Bereich der Spieltaktik auseinandersetzen.

2 UNTERSUCHUNGSMETHODE

Die Untersuchung zur Bestandsaufnahme hat die Erfassung der verwendeten technisch-taktischen Begriffe in der Literatur zum Gegenstand. In der Voruntersuchung wurden aus der deutschsprachigen Literatur stichprobenartig Monographien, Sammelwerke, Zeitschriftenaufsätze und Diplomarbeiten auf die verwendeten Begriffsbezeichnungen zur Technik und Taktik untersucht. Die herausgearbeiteten Begriffe wurden dann sortiert, so daß man Begriffsgruppen (mit Synonymen) erhielt, die den einzelnen Techniken zugeteilt wurden.

Die Hauptuntersuchung wurde so durchgeführt, daß über eine Häufigkeitsverteilung der verwendeten Begriffe Aussagen über den Stellenwert der einzelnen Begriffe gemacht werden konnten.

Eine Untersuchungsgruppe stellten die Teilnehmer des Symposiums des DVV von 1986 dar. Sie sind insofern von großem Interesse, da sie durch den Theorie- und Praxis-Bezug ihrer Tätigkeit ständig mit der Fachsprache (in Forschung und Ausbildung) befaßt sind und sich mit ihr auseinandersetzen müssen. Von 45 postalisch zugestellten Fragebögen betrug die Rücklaufquote 23. Der Schwerpunkt bei dieser Untersuchung lag auf dem Herausarbeiten, welche Begriffe von den "Praktikern" hauptsächlich verwendet werden. Die Befragten konnten jeweils nur eine Antwortmöglichkeit ankreuzen bzw. einen Begriff eigener Wahl angeben.

Dieser Untersuchung wurde eine erneute gezielte Literaturauswertung gegenübergestellt. Es wurden 57 deutschsprachige Volleyballmonographien von 51 Autoren ab dem Jahre 1955 (Gründung DVV, seitdem starke Entwicklung) untersucht.

1	Andresen, 2.Aufl., 1977	26	Herzog, 1975
2	Baacke, 1977	27	Herzog/Voigt/Westphal, 1985
3	Bachmann, 2.Aufl., 1983	28	Hoch, 5.Aufl., 1976
4	Beutelstahl, 1979	29	Horvath, 1972
	Beutelstahl, 2.Aufl., 1984		Horvath, 1975
5	Blossfeldt, 5.Aufl., 1980	30	Huhle, 1985
6	Blume, 1983	31	Kleinmann, 1975
7	Boucherin, 1983	32	Kleinmann/Kruber, 1979
8	Brettschneider/Westphal,	33	Kleschtschew/Tjurin/Furajew, 1968
	2.Aufl., 1978	34	Kneyer/Kneyer, 1983
9	Christmann, 1983	35	Kobrle/Neuberg, 1977
10	Christmann, 1984	36	Kobrle/Neuberg/Olivier, 1985
11	Christmann, 1985	37	Krieter, 2.Aufl., 1979
12	Christmann, 1986	38	Löscher, 1982
13	Döring/Karbe/Löscher, 1981		Löscher, 4.Aufl., 1982
14	Dürrwächter, 8.Aufl., 1979	39	Medler, 1977
	Dürrwächter, 3.Aufl., 1978		Medler, 1984
	Dürrwächter, 1982	40	Medler/Schuster, 1986
15	Einhorn, 1960	41	Müller/Albrecht, 2.Aufl., 1977
16	Eisenberger/Poptodorow, 1975	42	Oskolkowa/Sungurow, 1959
17	Fiedler, 6.Aufl., 1985	43	Paap, 1978
18	Forestier, 6.Aufl., 1985	44	Papageorgiou/Spitzley, 1984
19	Fröhner, 1985	45	Sachse, 1985
20	Fröhner/Radde/Döhring,	46	Schreiter/Schneidereit/Fiedler, 1963
	3.Aufl., 1982	47	Schüchner, 2.Aufl., 1974
21	Gorski/Krieter, 1982	48	Shelesnjak/Kleschtschow/Tschechow,
22	Götsch/Papageorgiou/Tiegel, 1980		2.Aufl., 1967
23	Hansen/Persson, 1979	49	Voigt/Naul, 1980
24	Hartmann,1977	50	Wopp, 1980
25	Heggen, 1980	51	Zeigert, 6.Aufl., 1978

Abb. 1: Auflistung der untersuchten Monographien

Jedem Autor bzw. jeder Autorengruppe wurde ein Fragebogen zugeordnet, wobei sie, unabhängig von der Anzahl ihrer Volleyballmonographien, nur jeweils ein Kreuz pro verwendeten Begriff erhielten, egal, wie häufig dieser insgesamt benutzt wurde. Mit dieser Methode sollten die Autoren untereinander gleichberechtigt nebeneinandergestellt werden, unabhängig von der Anzahl ihrer Veröffentlichungen. Hier ergaben sich, im Gegensatz zur anderen Gruppe Mehrfachnennungen, da es zum Teil unmöglich war festzustellen, welcher Begriff der jeweilige Hauptbegriff eines Autors war. So ließ sich auch die synonyme Verwendung verschiedener Begriffe aufzeigen.

Durch die Untersuchungsergebnisse der Dozentenbefragung sollten Schwerpunkte und Trends zu einzelnen Begriffsbenennungen deutlich gemacht und mit den verwendeten Begriffen der Volleyballmonographien verglichen werden.

3 VERFAHRENSTECHNISCHE HINWEISE ZUR AUSWERTUNG

Die Häufigkeitsverteilungen werden als Balkendiagramme dargestellt. Die selten genannten Begriffe sind unter "Sonstiges" zusammengefaßt. Zusätzlich weist ein Balken unter der Rubrik "ohne Angabe" die Anzahl der Autoren oder Dozenten aus, die sich zu der jeweiligen Begriffsgruppe nicht äußern. Das linke Diagramm zeigt jeweils die Dozentenbefragung, das rechte Diagramm gibt die Literaturuntersuchung wieder. Sowohl die 23 zurückerhaltenen Fragebögen als auch die 51 Autoren ergeben 100%. Da in der Literaturuntersuchung Mehrfachnennungen möglich waren, kann die Gesamtprozentzahl 100% übersteigen.

4 GRAPHISCHE DARSTELLUNG UND UNTERSUCHUNGSAUSWERTUNG

4.1 Die 5 Grundtechniken und ihre Varianten

1 Spielen des Balles mit den Händen vor der Stirn

Abb. 2: Spielen des Balles mit den Händen vor der Stirn

Es gibt verschiedene Möglichkeiten, das **Spielen des Balles vor der Stirn** zu benennen. Die zwei meistgenannten Begriffe in beiden Auswertungen sind **oberes Zuspiel** und **Pritschen**. Die Mehrheit der Autoren verwendet neben dem Begriff **oberes Zuspiel** den Begriff **Pritschen** gleichberechtigt. Die Dozentenuntersuchung bestätigt die Dominanz beider Begriffe, mit einer Priorität für den Begriff **oberes Zuspiel**. Die Überprüfung der Art der Verwendung und Definitionen zu den beiden Begriffen konnte keinen Aufschluß über die Unterschiede dieser Begriffe geben;

lediglich die unterschiedliche Systematisierung lassen terminologische Unterschiede zu, die aber auch keine einheitliche Struktur erkennen lassen.

Terminologievorschlag: oberes Zuspiel

1.1 Abspielrichtung

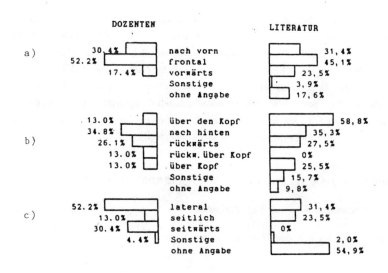

Abb. 3: Abspielrichtung

In Gruppe a kommt es in beiden Untersuchungsprogrammen zu einem einheitlichen Ergebnis in der Reihenfolge der Nennungen. Der meistgenannte Begriff ist hier **frontal**, den SCHAAR (1985, 32) wie folgt definiert: "der Ball wird vom Zuspieler aus nach vorn gespielt."

Gruppe b enthält fünf nennenswerte Begriffe, die aber in ihrer Häufigkeit in beiden Untersuchungen variieren. Kennzeichnend ist jedoch, daß es sich bei den Dozenten wie in der Literatur um die gleichen Ausdrücke handelt, die von Bedeutung sind. Es wäre zu überlegen, ob einzelne Begriffe auch kombiniert auftreten können.

- 13 -

In Gruppe c wurde der Begriff **lateral** am häufigsten genannt. SCHAAR (1985, 32) definiert diesen als: "der Ball wird in Richtung der Schulterachse gespielt." Auffällig in dieser Gruppe ist die hohe Anzahl von Nicht-Nennungen in der Literatur. Dies läßt sich u.a. durch die relativ geringe Nutzungshäufigkeit dieser Technikvariante in der Praxis erklären.

Terminologievorschlag:

a: frontal

b: über (den) Kopf nach hinten

c. lateral

1.2 Eingesetzte Körperteile

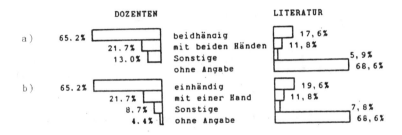

Abb. 4: Eingesetzte Körperteile

Diese beiden Begriffsgruppen finden wenig Beachtung in der Literatur. Dies ist dadurch zu erklären, daß die Begriffe **beidhändig/mit beiden Händen** vorwiegend in dem Oberbegriff **oberes Zuspiel** enthalten sind und nur zur Abgrenzung der Grundtechnik vom **einhändigen oberen Zuspiel** verwendet werden. Der begriffliche Schwerpunkt sollte deutlich auf die ballberührenden Körperteile gelegt werden, um so die Begriffe **beid-** bzw. **einarmig** (unter Sonstige) beim **oberen Zuspiel** auszuschließen.

Terminologievorschlag:

a: beidhändig

b: einhändig

1.3 Bewegung des Spielers bei der Technikausführung

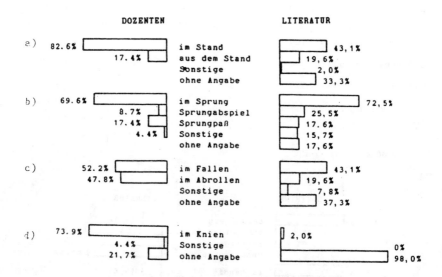

Abb. 5: Bewegung des Spielers bei der Technikausführung

Hauptbegriffe sind hier ganz deutlich **im Stand** und **im Sprung**. In Gruppe c konkurrieren bei den Dozenten **im Fallen** und **im Abrollen**, während in der Literatur klarer von **im Fallen** gesprochen wird. SCHAAR (1985, 31) gibt als Definitionsvorschlag: "im Fallen bedeutet, daß der Zuspieler während oder nach der Aktion mit den Knien, mit einer Hand oder mit anderen Körperteilen den Boden berührt."

Die Gruppe d kann entfallen, da dieser Begriff nicht eigenständig ist, sondern lediglich eine andere Bewegungsausführung ausdrückt (s. SCHAAR).

Terminologievorschlag:

a: im Stand

b: im Sprung

c: im Fallen

d: entfällt

2 Spielen des Balles vor dem Körper mit gestreckten Armen

Abb. 6: Spielen des Balles vor dem Körper mit gestreckten Armen

Hauptbegriffe dieser Technik sind der **Bagger** und das **untere Zuspiel** (s. Abb. 6). Bei den Dozenten entschieden sich gleichviele Befragte für die Begriffe **Bagger** und **unteres Zuspiel**. In der Literatur wurden diese Begriffe überwiegend wechselweise verwendet, mit einer Dominanz des Begriffes **Bagger**, wobei zwei Autoren nur vom **unteren Zuspiel**, 13 Autoren nur vom **Bagger** sprechen. 28 Autoren verwenden diese Begriffe wechselweise. Auch hier, wie beim **oberen Zuspiel**, liegt es an der Systematik, wie diese Begriffe verwendet werden. So kann z.b. das **untere Zuspiel** der Oberbegriff für verschiedene Ausführungsvarianten (u.a. der **Bagger**) sein, aber häufiger wird beobachtet, daß diese Begriffe gleichberechtigt nebeneinander stehen. Daher orientiert sich der Terminologievorschlag an dem vorherigen Ergebnis der Technik: Spielen des Balles mit den Händen vor der Stirn = **oberes Zuspiel.**

Terminologievorschlag: unteres Zuspiel

2.1 Ausführungsvarianten

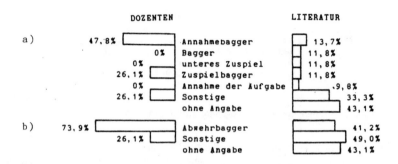

Abb. 7: Ausführungsvarianten

In Gruppe a kommt es bei den Hauptnennungen zu mehreren verschiedenen Begriffen. Dabei fällt auf, daß von den Dozenten der **Annahmebagger** mit knapp 50% deutlich vor dem **Zuspielbagger** genannt wird. In der Literatur wird von 43% der Autoren kein spezieller Begriff für diese Situation angegeben. Ansonsten existieren sehr viele unterschiedliche Begriffe, die prozentual jedoch nur vereinzelt auftreten. Es entsteht der Eindruck, daß die Begriffe wahllos und undifferenziert verwendet werden. Zur Klärung kann festgestellt werden, daß die unterschiedlichen Gliederungsansätze bei dieser Technikvariante zu verschiedenen Begriffsverwendungen führen. Während für einige der gegnerische Aufschlag immer eine Annahmesituation darstellt (=Annahmebagger), unterteilen andere, je nach Ballflug, in Annahme- und Abwehrsituation, so daß sie in der Situation Annahme eher von der Technik **Zuspielbagger** sprechen. Insgesamt läßt sich sagen, daß in der Literatur eine Trennung zwischen Technik- und Taktiksituation anhand der verwendeten Begriffe nur schlecht deutlich wird.

In Gruppe b geht es vorwiegend um die Technik in der Situation: Abwehr eines Angriffsschlages bzw. Feldabwehr. Auch hier vermischt sich der reine Technikbegriff mit der Benennung der Situation, wobei jedoch fast einheitlich diese Technikvariante mit dem Begriff **Abwehr** in Zusammenhang gebracht wird. Interessant ist, daß die Dozenten wie Autoren eindeutig den Trend zum Begriff **Abwehrbagger** haben, der damit wohl auch sehr treffend für diese Situation benannt ist. In der Literatur werden neben diesem noch weitere Begriffe synonym mitverwendet, jedoch kommt es nur zu einer Anhäufung unterschiedlichster Begriffe, die daher nicht relevant sind.

Terminologievorschlag:

a: Annahmebagger

b: Abwehrbagger

2.2 Körper zum Ball

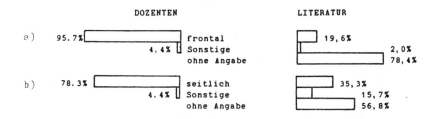

Abb. 8: Körper zum Ball

Bei der Stellung des Körpers zum Ball werden zwei Ausführungsmöglichkeiten unterschieden, die in beiden Untersuchungen eindeutig gleich benannt sind.

Terminologievorschlag:

a: frontal

b: seitlich

2.3 Eingesetzte Körperteile

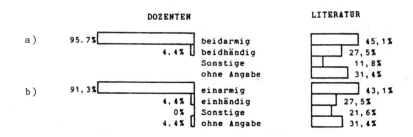

Abb. 9: Eingesetzte Körperteile

Die gewählte Bezeichnung **eingesetzte Körperteile** soll das Augenmerk vornehmlich auf die ballberührenden Körperteile richten. In beiden Gruppen konkurrieren die Begriffe **beid- und einarmig** mit **beid- und einhändig**. In der Literatur konnten keine Hinweise gefunden werden, die auf einen möglichen Unterschied zwischen beiden Endungen - armig oder händig - schließen lassen. Lediglich bei HOCH (1976, 23) erfährt man, daß es unerheblich sei, ob der **Bagger** mit den Unterarmen oder den Händen gespielt wird. So scheint es vom Einzelnen abzuhängen, ob nur ein Begriff oder die synonyme Verwendung möglich ist. Der begriffliche Schwerpunkt in beiden Untersuchungen wird aber deutlich mit den Begriffen **beidarmig** angegeben.

Terminologievorschlag:

a: beidarmig

b: einarmig

2.4 Bewegung des Spielers bei der Technikausführung

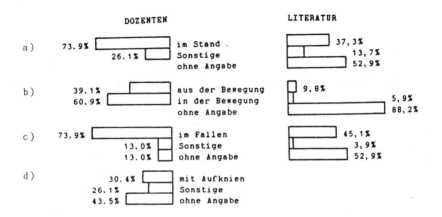

Abb. 10: Bewegung des Spielers bei der Technikausführung

In diesen vier Untersuchungen kommt es vornehmlich in der Literatur zu einer hohen Prozentzahl an Nicht-Nennungen.

In Gruppe a wird der Begriff **im Stand** von beiden Untersuchungsgruppen am häufigsten verwendet.

In Gruppe b geht es um die Begriffe **in der Bewegung** und **aus der Bewegung**, wobei mit 60% die Dozenten deutlich den letzteren bevorzugen. Hier müßte überprüft werden, ob diese Begriffe ein und dieselbe Bewegung bei der Technikausführung meinen.

In Gruppe c erfolgt eine überwiegende Nennung des Begriffes **im Fallen**.

In Gruppe d ist der Begriff **im Knien** problematisch, da dieser in der ausgewerteten Literatur nicht vorgefunden wurde. Er könnte auch als ein Teil der Bewegung **im Fallen** angesehen werden und damit als eigenständiger Begriff entfallen (vgl. 1.3 c & d).

Terminologievorschlag:

a: im Stand

b: in der Bewegung

c: im Fallen

d: entfällt

2.5 Varianten, um den Ball zu retten

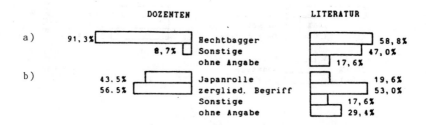

Abb. 11: Varianten, um den Ball zu retten

Neben dem in Gruppe a überwiegend genannten Begriff **Hechtbagger**, der sich als Fachbegriff fast einheitlich durchgesetzt hat, existieren in der Literatur (unter **Sonstiges** zusammengefaßt) noch sogenannte **zergliederte Begriffe** (Bsp.: **unteres Zuspiel im Fallen vorwärts, Abwehr im Fallen vorlings**), die neben oder anstatt des Begriffes **Hechtbagger** verwendet werden. Eine Analyse fünfzehn solcher zergliederter Begriffe aus der Literatur ergibt, wenn man die Zergliederung in einzelne Gruppen einteilt (nur die Bedeutendsten):

die Abwehr (9x an erster Stelle)

im Fallen (9x an zweiter Stelle)

vorwärts (7x an dritter Stelle)

So könnte man aus dieser Analyse der häufig verwendeten Begriffsteile bei den **zergliederten Begriffen** einen neuen Begriff zusammenfügen: **die Abwehr im Fallen vorwärts**. Da jedoch das Ergebnis der Untersuchung eindeutig für den Begriff **Hechtbagger** spricht, und dieser auch prägnanter für die Praxis ist, orientiert sich der Terminologievorschlag daran.

Eine andere Möglichkeit, einen fast aussichtslos erscheinenden Ball noch vor der Bodenberührung zu retten, ist in der Gruppe b die sogenannte **Japanrolle.** In der Literatur kommt es bei dieser Technik hauptsächlich zur Verwendung zergliederter Begriffsformen (Bsp.: **einhändige Abwehr seitlich, Retten des Balles im Abrollen über die Schulter, Feldabwehr einarmig im Fallen seitwärts**), die in ihren Benennungen sehr stark variieren. Auch hier sind alle 27 zergliederten Begriffe (=53%) analysiert worden. Beim näheren Betrachten können sich folgende drei Begriffsglieder in ihrer Verwendung und Stellung deutlich von den anderen absetzen:

einarmige (12x an erster Stelle)

Abwehr (7x an zweiter Stelle)

im Fallen (10 an dritter Stelle)

Damit wäre der dominante zergliederte Begriff, würde man ihn aus der Analyse zusammenfügen: **einarmige Abwehr im Fallen.** Bei den Dozenten gaben 11 von 23 den zergliederten Begriff **Abrollen seitwärts** an, der begrifflich und deutlich diese Technik benennt.

Unter **Sonstige** fallen in dieser Gruppe Begriffe wie **rollende Feldverteidigung, die Schulterrolle, das Rollen** usw.; es handelt sich hier um selten verwendete Ausdrücke.

Terminologievorschlag:

a: Hechtbagger

b: Abrollen seitwärts

2.6 Fallarten

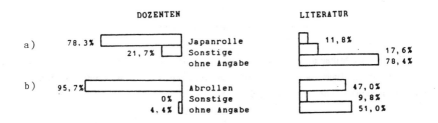

Abb. 12: Fallarten

Es gibt zwei Möglichkeiten, nach dem Fallen wieder schnell spielbereit zu sein. In Gruppe a wird hier hauptsächlich von der **Japanrolle** gesprochen, während in Gruppe b der Begriff **Abrollen** im Vordergrund steht. Mit der **Japanrolle** wird ein Rollen über die Schulter verstanden, während es beim **Abrollen** vorwiegend um ein Rollen über Gesäß und Rücken geht, ohne dabei überzurollen. Es wäre zu überlegen, ob die beiden Begriffe **überrollen** und **zurückrollen** nicht deutlicher die Unterschiede zwischen den beiden Fallarten ausdrücken.

Terminologievorschlag:

a: überrollen

b: zurückrollen

2.7 Fallrichtungen des Spielers

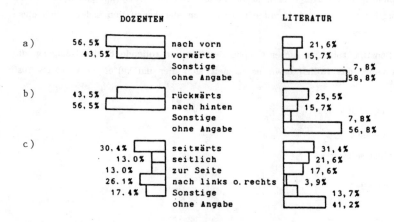

Abb. 13: Fallrichtungen des Spielers

Bei den Fallrichtungen der Spieler kommt es in den Gruppen a und b bei den meistgenannten Begriffen zu Komplementären: **nach vorn** und **nach hinten.** Sie stehen prozentual vor **vorwärts/rückwärts.**

In Gruppe c stehen drei Begriffe im Vordergrund: **seitwärts/seitlich/ nach links und rechts.** Anhand der Begriffe der beiden vorherigen Gruppen weicht der Terminologievorschlag vom meistgenannten Begriff **seitwärts** ab und schlägt eher **nach links und rechts** vor.

Terminologievorschlag:

a: nach vorn

b: nach hinten

c. nach links und rechts

3 DEN BALL INS SPIEL BRINGEN

Abb. 14: Den Ball ins Spiel bringen

Diese Technik findet verschiedenste Bezeichnungen. Vorwiegend werden **Aufgabe** und **Aufschlag** genannt. Daneben gibt es noch **Service** und **Angabe**, in der Literatur spricht man darüberhinaus noch von **Anschlag** und **Angeben**; alle diese Begriffe werden aber nur vereinzelt verwendet. Zu den Begriffen **Aufschlag** und **Aufgabe** gibt es verhältnismäßig viele Ansätze und Vorschläge für die Wahl des geeignetesten Begriffs (s. u.a. BEGOV, 1981, 256; DÜRRWÄCHTER, 1977, 18; WILLE 1985, 53).

Zusammenfassend läßt sich sagen, daß mittlerweile die Tendenz immer mehr zum Begriff **Aufschlag** geht, da der Angriffscharakter dieser Technik damit deutlicher in den Vordergrund geschoben wird.

Terminologievorschlag: Aufschlag

3.1 Stellung zum Netz

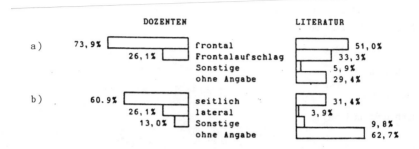

Abb. 15: Stellung zum Netz

Die Stellung zum Netz wird mit den Begriffen **frontal** und **seitlich** einheitlich und eindeutig in beiden Untersuchungen benannt.

Terminologievorschlag:

a: frontal

b: seitlich

3.2 Ausführungsart

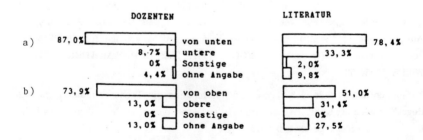

Abb. 16: Ausführungsart

Auch hier liegt eine klare Begriffsbestimmung vor. Bis weit über 50% verwenden die Dozenten sowie Autoren die Begriffe **von unten/von oben.**

Terminologievorschlag:

a: von unten

b: von oben

3.3 Bewegung des Spielers bei der Technikausführung

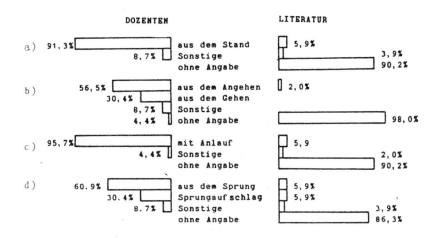

Abb. 17: Bewegung des Spielers bei der Technikausführung

Hier fällt direkt die hohe Anzahl von **ohne Angabe** in der Literatur auf. Dies gibt Grund zur Überlegung, ob für diese Technik die Angabe der Bewegungsformen unerheblich ist oder ob es sich um seltene und spezielle Ausführungsmöglichkeiten handelt, die weniger von allgemeinem Interesse sind. Da es aber heutzutage nicht nur Aufschläge aus dem Stand, sondern verschiedenste Technikvarianten mit anderen Bewegungsausführungen gibt, muß hier eine Kennzeichnung der Art der Bewegung stattfinden. Anhand der Angaben der Dozenten werden die Begriffe **aus dem Stand, aus dem Angehen, mit Anlauf** und **aus dem Sprung** am häufigsten verwendet. Es handelt sich um Begriffe, die für die Schriftsprache prägnanter sind, da z.B. **Sprungaufschlag** eher ein Terminus aus der Sportpraxis ist, dieser jedoch nur von 30% (zu 60% für **Aufschlag aus dem Sprung**) der Dozenten angegeben wird.

Terminologievorschlag:

a: aus dem Stand

b: aus dem Angehen

c: mit Anlauf

c: aus dem Sprung

3.4 Bewegung des Balles

Abb. 18: Bewegung des Balles

Die Bewegung des Balles gibt Auskunft über die Ausführungsart der Technik. Unter dem Begriff **Effet** versteht man im allgemeinen den beim Schlagen des Balles durch seitliches Anschneiden verliehenen Drall. **Rotation** bedeutet eine kreisförmige Umdrehung (vgl. DUDEN, 1974, 197 u. 643). Die beiden Begriffe werden wechselseitig verwendet. Die Erklärungen dazu sind verschiedenartig und lassen einen unterschiedlichen Gebrauch der beiden Begriffe vermuten. Aus der Untersuchung ergibt sich eine Mehrheit für den Begriff **Effet** gegenüber dem Begriff **Rotation**.

Terminologievorschlag: Effet

3.5 Varianten

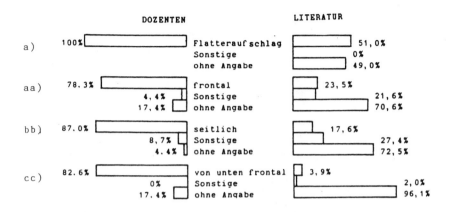

Abb. 19: Varianten

Da der Flatteraufschlag eine spezielle Variante der Grundtechnik **Aufschlag** darstellt, wird sie nicht in allen Volleyball- Monographien beschrieben. So läßt sich
die hohe Anzahl an Nicht- Nennungen in der Literatur erklären. Es dominieren
die Begriffe **Flatteraufschlag frontal und seitlich**. Jedoch sollten diese Begriffe zu
von oben frontal und **von oben seitlich** erweitert werden, um eine Abgrenzung
zum **Flatteraufschlag von unten frontal** zu erhalten, der in Gruppe c mehrheitlich
in der Untersuchung so benannt wird.

Terminologjevorschlag:

a: Flatteraufschlag

aa: von oben frontal

bb: von oben seitlich

cc: von unten frontal

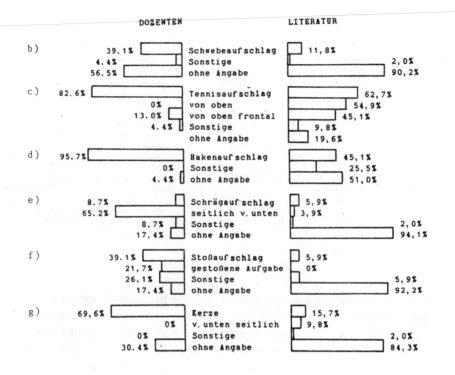

Abb. 20: Aufschlagvarianten

Zu der Variante in Gruppe b nehmen etwa 50% der Dozenten und 90% der Autoren keine Stellung. Hier sollte diskutiert werden, ob überhaupt ein Unterschied zwischen **Flatteraufschlag** und **Schwebeaufschlag** existiert, weil von den Autoren KOBRLE/NEUBERG (1977, 61), SCHÜCHNER (1974, 24) und FROHREICH (1975, 262) der **Schwebeaufschlag** völlig unterschiedlich definiert wird. Aufgrund dieser noch ausstehenden Klärung des **Schwebeaufschlages** kann in diesem Fall noch kein Terminologievorschlag erfolgen.

In Gruppe c wird überwiegend der Begriff **Tennisaufschlag** verwendet. Wenige Dozenten und Autoren beschreiben diese Technik in zergliederter Wortform (z.B. **Aufschlag von oben / Aufschlag von oben frontal**), ohne weitere Ausdrücke synonym zu verwenden. Der Grund für die Verwendung des Begriffes **Tennisaufschlag** liegt wohl in der Ähnlichkeit zum Aufschlag beim Tennis. Eine Bewegungsanalyse der beiden Aufschläge ergibt aber deutliche Unterschiede im Bewegungsablauf, so daß eine Begriffskorrektur angebracht ist.

Neben dem häufig genutzten Begriff **Hakenaufschlag** existieren in Gruppe d eine Vielzahl von unterschiedlichen Benennungen. **Rundschlag** bezeichnet die Armführung, **Eston-Service** bzw. **estländischer Aufschlag** geben die Herkunft an, die für eine terminologische Festlegung aber nicht von Bedeutung sein sollte. Der **Aufschlag von oben seitlich** erscheint als klare Bezeichnung, denn der Begriff **Hakenaufschlag** legt andere Assoziationen nahe und wo bei dieser Technik der **Haken** ist, wird auch nicht deutlich.

Eine Variante in Gruppe e ist der sogenannte **Aufschlag seitlich von unten.** Er wird von 65% der Dozenten angegeben, in der Literatur aber nicht speziell erläutert. Hier tritt vereinzelt der Begriff **Schrägaufgabe** auf.

Bei der Technik in Gruppe f stehen die Begriffe **stoßen** und **pritschen** (unter Sonstiges) in Konkurrenz. Inwieweit im Volleyballspiel von **stoßen** gesprochen werden kann, ist fraglich. Darüberhinaus zeigt die Auswertung der unter **Sonstige** aufgeführten Begriffe, daß jede Begriffsverwendung die Bezeichnung **pritschen** beinhaltet, so daß die Tendenz zu diesem Begriff gehen sollte. Da beim Pritschen meist das beidhändige gemeint ist, muß bei dieser Aufschlagtechnik **einhändig** dazugesetzt werden.

In Gruppe ´g handelt es sich um eine taktische Variante, für die eine hohe Flugkurve des Balles charakteristisch ist und deshalb zumeist im Freiluftvolleyball angewendet wird. Die prozentuale Mehrheit der Untersuchung spricht von **Kerze**, die sich damit auch deutlich von dem **Aufschlag seitlich von unten** abgrenzt.

Terminologievorschlag:

b: entfällt

c: Aufschlag von oben frontal

d: Aufschlag von oben seitlich

e: Aufschlag von unten seitlich

f: einhändiger Pritschaufschlag

g: Kerze

4 SCHLAGEN/SPIELEN DES BALLES MIT EINER HAND IM SPRUNG INS GEG-NERISCHE SPIELFELD

Abb. 21: Schlagen/Spielen des Balles mit einer Hand im Sprung ins gegnerische Feld

Der meistgenannte Begriff in beiden Untersuchungen ist der **Angriffsschlag**, es folgen **Schmetterschlag** (nur in der Literatur) und **schmettern**. Daneben findet man noch Begriffe wie **Angriff, Schlagen, Smash** und **Spike**. Da in der Literatur meist mehrere Begriffe verwendet werden und aus den Erläuterungen nicht hervorgeht, ob die Begriffe gleichgeordnet oder über- bzw. untergeordnet stehen, kann man schnell zu dem Ergebnis kommen, daß Angriffs- und Schmetterschlag gleichwertige Begriffe sind. Jedoch läßt sich beim näheren Betrachten die Tendenz feststellen, **Angriffsschlag** als Überbegriff und **Schmetterschlag** als eine Ausführungsvariante anzusehen. Ein Dozent weist darauf hin, daß der **Angriffsschlag** alle Ausführungsmöglichkeiten, gleichsam den Vorgang an sich, beschreibt, während **Schmetterschlag** eine spezifische Ausprägungsart im Gegensatz bspw. zum **Drive** erläutert.

Ob **Angriffs-** oder **Schmetterschlag** gleichwertig verwendet werden können (als Synonym) oder einer der beiden Begriffe dem anderen untergeordnet ist, bleibt noch zu diskutieren. Ein Terminologievorschlag für die gesamte Angriffssituation bzw. Oberbegriff wäre der **Angriffsschlag**. Jedoch müßte dann noch eine neue Untergruppe eingefügt werden, die die Begriffe **Schmetterschlag, Smash, Spike** und **Schmettern** enthält.

Terminologievorschlag: Angriffsschlag

4.1 Varianten

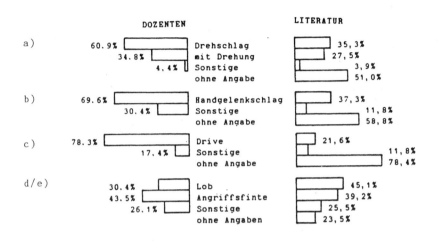

Abb. 22: Varianten

Die beiden Varianten **Dreh-** und **Handgelenksschlag** scheinen terminologisch eindeutige Begriffe zu sein; sie wurden mehrheitlich in beiden Untersuchungsgruppen verwendet. Der **Drive** in Gruppe c erfährt nur wenig Beachtung in der Literatur und sollte so erst auf seine allgemeine Berechtigung hin diskutiert werden. Fraglich ist, ob er eine eigenständige Technikvariante oder nur eine methodische Vorstufe zur Erlernung des Angriffsschlages darstellt. Der **Drive** scheint ein feststehender Begriff zu sein, wobei **Driveschlag** deutlicher benennt, zu welcher Technik er beim Volleyballspiel gehört.

Die Gruppen d und e sind problematisch. Aus der großen Anzahl der verwendeten Begriffe war es nicht möglich, Unterschiede oder über- bzw. untergeordnete Begriffe herauszuarbeiten. Die Eigenart einiger Autoren, ihre Begriffe nicht zu erläutern, sondern es dem Leser zu überlassen, durch die äußere Form Inhaltliches zu erfassen, ist bedenklich. Ein nicht definierter Begriff, der in eine Klammer eingefaßt neben einem anderen Begriff steht, kann sowohl Worterklärung, Synonym als auch Gruppenzuordnung sein. Eine klare begriffliche Technikbenennung und einheitliche Definition wäre hier überaus wichtig. Die beiden meistgenannten

Begriffe sind **Lob** und **Angriffsfinte**. Dabei war nicht zu klären, ob es sich hier um Synonyme handelt oder um Ober- **(Angriffsfinte)** und Unterbegriff **(Lob)**. Die Möglichkeit, den Ball einhändig im Sprung über den Block in Lücken zu spielen, wobei der Angreifer einen Angriffsschlag vortäuscht, aber dann ein einhändiges oberes Zuspiel ausführt, wird mit dem Begriff **Angriffsfinte** trefflich benannt.

Terminologievorschlag:

a: Drehschlag

b: Handgelenkschlag

c: Driveschlag

d/e: Angriffsfinte

4.2 Stellung zum Netz

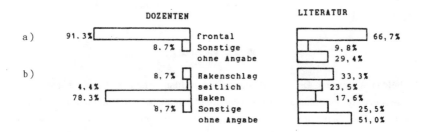

Abb. 23: Stellung zum Netz

Angriffsschläge werden in bezug auf die Stellung des Angreifers zum Netz in **Angriffsschlag frontal** bzw. **Hakenschlag** unterschieden. Unter letzterem werden Angriffsschläge in seitlicher Stellung zum Netz verstanden, die eine, der sogenannten Hakenaufgabe ähnliche Armführung (Rundschlag) haben. Trotz geringer praktischer Anwendung wird diese Technik noch in nahezu der Hälfte aller Monographien behandelt. Dabei gibt es keine Notwendigkeit, diese Technik wieder zu beleben. Begrifflich gilt für diesen **Haken** ansonsten dasselbe, was auch schon beim **Hakenaufschlag** gesagt wurde.

Terminologievorschlag:

a: frontal

b: seitlich

4.3 Flugrichtung des Balles

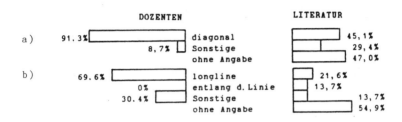

Abb. 24: Flugrichtung des Balles:

Mehrheitlich werden die Begriffe **diagonal** und **longline** genannt. Mittlerweile fließen auch immer mehr englische Begriffe in das Volleyballvokabular ein, wobei der englische Begriff **longline**, seiner sprachlichen Kürze wegen, dem Begriff **die Linie entlang** vorzuziehen ist.

Terminologievorschlag:

a: diagonal

b: longline

5 DEN AUS DER GEGNERISCHEN SPIELFELDHÄLFTE NAH AM NETZ GESCHLAGENEN BALL OBERHALB DES NETZES ABWEHREN

Abb. 25: Handlung oberhalb der Netzkante bei gegnerischem Angriff

Der meistgenannte Begriff in beiden Untersuchungsgruppen ist der **Block**. Danach erfolgt bei den Dozenten der Begriff **das Blocken**, während an zweitgenannter Stelle in der Literatur **das Blockieren** steht.

Terminologievorschlag: der Block

5.1 Anzahl der beteiligten Spieler

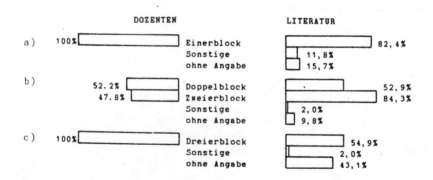

Abb. 26: Anzahl der beteiligten Spieler

Eindeutig kristallisieren sich in Gruppe a und c die Begriffe **Einer-** und **Dreierblock** heraus, während in Gruppe b **Doppel-** und **Zweierblock** konkurrieren. In der

Literatur wird **Doppelblock** fast ausschließlich in Verbindung mit der Nennung des **Zweierblocks** verwendet (25 von 27 Autoren, die **Doppelblock** schreiben). Dagegen nennen 18 Autoren **Zweierblock** als einzigen Begriff, ohne einen zweiten synonym zu verwenden. Der Einheitlichkeit wegen sollte vom **Zweierblock** gesprochen werden.

Terminologievorschlag:

a: Einerblock

b: Zweierblock

c: Dreierblock

5.2 Ausführungsvarianten

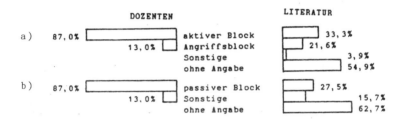

Abb. 27: Ausführungsvarianten

Der Begriff **aktiver Block** in Gruppe a findet am häufigsten Verwendung, dann folgt der **Angriffsblock**. Diese Angriffsvariante entwickelte sich in den sechziger Jahren aufgrund einer Regeländerung zum Blockverhalten. Die aktive Bewegung der Hände, die gegen den Ball klappen, gab dieser Variante den Namen **aktiver Block**. Da diese Ausführungsvariante dadurch den Charakter eines sofortigen Gegenangriffs erhält, spricht man auch vom **Angriffsblock**. Der **passive Block** in Gruppe b wird auch als **Abwehr-** bzw. **Verteidigungsblock** und, noch seltener, als **einfacher Block** oder **Block mit konservativer, passiver Armhaltung** bezeichnet. Er stellt die frühere Grundform des Blockierens dar und hat das Ziel, den Ball in seiner Wucht zu mildern, um ihn dadurch in der eigenen Spielfeldhälfte noch spielbar zu machen.

Terminologievorschlag:

a: aktiver Block

b: passiver Block

5 SCHLUSSBEMERKUNG

In der vorliegenden Arbeit wurde eine Bestandsaufnahme der sportartspezifischen Begriffe zur Technik durchgeführt. Auf der Grundlage dieser Begriffszusammenstellungen wurde dann, anhand der Häufigkeitsverteilungen der verwendeten Begriffe zweier Untersuchungsgruppen, der Versuch der Ableitung einer einheitlichen Terminologie unternommen, wobei aufgrund der Komplexität des Themas und der bisher fehlenden Auseinandersetzung zum Thema Terminologie nicht mehr als eine erste Einführung möglich ist.

Das Fachvokabular der Technikbegriffe ist äußerst umfangreich, so daß in der Auswertung nicht alle Aspekte gleichermaßen ausführlich bzw. differenziert behandelt werden konnten. Jedoch gewährt diese Untersuchung einen Einblick in die Art und Weise des Gebrauchs der verwendeten Begriffe und macht Übereinstimmungen deutlich.

Die Literaturauswertung zeigt, daß von den Autoren sehr häufig mehrere Begriffe nebeneinander verwendet werden, ohne daß sie dabei einen Hauptbegriff hervorheben bzw. die Synonyme ihm deutlich zuordnen. Weiterhin wird ersichtlich, daß je nach Art der Zielgruppe (z.B. Anfänger, Kinder, Trainer) und des Schwerpunktthemas (z.B. Technik, Taktik, Trainingslehre) auch mit einem unterschiedlich differenzierten Vokabular geschrieben wird. So werden natürlich im Anfängerbereich noch keine besonderen Differenzierungen gebraucht, da sie sich zuerst einmal mit den Grundformen auseinandersetzen müssen. Je höher das Spiel- und Fertigkeitsniveau und die sich damit befassende Literatur, um so genauer und differenzierter muß sich zwangsläufig mit der Fachsprache verständigt werden. Diese unterschiedlich differenzierte Verwendung des Fachvokabulars macht sich in der Analyse der Begriffsbenennungen durch die z.T. hohe Anzahl von Nicht-Benennungen (ohne Angabe) bemerkbar. Bei der Auswertung der Dozenten-Fragebögen konnte dieser Aspekt nicht vorgefunden werden, da sie durch die Vorgabe der Begriffe immer zur Angabe ihres Begriffes angehalten wurden. Insgesamt entsteht der Eindruck, daß Dozenten ein sehr differenziertes Fachvokabular benutzen und ihre verwendeten Begriffe den neuen Entwicklungen Rechnung tragen. In der Literatur werden in neuen Auflagen häufig Begriffe aus alten Auflagen übernommen. Die Auswertung der Dozentenbefragung bestätigt in der Regel die Trends zu bestimmten Begriffen, die auch in der Literatur häufig vorkommen. Die Terminologievorschläge orientieren sich vorwiegend an den gemeinsamen Ergebnissen aus beiden Untersuchungen.

Abschließend läßt sich sagen, daß der Weg zu einer einheitlichen Terminologie noch verschiedenster Klärung bedarf. Jeder einzelne Begriff sollte in Inhalt, Umfang und Art der Verwendung durch die Literatur bzw. weitere Untersuchungsgruppen erfaßt werden. Erst daraus können dann die jeweils geeigneten Begriffe mit ihren Definitionen herausgebildet werden, um so die Grundlage für eine fruchtbare Terminologiediskussion zu schaffen.

LITERATUR

BEGOV, F.:Volleyball. In: GRUPE, O. (Hrsg.): Sport-Theorie in der gymnasialen Oberstufe. Bd. 2, Teil II. Schorndorf 1981.

BLOSSFELDT, E.: Volleyball - 333 praktische Übungen. Leitfaden für Schule, Verein und Leistungstraining. 5. Auflage. Frankfurt, Hofmann 1980.

BRAUN, E.: Wissenschaftstheoretisches Lexikon. Köln 1978.

DUDEN Das Fremdwörterbuch. Bd. 5. Bibliographisches Inst. Mannheim. Dudenverlag. 3. Auflage 1974.

DÜRRWÄCHTER, G.: Man sollte sich einigen - ein Kapitel Terminologie (Aufgabe von Aufgabe zugunsten von Aufschlag). In: DVZ (L & P) 1 (1977) 1, 18.

DÜRRWÄCHTER, G.: Volleyball, spielnah trainieren. 3. verbesserte Auflage. Schorndorf. Hofmann 1978.

DÜRRWÄCHTER, G.: "Tempoblock" bei Angriffskombinationen. In: DVZ (L & P) 6 (1982) 2, 18-19.

DÜRRWÄCHTER, G.: Täuschungsanlauf um den Zuspieler. In: DVZ (L & P) 7 (1983) 1, 6-7.

FRÖHNER, B.: Spiele für das Volleyballtraining. Berlin (Ost). Sportverlag 1985.

FROHREICH, H.: Zur Technik der Flatteraufgabe im Volleyballspiel. In: Theorie und Praxis der Körperkultur 24 (1975) 3, 261-264.

HERZOG, K./VOIGT, K.-F./WESTPHAL, G.: Volleyball - Training. Grundlagen und Arbeitshilfen. Schorndorf. Hofmann 1985.

HOCH, T.: Volleyball. Technik und Taktik. 5. Auflage. Bad Homburg v.d.H., Limpert 1976.

KERGER, H.: Grundpositionen der Terminologiearbeit in der Leistungswissenschaft. In: Theorie und Praxis der Körperkultur. 25 (1976) 8, 610-616.

KOBRLE, J./NEUBERG, E.: Taktik des Volleyballspiels. Teil I: Allgemeine Grundlagen der Taktik und individuelle Volleyballtechnik. Schorndorf. Hofmann 1977.

KOBRLE, J./NEUBERG, E./OLIVIER, N.: Taktik des Volleyballspiels. Teil II: Spiel-Kombinationen und Spielsysteme. Schorndorf. Hofmann 1985.

LEITZGEN, D.: Angriffskombinationen - eine neue Definition und Systematik. In: DVZ (L & P) 8 (1984) 1, 6-8.

LETZELTER, M.: Zur Terminologie der motorischen Grundeigenschaft Kraft. In: Praxis der Leibesübungen 12 (1971) 4, 68-70.

LÖSCHER, A.: Volleyball. Sport für alle. Berlin (Ost). Sportverlag 1982.

SCHAAR, M.: Entwicklungstendenzen im Sportspiel Volleyball der Männer und vergleichende qualitative Untersuchung hinsichtlich der Anwendung der Spieltechniken bei der Männer-WM 1982 in Argentinien. DSHS Köln. Diplomarbeit 1985.

SCHINGNITZ, H./DÖBLER, H.: Zur Terminologie der Spiele (Bemerkungen zur Methode einer karteimäßigen Erfassung der Terminologie der Spiele. In: Wissenschaftliche Zeitschrift der deutschen Zeitschrift für Körperkultur. Leipzig 2 (1959/60) 2, 155-162.

SCHÜCHNER, J.: Volleyball für Schule und Verein. 2. Auflage. Wien. Österreich. Bundesverlag 1974.

THIESS, G./SCHNABEL, G./BAUMANN, R.: Training von A bis Z; kleines Wörterbuch für die Theorie und Praxis des sportlichen Trainings. Sportverlag Berlin (Ost) 1980.

WILLE, M.: Einige Gedanken zum Aufschlag im Volleyball. In: Sportpraxis 9 (1985) 5, 53-55.

II. PHYSIOLOGISCHE FORSCHUNGSARBEITEN ZUM VOLLEYBALLSPIEL

KLAUS BAUM / DIETER ESSFELD

MÖGLICHE URSACHEN DER ERMÜDUNG IM WETTKAMPF

1 PROBLEMSTELLUNG

Der Ausdruck "Ermüdung" wird in der Sportpraxis häufig mit dem akuten Nachlassen der Leistung innerhalb eines Trainings oder Wettkampfes gleichgesetzt. Dabei läßt sich nicht abgrenzen, ob der Sportler die Leistung nicht mehr aufrechterhalten kann (Leistungsfähigkeit) oder ob er dies bewußt oder unbewußt nicht mehr will (Leistungsbereitschaft). Sogar dem Betroffenen selbst wird eine solche Unterscheidung kaum gelingen. Zusätzlich erschwert wird die objektive Beurteilung gerade in den Ballsportarten dadurch, daß nicht - wie in vielen Disziplinen der Leichtathletik - ein einzelnes Kriterium über Erfolg oder Mißerfolg entscheidet (z.b. Geschwindigkeit, Weite oder Höhe), sondern mehrere Einflüsse eingehen. Im Volleyball sind dies hauptsächlich Balltechnik, Beobachtung und Antizipation, Reaktion und Sprunghöhe. Um auch hier zu allgemeingültigen Aussagen zu kommen, erscheint es sinnvoll, zunächst die einzelnen Einflußgrößen getrennt auf ihre begrenzenden Faktoren hin zu untersuchen. Dies soll nachfolgend für die Sprunghöhe geschehen.

2 UNTERSUCHUNG UND ERGEBNIS

Ob Volleyballspieler während des Wettkampfes tatsächlich an Sprunghöhe verlieren, haben wir in einer einfachen Untersuchung überprüft. Dabei wurde die Sprunghöhe vor und nach einem Spiel über vier Sätze (Saison-Vorbereitung; Oberliga, Regionalliga) beim Sprung aus dem Stand und aus dem Anlauf gemessen. Der erste Test wurde nach einem Stretching und dem Einspielen parallel zum Einschlagen durchgeführt, so daß jeder Spieler höchstens fünfmal gesprungen war. Von jeweils zwei Versuchen wurde die beste Höhe gewertet. Während des Spieles wurde zusätzlich die Anzahl der Sprunghandlungen jedes Einzelnen aufgezeichnet.

Wie in Abb. 1 zu sehen ist, fiel im Mittel in beiden Tests die Sprunghöhe ab, wobei dies beim Sprung mit Anlauf ausgeprägter war. Eine feste Beziehung zwischen der Anzahl der Sprunghandlungen und der Veränderung der Sprunghöhe war nicht festzustellen.

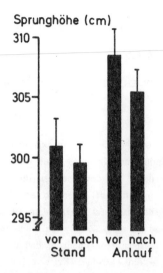

Abb. 1: Sprunghöhe vor und nach dem Spiel aus dem Stand und aus dem Anlauf (n=13). Die Anzahl der Sprunghandlungen im Spiel betrug 49 + 18.

3 DISKUSSION

Für den Leistungsabfall können psychologische und physiologische Gründe verantwortlich sein. Von der psychologischen Seite wäre an Phänomene wie Motivation, Erfolgszuversicht und Mißerfolgsangst zu denken, die sicherlich auch die körperliche Leistung beeinflussen können. Fraglich ist allerdings, ob sie sich im Laufe eines Spiels so verändern, daß damit allein die Reduktion der Sprunghöhe erklärbar wäre. Hinweise darauf, daß es sich zumindest teilweise um eine intramuskuläre Ursache handelt, stammen vom Vergleich zwischen der maximal willkürlichen Kraft und der Kraft bei Elektrostimulation der Muskulatur. Dabei fielen bei wiederholter Kontraktion des Quadrizeps beide Größen parallel ab.

Da psychologische Ursachen nur schwer quantifiziert werden können, sollen im Nachfolgenden ausschließlich die für die Leistungsverschlechterung möglichen physiologischen Ursachen diskutiert werden, nämlich
- die Energiebereitstellung,
- die Ionenzusammensetzung der Muskulatur und
- die kontraktilen Proteine der Muskulatur (Abb. 2).

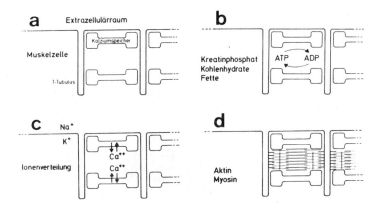

Abb. 2: Vereinfachter morphologischer Aufbau einer Skelettmuskelzelle (a) und mögliche leistungsbegrenzende Faktoren der Kraft

(b: Energiehaushalt; c: Kontraktionsauslösung; d: Kontraktiler Apparat)

3.1 Die Energiebereitstellung

Je häufiger und je stärker ein Muskel kontrahiert, desto mehr Energie muß vom direkten Energielieferanten Adenosintriphosphat (ATP) bereitgestellt werden. Das nur sehr begrenzt vorhandene ATP kann durch drei verschiedene Stoffwechselwege neu aufgebaut werden, die sich in ihrer Kapazität, ihrer Geschwindigkeit und in den benötigten Substanzen unterscheiden (Abb. 3).

Eine Leistung muß natürlich dann abgebrochen bzw. reduziert werden, wenn der aktuelle Verbrauch größer ist als die Bereitstellung. Bei extrem hohen Leistungen ist die Menge an Kreatinphosphat begrenzend (im Bereich von Sekunden), knapp darunter liegende Intensitäten werden durch die auftretende Übersäuerung der Muskelzellen limitiert. Im mittleren Bereich, in dem genauso viel Laktat produziert wie eliminiert wird, bestimmt die Größe der Glykogenspeicher die maximal erreichbare Arbeitsdauer.

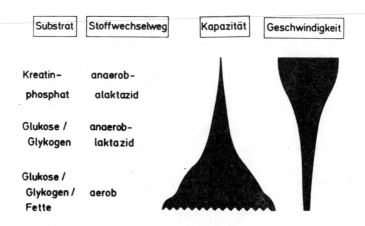

| Substrat | Stoffwechselweg | Kapazität | Geschwindigkeit |

Kreatin-phosphat   anaerob-alaktazid

Glukose / Glykogen   anaerob-laktazid

Glukose / Glykogen / Fette   aerob

Abb. 3: Substanzen und deren Stoffwechselwege zum Aufbau von ATP.
Kapazität (mögliche Gesamtmenge der ATP-Produktion) und Geschwindigkeit (ATP-Produktion pro Zeit) sind durch die Balkendicke symbolisiert. Die Kapazität der Fettumwandlung kann bei normalem Ernährungszustand für sportliche Bereiche als unbegrenzt angesehen werden.

3.2 Der Ionenhaushalt

Für den Ablauf einer normalen Muskelkontraktion muß ein elektrisches Signal, das über den motorischen Nerv vermittelt wird, auf die Muskelzelle übertragen werden. Mit Hilfe von Kalziumionen kann dieses Signal die mechanische Bewegung auslösen. Die Weiterleitung des elektrischen Reizes setzt voraus, daß die Ladungsträger - vor allem Kalium- und Natriumionen - in bestimmten Konzentrationen vorliegen. Bei jedem Signal strömt passiv eine geringe Menge K+ aus und Na+ in die Zelle. Zurücktransportiert werden sie unter Energieverbrauch durch eine Ionenpumpe. Übertrifft bei hohen Signalfrequenzen der passive Strom den aktiven Transport, steigt die Konzentration an K+ außerhalb und Na+ innerhalb der Zelle an. Im Extremfall kann dadurch die Signalweiterleitung vollständig blockiert werden. Besonders problematisch ist dies an den Strukturen, die die Reize in die tieferen Muskelzellschichten weiterleiten (T-Tubuli, Abb. 2), da sie über eine relativ geringe Anzahl von Ionenpumpen verfügen. Bei einem Überleitungsblock im Bereich der T-Tubuli könnten nur die oberflächlich gelegenen Kalziumspeicher das für die Kontraktion unbedingt notwendige Ca++ ins Zellplasma abgeben und damit auch nur die oberflächlichen Schichten der Muskelzelle kontrahieren, so daß die Kraft des Gesamtmuskels abfallen würde.

3.3 Der Kontraktile Apparat

Die nach außen hin sichtbare Kontraktion kommt durch das Zusammenwirken der Proteine Aktin und Myosin zustande. Dabei werden fortlaufend kurzfristige Querverbindungen zwischen den beiden Proteinen aufgebaut, die sich dann ruderförmig abklappen. Kann sich der Muskel gleichzeitig verkürzen, spricht man von einer konzentrischen Kontraktion. Wirkt jedoch eine äußere Kraft entgegen, die größer als die Kontraktionskraft ist, dann wird der Muskel trotz Brückenbildung der Proteine gedehnt (exzentrische Kontraktion). Die damit verbundene, hohe Beanspruchung der kontraktilen Proteine (erzwungene Bewegung entgegen der Ruderbewegung der Brücken; Abb. 4) kann zu intrazellulären Schädigungen und damit zu einer erheblichen Reduktion der Maximalkraft führen.

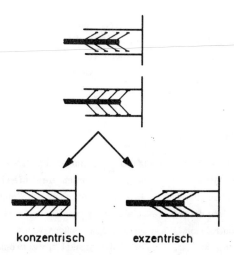

konzentrisch   exzentrisch

Abb. 4: Zusammenarbeit von Aktin- und Myosinfilamenten bei der Muskelkontraktion. Zunächst haften die Myosinköpfe an das Aktin, danach kommt es zu einer ruderartigen Bewegung der Myosinhälse, wodurch sich der Gesamtkomplex verkürzt (konzentrische Kontraktion). Bei exzentrischen Belastungen wird der Muskel entgegen der Ruderbewegung gedehnt.

So war in einer Untersuchung von DAVIES und WHITE (1981) nach einer Stunde Stufensteigen (Aufwärtsbewegung ausschließlich mit dem linken Bein, Abwärts mit dem rechten; Frequenz 20 pro Minute) die Kraft im linken Bein im Vergleich zum Ausgangswert nur geringfügig reduziert. Im exzentrisch arbeitenden rechten Bein betrug der Kraftverlust bei niederfrequenter Elektrostimulation (20 Hz) ca. 50% und bei 50 Hz Stimulation etwa 30%. Auch die benötigte Zeit zum Erreichen des Aussgangsniveaus war nach exzentrischer Arbeit wesentlich größer (2-4 Stunden gegen mehr als 20 Stunden).

In einer Studie von NEWHAM et al. (1987) wurde eine exzentrische Arbeit (80 maximale Kontraktionen über je 1-2 Sekunden und 15 Sekunden Intervallen) in Abständen von jeweils zwei Wochen wiederholt. Im Vergleich zum ersten Test kehrte nach der ersten Wiederholung die willkürliche Maximalkraft wesentlich schneller zurück, bei der zweiten Wiederholung fiel außerdem der unmittelbare Kraftverlust geringer aus (Abb. 5).

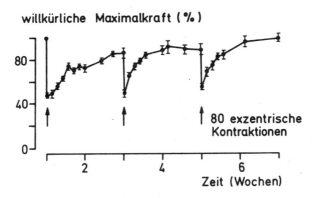

willkürliche Maximalkraft (%)

Zeit (Wochen)

80 exzentrische Kontraktionen

Abb. 5: Verlust und nachfolgende Regeneration der willkürlichen Maximalkraft nach exzentrischen Belastungen.

Im Abstand von jeweils zwei Wochen wurden 80 exzentrische Kontraktionen wiederholt (mod. nach NEWHAM et al. 1987).

3.4 Schlußfolgerungen

Welchen Stellenwert kann man nun dem Energiestoffwechsel, dem Ionenhaushalt und den kontraktilen Proteinen als Ursache für das Absinken der Sprunghöhe beimessen?

Auf Grund der intervallartigen Belastungsstruktur, bei der kurze und intensive Belastungen von längeren Pausen unterbrochen werden, kann in den Pausen der schnelle Energielieferant Kreatinphosphat zumindest teilweise wieder aufgebaut werden. Außerdem zeigten Untersuchungen von VOIGT und DE MAREES (1985) und KÜNSTLINGER et al. (1986) sowie eine Kalkulation der Stoffwechselvorgänge (BAUM und ESSFELD 1988), daß nennenswerte Laktatproduktionen während des Spieles nicht stattfinden. Wenn aber eine ausreichend hohe Kreatinphosphat-Konzentration vorhanden ist und damit verbunden wenig Laktat produziert wird, dann ist auch kaum zu erwarten, daß die zur Muskelkontraktion benötigte Energie zum limitierenden Faktor während eines Spieles wird. Damit dürfte aber auch ein Training, das auf die Verbesserung der aeroben Leistungsfähigkeit zielt, nicht zu einer konstanteren Sprunghöhe im Wettkampf führen.

Auch Ionenverschiebungen sind als Ursache des Leistungsabfalls unwahrscheinlich, da - wie beim Kreatinphosphat - die regelmäßig auftretenden Pausen zur Regeneration genutzt werden können.

Einen wesentlich höheren Stellenwert kann man einem Kraftverlust in Folge einer partiellen Zerstörung kontraktiler Proteine und dem kraftübertragenden Bindegewebe beimessen. Denn jede abgedämpfte Abwärtsbewegung des Körpers wie z.b. die Landung nach einem Sprung oder das Einnehmen der tiefen Spielstellung stellt für die Sprungmuskulatur (Gluteus, Quadrizeps, Trizeps surae) eine exzentrische Kontraktion dar. Je ungünstiger das Verhältnis von Maximalkraft der Beinstrecker zum Körpergewicht ist, desto höher ist dabei die relative Belastung.

Bei gleicher Sprunghöhe ist also zu erwarten, daß nach einem Krafttraining der Leistungsabfall im Spiel geringer ausfällt. Da nach den Ergebnissen von NEWHAM et al. auch bei exzentrischen Kontraktionen deutliche Anpassungserscheinunen auftreten, werden außerdem häufige Sprünge im Training zu einem verringerten Verlust an Sprunghöhe im Wettkampf führen. Dabei sollte man jedoch darauf achten, daß die Pausen zwischen hintereinanderfolgenden Sprüngen groß genug sind, daß also z.B. ein Spieler nicht 10 Blockaktionen unmittelbar hintereinander durchführt, sondern 2 oder 3 Spieler abwechselnd belastet werden. Denn zu lange Belastungen mit hohen Intensitäten führen nur dazu, daß der damit verbundene hohe laktazide Stoffwechsel indirekt die Koordinations- und Konzentrationsfähigkeit verschlechtert.

4 LITERATUR

BAUM, K./ESSFELD, D.: Leistungslimitierende Stoffwechselgrößen im Volleyball. In: DANNENMANN, F.: Training und Methodik des Volleyballspiels, Verlag Ingrid Czwalina 1988, 65-73

DAVIES, C.T.M./WHITE, M.J.: Muscle weakness following eccentric work in man. Pflügers Arch. 329, 1981, 168-171

KÜNSTLINGER, U. / LUDWIG, H.G. /STEGEMANN, J.: Energiestoffwechsel, Elektrolyse und hormonelle Steuerung bei Volleyballmeisterschaftsspielen. In: DANNENMANN, F.: Entwicklungen und Trends im Volleyball, Verlag Ingrid Czwalina 1986, 169-184

NEWHAM, D.J. / JONES, D.A. / CLARKSON, P.M.: Repeated high-force eccentric exercise: effects on muscle pain and damage. J. Appl. Physiol. 63 (4), 1987, 1381-1386

VOIGT, H.F. / DE MAREES, H.: Zur muskulären Beanspruchung im Volleyball. Dtsch. Zeitschrift für Sportmed. 6, 1985, 163-170

URTE KÜNSTLINGER

ZUR ENTSTEHUNG VON MUSKELKRÄMPFEN

Störungen im Elektrolythaushalt, die alleinige Ursache für die Entstehung von Muskelkrämpfen bei Belastungen?

1 PROBLEMSTELLUNG UND ZIELSETZUNG

Gerade in den letzten Jahren bin ich immer wieder von Sportlern ganz unterschiedlicher Disziplinen und Leistungsstärke um Rat gebeten worden, die vor allem im Wettkampf - seltener im Training - wiederholt unter Muskelkrämpfen litten. Dabei war es auffällig, daß die meisten Sportler die Ursache auf starkes Schwitzen und damit verbundene Elektrolytverluste zurückführten. Konsequenz für die Therapie war daher bei einigen, sofort nach hochkonzentrierten Kochsalzlösungen zu verlangen, von der Werbung geprägte Sportler erhöhten den Konsum an Elektrolytgetränken und diejenigen, die sportmedizinisch am meisten belesen waren, erwägten eine lang- oder kurzfristige "Magnesiumsubstitution". Eine sorgfältige Diagnose der Krampfursachen wurde nur in den seltensten Fällen durchgeführt.

Aufgrund ausführlicher Stoffwechseluntersuchungen in mehreren Sportarten, die auch die Beurteilung des Elektrolythaushaltes bei Belastung beinhalteten, sowie eines bei den betroffenen Sportlern meist unauffälligen Elektrolytstatus in Ruhe, scheint es zu oberflächlich, die alleinige Ursache für Muskelkrämpfe bei Belastung in einer Störung des Elektrolytgleichgewichts zu sehen und dementsprechend zu therapieren. Zielsetzung dieses Beitrages war es daher, ein erweitertes Bild möglicher Ursachen für die Entstehung von Muskelkrämpfen zu zeichnen.

2 MUSKELPHYSIOLOGISCHE GRUNDLAGEN

Dazu sollen zunächst kurz die physiologischen Grundlagen der Erregungsleitung vom α-Motoneuron auf die Muskelfaser sowie der anschließenden elektromechanischen Kopplung dargestellt werden.

Das α-Motoneuron, d.h. der Nerv, der die Erregung auf den Muskel überträgt, unterliegt mannigfaltigen Einflüssen sowohl hemmender als auch bahnender Natur. Die Summation aller Einflüsse führt zu einer mehr oder weniger starken Erregung

auf dem Axon. Diese fortgeleitete Erregung führt dann an der motorischen End-
platte zu einer Frequenz-abhängigen Freisetzung von Acetylcholin. Die Kopplung
beider Mechanismen geschieht über einen Calciumeinstrom aus dem Extrazellulärraum. Steigt die Calciumdifferenz zwischen außen und innen z.b. durch Zunahme
der extrazellulären Calciumkonzentration an, so wird bei gleicher Erregungsfrequenz eine stärkere Acetylcholinausschüttung ausgelöst. Da die Calciumionen einer kompetitiven Hemmung durch Magnesiumionen unterliegen, hemmt eine hohe
extrazelluläre Magnesiumkonzentration die Acetylcholinfreisetzung.

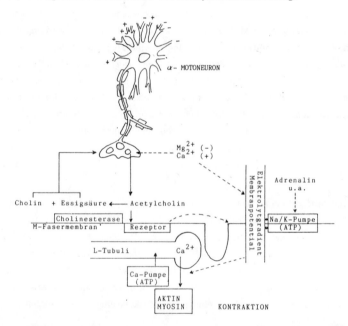

**Abb. 1: Schematische Darstellung verschiedener Einflußmöglichkeiten auf die mus-
kuläre Erregung und Kontraktion.**

Das Acetylcholin diffundiert in den synaptischen Spalt und gelangt auf spezifische
Rezeptoren in der Muskelfasermembran. Bei Kontakt mit den Rezeptorfeldern
wird in Abhängigkeit von extra-intrazellulären Elektrolytdifferenzen (vor allem
Natrium- und Kaliumionen) ein Aktionspotential auf der Muskelfasermembran ausgelöst. Die Erregungsfrequenz auf der Muskelfaser wird dabei um so größer je
stärker die freigesetzte Menge an Acetylcholin die Aktivität der Cholinesterase

(spaltet Acetylcholin in die unwirksamen Bestandteile Cholin und Essigsäure) übertrifft. Bei einer konstanten Menge an freigesetztem Acetylcholin könnte somit die Erregung des Muskels und damit die Stärke der Kontraktion zunehmen, wenn die Aktivität der Cholinesterase z.B. durch Giftstoffe (Tetanuserreger) gehemmt wird. Die Reaktion der Muskelzellmembran auf die Stimulation durch Acetylcholin ist vor allem von den intra-extrazellulären Differenzen der Natrium- und Kaliumkonzentration abhängig. Schon geringe Veränderungen der Konzentrationsgradienten können eine verminderte Erregbarkeit oder aber eine Übererregbarkeit hervorrufen. Vor allem eine erniedrigte Kaliumkonzentration im Extrazellulärraum ist mit einer Übererregbarkeit verbunden. Auf dieses so entscheidende Elektrolytverhältnis können zwei weitere Faktoren einwirken. Eine hohe Calciumkonzentration im Extrazellulärraum stabilisiert das Ruhepotential der Zellmembran und kann somit einer Übererregbarkeit vorbeugen. Adrenalin beeinflußt die Natrium- Kalium-ATPase und damit den aktiven Elektrolyttransport durch die Zellmembran. Die Wirkung ist dabei von der Muskelfaserqualität abhängig; während bei roten Fasern eine Abnahme der Erregbarkeit resultiert, kommt es unter Adrenalineinfluß an den weißen, d.h. den schnellkräftigen Fasern zu einer Übererregbarkeit.

Den entscheidenden Schritt bei der Auslösung der Muskelkontraktion stellt die Verknüpfung der Erregungsvorgänge mit der Reaktion der kontraktilen Proteine über die Größe der intrazellulären Calciumkonzentration dar. Bei jeder Erregungswelle, die über die Muskelfaser läuft, wird aus einem intrazellulären "Schlauchsystem", den L-Tubuli, eine konstante Menge Calcium freigesetzt. Das freigesetzte Calcium wird unter Energieverbrauch relativ schnell wieder in die L-Tubuli zurückgepumpt. Solange die freigesetzte Menge (abhängig von der Erregungsfrequenz) die zurückgepumpte Menge (abhängig von der Energiebereitstellung) übersteigt, kommt es zu einer Erhöhung der intrazellulären Calciumkonzentration, die die Voraussetzung für jede Muskelkontraktion ist. Somit kann eine "Dauerkontraktion" ausgelöst werden, wenn es zu einer Dauererregung der Muskelfaser kommt oder aber wenn bei relativem Energiemangel zu wenig Calcium zurückgepumpt wird.

3 URSACHEN VON MUSKELKRÄMPFEN

Wenn man diese möglichen Ursachen einer Dauerkontraktion vor dem Hintergrund des Belastungsstoffwechsels im allgemeinen und speziell im Volleyball betrachtet, ergeben sich folgende wesentliche Möglichkeiten einer Krampfentstehung im Spiel:

1) Ermüdungserscheinungen im Zentralnervensystem

Über die Bedeutung der zentralen Ermüdung bei körperlicher Belastung herrscht noch wenig Klarheit. Doch wäre es denkbar, daß es zu fehlerhaften Programmentwürfen (Assoziationsfelder), Ausführungen (Großhirnrinde) oder Steuerungen (Kleinhirn) für einzelne Bewegungsmuster im Verlauf längerer Belastung kommt. Auch könnte eine verlangsamte "Verrechnung" der auf das α - Motoneuron einwirkenden Informationen zu einem Aufsummieren bahnender bzw. einer Unterdrückung hemmender Einflüsse führen.

2) Abfall der Magnesiumkonzentration im Extrazellulärraum

Während und unmittelbar nach den meisten sportlichen Belastungen kommt es zu einem signifikanten Abfall der Magnesiumkonzentration im Serum, so daß auch von einer erniedrigten Magnesiumkonzentration im Extrazellulärraum des α-Motoneurons ausgegangen werden muß. Nach Volleyballspielen konnten wir in Abhängigkeit von der Intensität der Spiele einen Abfall der Magnesiumkonzentration von 10 - 15 % beobachten. In Einzelfällen sank die Konzentration unter 0.6 mmol/l ab. Diese Abnahme ist nicht, wie oft vermutet, in erster Linie auf erhöhte Magnesiumverluste über Schweiß und Urin zuückzuführen, sondern vielmehr das Resultat eines Magnesiumstroms vom Extrazellulärraum in die arbeitende Muskelzelle, wo die Magnesiumionen als Cofaktoren bei der Energiebereitstellung wirken. Nach Arbeitsende kommt es entsprechend wieder zu einem Ausstrom der Magnesiumionen, so daß der Serumspiegel meistens schon nach kurzer Zeit wieder ausgeglichen ist. Trotzdem ist es nicht auszuschließen, daß die während der Belastung bestehende niedrige Magnesiumkonzentration über eine Erhöhung der Acetylcholinfreisetzung eine vermehrte Stimulation der Muskelfasermembran bewirkt und damit einen Krampf auslösen kann. Dieser Effekt kann verstärkt werden, wenn bei dem Sportler zu Belastungsbeginn ein Magnesiumdefizit vorliegt. Obwohl dies aufgrund der relativ geringen Verluste bei Belastung allgemein nicht zu vermuten ist, kann es zu einer Erniedrigung der Magnesiumruhewerte unter folgenden Umständen kommen: Streß, Übertraining, hoher Alkoholkonsum, einseitige Kostformen. Sportler, bei denen sich derartige "Risikofaktoren" in der Anamnese finden lassen, sind sowohl in Ruhe wie vor allem während Belastungen krampfgefährdet.

3) Erhöhte Adrenalinsekretion

Die Katecholaminausscheidung ist im Volleyball verglichen mit anderen Sportarten besonders hoch. Dies scheint trotz der relativ geringen mittleren Intensität dieser

Sportart durch das stetige Wiederkehren kurzer, intensiver Phasen bedingt zu sein. Bei starkem psychischem Streß kommt es zu einer zusätzlichen Stimulation der Adrenalinausschüttung, die vor allem in der schnellkräftigen Muskulatur, zu der auch der überwiegend betroffene Wadenmuskel zählt, eine Verstärkung der Erregung auf der Muskelfasermembran bewirken kann. Diese Möglichkeit ist vor allem dann zu bedenken, wenn ein Sportler häufig im Spiel Krämpfe erleidet, hingegen selbst bei hohen Intensitäten im Training unauffällig bleibt.

4) Abnahme der Kaliumkonzentration im Extrazellulärraum

Nach einem Volleyballspiel kann zwar eine erniedrigte Kaliumkonzentration von 10 - 12 % gefunden werden, jedoch scheint es sich auch hier nicht um die Folge von erhöhten Kaliumverlusten über Schweiß und Niere zu handeln, sondern wieder um das Ergebnis extra-intrazellulärer Kaliumbewegungen. Während unmittelbar nach jeder Belastung die Kaliumkonzentration im Extrazellulärraum erhöht ist - als Folge eines Kaliumausstromes aus der Muskelzelle, der die Größe des aktiven Rücktransportes übertrifft -, läßt sich schon Minuten später ein Absinken der Kaliumkonzentration beobachten. In dieser Phase kommt es zu einem verstärkten Einstrom von Kalium in die Muskelzelle durch eine gesteigerte Aktivität der Natrium-Kalium-Pumpen. Da zusätzlich in den frühen Phasen der Regeneration ein an den Glukosetransport gekoppelter Kaliumeinstrom in die Zelle zu erwarten ist (Aufbau von Glykogen) und zudem vermutet werden muß, daß die renale Ausscheidung von Kalium in den Stunden nach der Belastung (nicht während Belastung!) aufgrund einer anhaltenden Aldosteronwirkung erhöht ist, kann es während der Erholung zu einem fortschreitenden Abfall der Kaliumkonzentration im Extrazellulärraum kommen. Bei einem ungenügenden Ausgleich über die Ernährung könnte so zu dieser Zeit eine erhöhte Krampfanfälligkeit bestehen. Dies ist vor allem während Turnieren oder im Rahmen intensiver Trainingsperioden zu bedenken, wo erneute Belastungen in diesen Zeitraum fallen können. Bei einem ausgeglichenen Kaliumspiegel vor Belastung ist während Belastung nicht mit einem Absinken der extrazellulären Kaliumkonzentration zu rechnen, sondern eher mit einem Anstieg, so daß die Kaliumzufuhr im Wettkampf höchstens bei längeren Pausen eine geeignete Therapiemaßnahme für krampfgefährdete Sportler darzustellen scheint, hingegen in der Regeneration unbedingt zu berücksichtigen ist.

5) Störungen im Energiestoffwechsel

Die Energiebereitstellung scheint - wie auch K. BAUM in seinem Referat herausgestellt hat - insgesamt keine limitierende Größe für die Muskeltätigkeit im

Volleyball darzustellen. Trotzdem ist nicht auszuschließen, daß es in einzelnen außergewöhnlich belasteten Muskelpartien zu einer unzureichenden Energieversorgung kommt. Ursächlich für diese "besondere" Belastung könnten sein:

a) Orthopädische Abnormitäten z.B. Senk-Spreiz-Füße oder Fehlstellungen und degenerative Veränderungen von Gelenken.

b) Muskelverhärtungen gehen häufig mit Schwellung und Degeneration von Zellbestandteilen einher, was den Zellstoffwechsel vor allem hinsichtlich eines Stoffaustausches mit der Blutbahn erschwert.

c) Durchblutungsstörungen, arterielle Verschlußkrankheiten sowie Störungen des venösen Abflusses (Krampfadern).

d) Alter und längere Inaktivität, verschlechterte Anpassungsfähigkeit der Durchblutung bei Belastung, Abnahme der Relation Kapillaren/Muskelfasern.

e) Kompression einzelner Gefäßabschnitte bei Kontraktion des Muskels.

6) Mechanische oder entzündliche Schädigung der Muskelfasermembran

Der verstärkte Ausstrom von muskelspezifischen Enzymen (CK, LDH) und Substanzen (Myoglobin) in Abhängigkeit von der Intensität einer Belastung spricht zumindest für eine veränderte Permeabilität der Zellmembran, wenn nicht sogar für eine Zerstörung. Dies könnte sowohl die Erregungsausbreitung auf der Zellmembran wie auch den Zellstoffwechsel beeinflussen. Vermutlich in erster Linie aufgrund der hohen statischen Belastung in der Abwehr wie auch der häufigen Sprungbelastungen (konzentrischen und exzentrische Muskelkontraktionen) läßt sich auch im Volleyball ein deutlicher Anstieg der CK beobachten, der allerdings von vielen Sportarten (z.B. Ringen) noch deutlich übertroffen wird.

4 KONSEQUENZEN

Welche Konsequenzen ergeben sich nun aus diesen Ausführungen für Diagnose und Therapie gehäufter Muskelkrämpfe im Volleyball?

(1) **Ruhewerte der Magnesium- und Kaliumkonzentration im Serum** kontrollieren: Bedenklich sind eine Kaliumkonzentration unter 3.5 mmol/l und eine Magnesiumkonzentration unter 0.7 mmol/l. Frage nach Abführmitteln, Diätformen, Durchfallerkrankungen, Alkoholkonsum.

(2) **Schilddrüsenfunktion** überprüfen (Überfunktion?).

(3) **Orthopädische Untersuchungen** (Plattfüße, Arthrosen?); Therapie: spezielle Gymnastik, Einlagen.

(4) **Übertrainingszustand?** Kontrolle von Harnstoffwerten, Herzfrequenz, Katecholaminen etc.; Therapie: Ruhe, Vit. B6.

(5) **Angiologische Untersuchung** (Gefäßverschlüsse, Krampfadern?).

Ist die Ursache der Krampfentstehung nach Abklärung dieser Möglichkeiten weiterhin unklar, besteht eine unspezifische Therapieempfehlung in der Einnahme von Medikamenten, die sowohl den Zellstoffwechsel unterstützen wie auch das Membranpotential stabilisieren können. Da Magnesium die Acetylcholinausschüttung hemmt und so in jedem Fall die Erregbarkeit der Muskelfasermembran herabsetzt, bietet sich auch hier eine allgemeine Therapiemöglichkeit. Allerdings sollte man dabei bedenken, daß eine unkontrollierte Einnahme nicht nur die Krampfanfälligkeit sondern auch das Schnellkraftvermögen senkt.

III. SOZIALWISSENSCHAFTLICHE FORSCHUNGSARBEITEN ZUM
VOLLEYBALLSPIEL

ULRICH FISCHER/ HERBERT ZOGLOWEK

VOLLEYBALLSPIEL IM SCHULSPORT

Zur Struktur des Volleyballspiels innerhalb des Sportunterrichts der Sekundarstufe I und II - Fragestellungen, Methoden und erste Ergebnisse der Pilotstudie[1]

1 EINLEITUNG

Es ist wohl unumstritten, daß die Ergebnisse von Strukturanalysen des Volleyballspiels eine zentrale Quelle für die Trainingssteuerung und Trainingsoptimierung
darstellen. Im Bereich des Leistungssports ist daher die Tendenz unverkennbar,
durch immer genauere Strukturanalysen - und dies gilt wohl für alle Sportarten -
möglichst objektive Daten zu gewinnen, um daraus entsprechende Konsequenzen
für die Planung und Gestaltung des Trainings zu ziehen. Nicht zuletzt die bisher
veröffentlichten Berichte des DVV-Symposiums, aber auch die Trainingslehre von
HERZOG/WESTPHAL/VOIGT (1985), sind ein Beleg für diese Entwicklung und deren positiven Einfluß auf die Trainingssteuerung.

Vergleichbare Forschungsansätze gibt es seit einiger Zeit auch für den Schüler-
und Jugendbereich des DVV. WESTPHAL (1984/1985/1986) stellt in verschiedenen
Untersuchungen erhebliche Unterschiede in der Struktur des Volleyballspiels der E,
D und C - Jugendlichen im Vergleich zum Spiel der Erwachsenen fest und leitet
daraus entsprechende Konsequenzen für die Ausbildung und Wettkampfgestaltung
ab.

Für den Schulsport dagegen sind uns - abgesehen von einigen Untersuchungen mit
speziellerer Fragestellung (z.B. FRIEDMANN 1977/VOIGT 1985/WILLE 1986) -
keine umfassenderen Analysen zur Struktur des Volleyballspiels bekannt.

---

[1] An der Untersuchung sind die Studenten Sabine Karner, Susanne Karner, Yvonne
Steinfort und Martin Mainka beteiligt.

Dies ist aus unserer Sicht wenig zufriedenstellend. Es ist zu vermuten, daß aufgrund der vom Vereinssport abweichenden Gegebenheiten des Schulsports (leistungs- und geschlechtsheterogene Gruppen, geringerer Ausbildungsumfang, z.T. geringere Fachkenntnis der Lehrkräfte, geringere Motivation der Schüler, größere Gruppen) die Struktur des Volleyballspiels in der Schule sich nochmals erheblich von der des Jugendbereichs im Verein unterscheidet.

- Die genauere Kenntnis dieser Struktur aber könnte eine wichtige Grundlage für die Entwicklung alternativer methodischer Konzepte darstellen. Exemplarisch sei hier nur an die in letzter Zeit u.a. von WESTPHAL (1988a, 1988b) neu aufgeworfene Frage nach der Reihenfolge und der Gewichtung der einzelnen Techniken bei der Einführung des Volleyballspiels erinnert.

- Strukturanalysen können u.U. auch zu neuen Überlegungen in taktischer Hinsicht führen. Sehr häufig werden auch im Schulsport dem Spiel der Schüler meist mehr oder weniger unreflektiert die taktischen Systeme aus dem Erwachsenensport übergestülpt, ohne deren Angemessenheit in Bezug auf das Leistungsvermögen und Spielverhalten der Schüler zu überprüfen (vgl. z.B. LEHRPLAN NRW, Bd. III, 1980). Die Untersuchung von VOIGT (1985) bezüglich alternativer Riegelformationen in der Sek. II zeigt dagegen deutlich den innovativen Wert genauerer Analysen z.B. der räumlichen Verteilung der Ballkontakte in der Annahmesituation.

- Schließlich lassen sich aus Strukturanalysen nicht zuletzt mögliche Regeländerungen (z.B. Spielfeldgröße, Netzhöhe, Spieleröffnung, Zählweise) zur Verbesserung der Attraktivität des Spiels ableiten. Ein aus unserer Sicht sehr überzeugendes Beispiel stellen in diesem Zusammenhang wiederum die Untersuchungen von WESTPHAL (1984) zu den Auswirkungen unterschiedlicher Spielfeldgrößen beim Spiel 3 : 3 dar.

Es liegt auf der Hand, daß die genauere Kenntnis der Struktur des Volleyballspiels in der Schule für den Bereich der Lehrerausbildung - und diese stellt vermutlich für die meisten Sportinstitute in der BRD noch immer deren zentrale Aufgabe dar - von besonderem Interesse sein müßte.

2 PROJEKTBESCHREIBUNG UND FRAGESTELLUNGEN

Das globale Ziel unseres Vorhabens kann folgendermaßen beschrieben werden:

Auf der Grundlage einer detaillierten Strukturanalyse sollen Vorschläge für mögliche Veränderungen bei der Vermittlung des Volleyballspiels im Rahmen des Schulsports abgeleitet werden, die zu einer größeren Attraktivität des Spielgeschehens führen können.

Dieses Ziel möchten wir in der ersten Projektphase folgendermaßen ansteuern:

Nach Abschluß der Pilotuntersuchung werden in jeweils fünf Klassen der Sekundarstufe I, der Sekundarstufe II des Gymnasiums und des berufsbildenden Bereichs je drei Spiele 6 : 6 aufgezeichnet und mit Hilfe schriftlich gebundener Spielbeobachtung ausgewertet.

Für das Spiel 6 : 6 haben wir uns entschieden, weil es der Lehrplan NRW ab der Einheit VI vorschreibt. Nach unseren Erfahrungen stellt es ab der 9. / 10. Klasse auch tatsächlich die zentrale Spielform innerhalb des Schulsports dar.

Folgende allgemeinere Fragestellungen sollen untersucht werden:
- Durch welche Merkmale wird die technische Struktur des Spiels (ballgebundene Aktionen) charakterisiert? (U.a. sollen die Häufigkeit der angewandten Techniken global und im Zusammenhang mit bestimmten Spielsituationen, die Ausnutzung der zulässigen Ballkontakte und die zum Spielabbruch führenden Fehler erfaßt werden.)
- Durch welche Merkmale wird die zeitliche Struktur des Spiels charakterisiert? (Als Standardparameter sollen hier die Brutto- und die Nettospielzeit und die Länge der Spielzüge erfaßt werden.)
- Durch welche Merkmale wird die räumliche Struktur des Spiels charakterisiert? (U.a. werden hier die räumliche Verteilung der ballgebundenen Aktionen auf dem Spielfeld global und in speziellen Situationen festgehalten.)
- Durch welche Merkmale wird die Belastungsstruktur charakterisiert? (U.a. sollen durch Erfassen der Herzfrequenz, der Häufigkeit der ballgebundenen Aktionen, der Sprünge und Läufe jedes einzelnen Spielers einer Mannschaft Hinweise für die individuelle Belastung gewonnen werden).

In unserer allgemeinen Zielsetzung unterstellen wir, daß es mit der Attraktivität des Volleyballspiels in der Schule nicht zum besten steht. Nach unseren Beobachtungen hat das Spielgeschehen für die meisten Schüler eher frustrierenden Charakter, als daß es Begeisterung für diese Sportart wecken könnte. Als Konsequenz wird Volleyball dann sehr schnell mit einem Negativimage behaftet, das sich häufig auch in Äußerungen von Lehrern wiederfindet, wenn sie etwa in der Sekundarstufe II die Schüler, die Volleyball gewählt haben, als besonders "bewegungsfaul", "wenig anstrengungsbereit" oder "motorisch eher unbegabt" charakterisieren.

Dennoch muß die Frage gestellt werden, ob unsere Einschätzung des Spielgeschehens überhaupt gerechtfertigt ist. Denn wer entscheidet eigentlich, wann ein Volleyballspiel besonders "attraktiv" ist? Können nicht Schüler das Spiel möglicherweise ganz anders erleben, als wir es mit unserer überwiegend leistungssportlichen Sozialisation tun? Kann nicht der Vorschlag, lieber 4 : 4 zu spielen, weil dies die Zahl der Ballkontakte und die Dauer der Spielzüge erhöht, gerade dazu führen, daß die Attraktivität sinkt, weil nicht mehr "richtig" Volleyball gespielt wird?

Daher meinen wir, daß es für die Ableitung methodischer Vorschläge unbedingt notwendig ist, auch die subjektive Perspektive der Schüler, d.h. wie sie das Spielgeschehen selbst erlebt haben, zu erfassen.

So besteht ein weiterer wichtiger Untersuchungsaspekt auch in der Beantwortung der Frage:

Wie haben die Schüler das jeweilige Spiel subjektiv wahrgenommen, und welche Zusammenhänge ergeben sich möglicherweise mit der objektiv erfaßten Spielstruktur?

Dies ist auch der Grund, warum jeweils drei Spiele in ein und derselben Klasse nacheinander aufgezeichnet werden. Veränderungen von Spiel zu Spiel in der subjektiven Einschätzung der Schüler können so besser festgestellt werden.

Den Abschluß der deskriptiv analytischen Phase unseres Projektes bildet die Formulierung von Hypothesen zur möglichen Steigerung der Attraktivität des Volleyballspiels innerhalb des Schulsports.

In einer zweiten Projektphase sollen diese Hypothesen im Rahmen von Feldexperimenten möglichst in den Klassen, deren Spiele aufgezeichnet worden sind, überprüft werden.

Die nachfolgenden Ausführungen beziehen sich ausschließlich auf die zu Beginn der ersten Projektphase durchgeführte Pilotstudie. Es können daher auch nicht zu allen Fragestellungen vorläufige Ergebnisse mitgeteilt werden, da aus organisatorischen Gründen noch nicht das gesamte Instrumentarium eingesetzt werden konnte (z.B. wurden die Pulstester erst kurz vor dem Beginn des Symposiums geliefert).

3 DARSTELLUNG DES METHODISCHEN VORGEHENS

3.1 Die Stichprobe

Die Auswahl der Klassen erfolgt im Raum Hagen - Dortmund, und zwar zufällig, wobei in erster Linie äußere Faktoren bestimmend sind:

- Eignung der Halle für Videoaufzeichnungen (erhöhter fester Standort der Kamera, so daß das gesamte Spielfeld in Längsrichtung aufgezeichnet werden kann);
- Interesse und Einverständnis von Lehrer, Schülern und Schulleitung;
- Volleyball (Spiel 6 : 6) als Stundeninhalt während des Erhebungszeitraumes;

Unter diesen Umständen kann eine nach Geschlechtern getrennte Untersuchung, obwohl sie zweifellos interessant wäre, nicht von vorneherein geplant werden, sie könnte sich höchstens zufallsbedingt ergeben.

Die Spiele werden grundsätzlich unter normalen Unterrichtsbedingungen aufgezeichnet, d.h. mit dem Unterrichtenden werden keinerlei Absprachen bzgl. der Länge und Durchführung der Spiele und der Einteilung der Mannschaften getroffen. Der einzige "Eingriff" von unserer Seite ist die Ausstattung der Spieler zwecks späterer Identifizierung und Zuordnung der Fragebögen mit Nummernhemden. Außerdem bekommen zwei bis drei zufällig ausgewählte Spieler einer Mannschaft die Pulstester angelegt.

3.2 Die Analyse der Spiele

Die Auswertung der im Zeitlupentempo auf dem Monitor ablaufenden Spiele erfolgt durch das Verfahren der schriftlich gebundenen Spielbeobachtung. Über den Bildschirm wird ein Feldeinteilungsraster gelegt, so daß jede Hälfte in die üblichen neun 3m x 3m großen Quadrate eingeteilt ist (vgl. VOIGT 1985, 92). Die Beobachtungsgruppe, bestehend aus fünf volleyballerfahrenen Studenten und jeweils einem der beiden Autoren, wertet in der Regel gleichzeitig aus, wobei im einzelnen folgende Arbeiten geleistet werden:

- ein Beobachter erfaßt die Verlaufsstruktur, d.h. er notiert fortlaufend jede ballgebundene Aktion und kennzeichnet jede Netzüberquerung des Balles;

- zwei Beobachter beschreiben die Fehler, die zum Abbruch eines Spielzuges führen. Sie notieren, ob die Ursachen dafür mehr in ungünstigem taktischen Verhalten, schlechter Verständigung, fehlender Vorbereitung, schlechter Beherrschung der Technik, in einer Kombination dieser Ursachen oder aber in ganz
anderen Bereichen liegen;
- ein Beobachter hält die Verteilung aller Ballkontakte auf dem Spielfeld und
ggf. auch außerhalb fest;
- ein weiterer Beobachter erfaßt die Verteilung pro Spieler und jeweiliger Position auf dem Spielfeld;
- ein Zeitnehmer mißt die Bruttospielzeit und die Dauer jedes einzelnen Spielzuges, so daß auch die Nettospielzeit bestimmbar ist.

Die aufgezeichneten Spiele werden in 8 Minuten Einheiten ausgewertet. Dadurch
sollen eventuelle Änderungen in der Struktur der Spiele während des Spielverlaufs
ermittelt werden.

Die so erhaltenen quantitativen Daten bilden als Rohwerte die Grundlage für die
statistischen Auswertungen über den Rechner der Uni Dortmund.

3.3 Gütekriterien

3.3.1 Objektivität/Reliabilität

In der Phase der Erprobung des Auswertungsinstrumentariums bezüglich der Beobachtung der ballgebundenen Aktionen wurde mit Hilfe des K-Light-Koeffizienten
die Beobachterübereinstimmung getestet. Ein Koeffizient von $K - 0.80$ kann als
ein ausreichendes Maß für eine objektive Beobachtung angesehen werden (zur Berechnung wurde die Darstellung von EGGER 1980, 22 ff. herangezogen). Für einen
von drei Beobachtern gleichzeitig ausgewerteten Spielausschnitt von etwa zehn
Minuten erhielten wir folgende Koeffizienten:

A mit B $K = 0.95$ B mit C $K = 0.92$ C mit A $K = 0.88$

Es kann daher von einer hohen Beobachtungsobjektivität bezüglich des Verlaufs
der ballgebundenen Aktionen ausgegangen werden.

Die Zeitmessung und die Erfassung der räumlichen Verteilung der Ballkontakte auf dem Spielfeld wurde von jeweils zwei Beobachtern für denselben Spielabschnitt getrennt vorgenommen. Die Zeitmessung ergab eine durchschnittliche Abweichung von 0.12 Sekunden pro Spielzug, eine Abweichung, die u.M. nach vernachlässigt werden kann. Die Aufzeichnung der räumlichen Verteilung der Ballkontakte auf dem Spielfeld ergab eine hundertprozentige Übereinstimmung.

Bei der Erfassung der zum Spielzugabbruch führenden Fehler haben wir bewußt auf die Berechnung von Objektivitätskoeffizienten verzichtet. Unser Verfahren erschien uns dazu noch zu ungesichert.

3.3.2 Validität

Aufgrund der detaillierten Definition der Technik-Kategorien, des vorgegebenen räumlichen Strukturierungsrasters sowie der einfachen Auszählung der Häufigkeit von Ballkontakten ist evident, daß das Auswertungsverfahren bis zu diesem Zeitpunkt hinreichend valide ist.

Über die Validität des Fragebogens zur subjektiven Einschätzung des Spielgeschehens können noch keine Angaben gemacht werden.

Als ein bislang noch weitgehend ungelöstes Problem hat sich allerdings die genaue Analyse und Beschreibung der zum Spielzugabbruch führenden Fehler erwiesen. Die Fehler erschienen häufig von einer solchen Komplexität und Verkettung, daß vor allem die Frage nach dem ursächlichen Grund für den Spielzugabbruch oft große Schwierigkeiten bereitete. Auch eine anteilmäßige Zuordnung bestimmter Fehler-Kategorien führte nicht zu einer höheren Objektivität des Verfahrens. Das schließlich angewandte - wenn auch noch nicht zufriedenstellende Verfahren - ist der interpretativen Unterrichtsforschung entlehnt und läßt sich als "kommunikative Expertenvalidierung" bezeichnen. Zwei Beobachter verständigen sich nach jedem Spielzug über ihre Beurteilung des Fehlers. Gehen die Meinungen auseinander, wird der Spielausschnitt so lange dargeboten, bis eine Übereinstimmung gefunden worden ist. Das Verfahren ist z.T. sehr zeitraubend. Es ist daher zu überlegen, ob nicht in den Hauptuntersuchungen nur noch stichprobenartige Fehleranalysen (z.b. jeder fünfte Spielzug) vorgenommen werden sollten.

3.4 Der Fragebogen

Der jeweils im Anschluß an das Spiel auszufüllende Fragebogen, der aufgrund des unmittelbaren Einsatzes noch in der Unterrichtsstunde natürlich relativ kurz sein muß, bezieht sich auf

- die Einstellung zum Volleyballspiel im Vergleich zu anderen Spielen,
- die Einschätzung des Schwierigkeitsgrades im Vergleich zu anderen Spielen,
- Meinungen, wann ein Volleyballspiel besonders großen Spaß macht,
- das subjektive Erleben und die Einschätzung des gerade beendeten Spiels.

Besonders durch den letztgenannten Aspekt sollen die "objektiven Daten" der Spielanalyse mit den "subjektiven Daten" einer Lernfeldanalyse verglichen werden.

Durch die Auswertung der Fragebögen hoffen wir, Informationen zu erhalten über

- die subjektive Wahrnehmung des Spielerlebnisses durch die einzelnen Spieler und den Zusammenhang mit der "objektiven" Struktur des Spiels,
- die Empfindung der subjektiven physischen und psychischen Belastung durch das Spiel,
- die didaktische und pädagogische Bewertung des Volleyballspiels als Element des Schulsports.

4 DARSTELLUNG DER ERGEBNISSE

Die Ergebnisse beziehen sich auf die Beobachtung von insgesamt 6 Spielen mit einer Gesamtlänge von 127 Minuten in drei Klassen des SII Bereichs. Und zwar im einzelnen:

3 Spiele eines 12. Jahrganges eines Gymnasiums, Grundkurs Volleyball, Jungen und Mädchen, im folgenden abgekürzt als GK, 2 Spiele einer 12. Klasse einer Fachoberschule, nur Jungen, im folgenden abgekürzt als FOS, und ein Spiel einer Klasse einer berufsbildenden Schule, 2. Ausbildungsjahr, Fachrichtung Schlosser, nur Jungen, im folgenden abgekürzt als SCH.

4.1 Zur technischen Struktur des Spiels

Der erste Fragenkomplex beschäftigt sich mit der Häufigkeit der angewandten Techniken der Ballbehandlung.

TAB. 1 HÄUFIGKEIT DER EINZELNEN TECHNIKEN (ANGABEN IN % /n = 2143)

Spiel	Aufschlag	Pritschen	Bagger	Schlag[*]	Block
GK	22.4	24.4	36.5	7.1	9.6
FOS	18.9	28.8	39.1	5.9	8.1
SCH	37.8	19.3	35.3	5.5	2.1
Vergleichs- werte:					
WESTPHAL 6 : 6 Ju	20.5	28.4	45.6	5.5	0.1
6 : 6 Mä	17.9	32.5	43.6	5.0	0.9

[*]Wir haben bewußt den Begriff Schlag gewählt, da eine ganze Reihe von Schlägen nicht in der Angriffssituation angewandt wurden. So kam es häufiger vor, daß Schüler den Aufschlag mit einem Schlag annahmen, und der Ball dann in der eigenen Mannschaft noch weitergespielt wurde.

Die ermittelten Häufigkeiten zeigen deutlich die Dominanz des unteren Zuspiels und die geringe Bedeutung von Angriffs- und Blockaktionen. Zu beachten ist auch der relativ hohe Anteil (knapp ein Viertel) von Aufschlägen. Diese Ergebnisse entsprechen durchaus in der Tendenz anderen Untersuchungen, die sich auf den Jugendbereich im DVV (WESTPHAL 1986) oder die S II (VOIGT 1984) beziehen.

Für eine genauere Analyse der Bedeutung des unteren Zuspiels für das Spielgeschehen ist eine differenziertere Betrachtung des 1. und 2. Ballkontaktes nach dem Aufschlag oder dem Rückspiel über das Netz sinnvoll. Die Tabelle 2 zeigt mit welcher Technik dieser ausgeführt wird.

TAB. 2 HÄUFIGKEIT VON BAGGERN ODER
PRITSCHEN BEIM 1. ODER 2. BALL-
KONTAKT

(1. BALLKONTAKT n = 853 / 2. BALLKONTAKT n = 500 / RÜCKSPIEL
ODER ANNAHME DES AUFSCHLAGS / ANGABEN IN %)

| | 1. BALLKONTAKT | | | 2. BALLKONTAKT | | |
	BAGGERN	PRITSCHEN	SONSTIGES	BAGGERN	PRITSCHEN	SONSTIGES
GK	79.6	19.4	1.0	27.7	67.2	5.0
FOS	62.1	34.5	3.4	45.0	48.5	5.8
SCH	58.1	32.0	9.8	72.0	24.0	4.0

Geht man vom "normalen" Spielaufbau - Baggern - Pritschen - Angriff - aus, entspricht es durchaus der Regel, daß 3/5 bis 4/5 aller ersten Ballkontakte als unteres Zuspiel erfolgen. Erstaunlich ist da schon eher, daß auch beim 2. Ballkontakt - wie die Tabelle zeigt - das untere Zuspiel immerhin noch in 1/4 bis 3/4 aller Fälle angewandt wird. Die zum Teil gravierenden Unterschiede in den einzelnen Gruppen sind auch darauf zurückzuführen, daß das Spiel der Gruppe SCH deutlich schwächer ist als das der beiden anderen Gruppen. Die Gruppe GK kommt in ihren Aktionen der "idealtypischen" Struktur des Volleyballspiels am nächsten.

Besonders kurios und damit wohl ein Zeichen für die Zufälligkeit der Aktionen in dieser Gruppe sind die Ergebnisse der SCH. Das obere Zuspiel wird beim 1. Ballkontakt häufiger angewandt als beim 2. Ballkontakt, während für das untere Zuspiel umgekehrtes gilt.

Festzuhalten bleibt in jedem Fall die sehr hohe Bedeutung des Baggers im Spiel auf einem niedrigen Leistungsniveau. Unsere Ergebnisse unterstützen daher sehr deutlich die Überlegungen WESTPHALS (1988a, 1988b), mit dem unteren Zuspiel als erster Technik zu beginnen (vgl. auch VOLTMANN 1986). Zumindest sollte dem unteren Zuspiel erheblich mehr Gewicht beigemessen werden, als dies in vielen Vermittlungsmodellen gegenwärtig der Fall ist. Es ist schon erstaunlich, wenn in dem Modell von SACHSE (1986) das untere Zuspiel erst nach etwa 20

Unterrichtsstunden eingeführt wird, obwohl seine Beherrschung eigentlich eine unabdingbare Voraussetzung für die Anwendung des Pritschens im Spiel darstellt.

Unterstützt wird unsere Vermutung einer zu geringen Berücksichtigung des unteren Zuspiels noch durch die wenn auch vorsichtig zu interpretierenden Ergebnisse der Fehleranalyse. Das untere Zuspiel ist - dies zeigt die Tabelle 6 sehr deutlich - die Technik, deren Anwendung am häufigsten zum Abbruch des Spielzuges führt; deutlich mehr, als es seinem Anteil am Spielgeschehen entspricht.

TAB. 3 ZAHL DER BALLKONTAKTE (BK)
PRO SPIELSEQUENZ (ANGABEN IN %)

	SEQUENZEN OHNE AUFSCHL.	1 BK	2 BK	3 BK
GK	345	32.5	20.0	47.5
FOS	266	38.3	41.7	19.9
SCH	73	58.9	34.2	6.8
MÄ (WESTPHAL 1986)		38.6	22.0	39.3

Tabelle 3 zeigt, daß es nur bei weniger als der Hälfte aller Spielsequenzen zur Ausnutzung der 3 erlaubten Ballkontakte kommt. (Als Spielsequenz wurde dabei die Phase des Ballbesitzes einer Mannschaft zwischen zwei Netzüberquerungen bzw. zwischen Netzüberquerung und Spielzugende definiert. Sprang der Ball direkt vom Block ins Feld zurück - dies kam in der Gruppe GK einige Male vor - wurde die Blockaktion nicht als Spielsequenz berücksichtigt.)

Das unterschiedliche Leistungsniveau der Mannschaften drückt sich auch hier wieder sehr deutlich in der Tabelle aus.

TAB. 4 ZAHL DER BALLKONTAKTE PRO
SPIELZUG

GK	FOS	SCH	JU MÄ (WESTPHAL 1986)	
4.5	5.4	3.7	4.8	7.7

Die durchschnittliche Anzahl der Ballkontakte pro Spielzug deckt sich annähernd mit den Ergebnissen WESTPHALS (1986). Diese im Vergleich zum Spiel der Erwachsenen niedrige Zahl ist sicherlich auch im Zusammenhang mit der Ausführung der Aufschläge zu sehen. Tabelle 5 macht deutlich, daß mehr als die Hälfte aller Spielzüge direkt mit dem Aufschlag beendet sind.

TAB.5 ZUSAMMENHANG ZWISCHEN AUF-
SCHLAGART UND ANNAHME
(n = 530 / ANGABEN IN %)

	Aufschlagart	Aufschlag ungültig	Annahme-fehler	Ball bleibt im Spiel 1 Ballk.	2 Ballk.	3 Ballk.
GK	v. unten	20.6	25.8	8.6	12.0	32.7
FOS	v. unten	20.0	28.0	15.0	27.0	10,0
SCH	v. unten	55.5	22.2	nicht berechnet		
GK	v. oben	21.8	28.1	11.3	7.5	21.3
FOS	v. oben	21.5	35.3	15.7	17.6	9.8
SCH	v. oben	27.9	36.7	17.6	13.2	4.4
Σ	v. unten	23.8	27.7	11.9	21.0	16.5
Σ	v. oben	23.3	37.2	13.6	10.7	15.0

Lediglich bei 48.5 % aller Aufschläge von unten und 39.5 % aller Aufschläge von oben kann der Ball so angenommen werden, daß er zumindest ein zweites Mal über das Netz fliegt, unabhängig von der Zahl der Ballkontakte.

Die Ergebnisse zeigen sehr eindrucksvoll die überragende Bedeutung des Aufschlags und der Aufschlagannahme für das Zustandekommen eines Spieles bei niedrigem Leistungsniveau. Die Aufschlagausführung spielt für die direkte Fehlerquote keine Rolle, fällt allerdings mit etwa 25 % sicherlich sehr hoch aus. Augenscheinlich wird jedoch der Zusammenhang von Aufschlagart und Annahmefehler. Beim Aufschlag von oben liegt die Fehlerquote mit 37.2 % noch um 10 % höher als beim Aufschlag von unten.

Auch die Möglichkeiten von drei Ballkontakten nach der Annahme des Aufschlags kann von den Mannschaften mit 16.5 % und 15 % nur selten ausgenutzt werden. Selbst wenn man diese Prozentzahlen auf die "Ball-im-Spiel-Situation" umrechnet, liegt der 3. Ballkontakt mit gut einem Drittel noch immer relativ niedrig, vergleichbar den Zahlen aus Tabelle 3, in der die Spielsequenzen ohne Aufschläge ausgewertet worden sind.

Überlegungen zur Erhöhung der Ballkontakte pro Spielzug müßten daher in erster Linie bei einer Entschärfung des Aufschlages ansetzen. Vorschläge dazu liegen bereits von anderen Autoren vor (DÜRRWÄCHTER 1977; WESTPHAL 1986), leider haben sie noch keine Änderung bezüglich der Spielpraxis bewirken können.

TAB. 6 FEHLER IN VERBINDUNG MIT DEN EINZELNEN TECHNIKEN
(ANGABEN IN %)

Spiel	n	Aufs.	Pritsch.	Baggern	Schlagen	Block	Regelverst.	Sonstiges
GK	273	20.5	9.9	35.5	3.7	7.7	3.3	19.4
FOS	176	19.2	14.9	32.3	4.8	4.2	2.4	22.2
SCH	90	33.3	16.7	21.2	4.4	2.2	2.2	20.0

TAB 7 CHARAKTERISIERUNG DER ZUM ABBRUCH EINES SPIELZUGES FÜRENDEN FEHLER (ANGABEN IN %)[*]

Spiel	n	Antizipation	Verständigung	Technik	Sonstiges
GK	273	37.0	25.6	68.5	7.3
FOS	167	56.9	26.3	70.1	6.6
SCH	90	45.5	20.0	75.5	6.7

[*] Die Summe der Prozentzahlen überschreitet 100, da einer ganzen Reihe von Fehlern mehrere Ursachen zugeordnet worden sind.

Aus den bereits genannten Gründen sollen die Tabellen 6 und 7 (Ursachen und Häufigkeit von zum Spielzugabbruch führenden Fehlern) weitgehend unkommentiert bleiben.

Berücksichtigt wurden hier nur die Techniken, die als letzte vor dem Abbruch des Spielzuges fehlerhaft angewandt wurden. Dies ist (noch) keine sehr zufriedenstellende Festlegung - wie auch in der Diskussion im Anschluß an den Vortrag zum Ausdruck kam - da häufig bereits der vorhergehende Ballkontakt so ungenau war, daß sich nahezu zwangsläufig ein Fehler ergeben mußte. Andererseits war es sehr schwer zu entscheiden, ob nicht die Ungenauigkeit des vorhergehenden Zuspiels doch noch durch eine korrekte Anwendung der Technik hätte ausgeglichen werden können.

Die Kategorie "Sonstiges" tritt deshalb so häufig auf, weil in sie alle Beendigungen von Spielzügen eingegangen sind, bei denen der Aufschlag oder Rückschlag ohne eine vorherige Berührung durch einen Spieler direkt den Boden berührten. Ein Angriffsschlag, der direkt das Feld der gegnerischen Mannschaft traf, wurde daher unter der Kategorie "Sonstiges" festgehalten, schlug ein Spieler dagegen ins Netz, erfolgte die Notation in der Kategorie "Schlagen". Zur Charakterisierung der Fehler (Tabelle 7) ist zu bemerken, daß in erheblich mehr Fällen ungenügende Antizipationsleistungen eine Rolle spielen. Wir haben hier lediglich die Fehler angezeigt, bei denen unserer Meinung nach die ungenügende Antizipation die dominierende Rolle gespielt hat.

Die Kategorie "Verständigung" subsumiert alle Fehler, bei denen es zum Spielzugabbruch kam, weil die Entscheidung zwischen zwei oder mehr Spielern über die Zuständigkeit für das Spielen des Balles gar nicht oder zu spät getroffen worden ist. Es liegt auf der Hand, daß auch bei solchen Fehlern oft ungenügende Antizipationsfähigkeit beteiligt ist.

Unter "Technik" sind alle Fehler aufgeführt, bei denen die Hauptursache eine unzulängliche Ausführung der Technik darstellt.

Die Kategorie "Sonstiges" schließlich meint all die Fehler, bei denen aufgrund der Verkettung von Aktionen oder anderer Ursachen eine Einigung der beiden Beobachter nicht möglich war.

Die Diskussion im Rahmen des Symposiums zeigte, daß diese Abgrenzungen nicht zufriedenstellend, weil nicht "trennscharf" genug, sind. Andererseits sind wir schon der Ansicht, daß eine genauere Fehleranalyse gerade auch im Hinblick auf methodische Konsequenzen sehr wertvoll sein könnte. Für die Hauptuntersuchung muß dieser Aspekt daher nochmals intensiv überdacht und entsprechend überarbeitet werden.

4.2 Die räumliche Struktur des Spiels

Die genaue Kenntnis der Verteilung der Ballkontakte auf dem Spielfeld erlaubt Hinweise auf sinnvollere Riegelformationen bei der Aufschlagannahme (vgl. VOIGT 1985) und angemesssenere Aufstellungsformen für die Erwartung und Annahme des Rückschlages. Sie kann aber auch Konsequenzen bezüglich der Spielfeldgröße im schulischen Bereich ermöglichen.

Die Verteilung der Plazierung aller Aufschläge zeigt ein Ergebnis, das dem der Untersuchung von VOIGT (1985) vergleichbar ist.

Tab. 8 RÄUMLICHE VERTEILUNG DER
ANNAHME ALLER AUFSCHLÄGE
(ANGABEN IN % / IN KLAMMERN FEHLERQUOTE IN % / n = 387)
KLEINE ZAHLEN: ERGEBNISSE VON VOIGT 1985)

NETZ

3	2	1
5.7 (50.0)	3.6 (42.8)	2.6 (30.0)
4	4	2
6	5	4
17.8 (26.1)	33.3 (26.3)	10.3 (22.5)
18	25	10
9	8	7
9.6 (62.2)	14.5 (26.8)	2.6 (40.0)
10	25	2*

* Der Wert wurde korrigiert, da hier augenscheinlich ein Druckfehler vorlag.

Nahezu 2/3 aller Aufschläge landen in den Spielfeldbereichen 5,6 und 8, während den Bereich 7 lediglich 2,6 % aller Aufschläge treffen. Eine noch genauere Analyse wird durch die Darstellung der Auftreffpunkte im Feld bzw. den Ort der Annahme möglich.

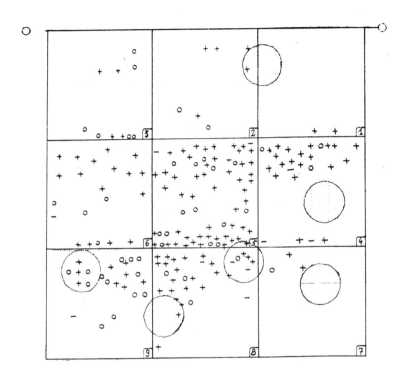

ABB. 1 VERTEILUNG DER AUFSCHLAGANNAHME AUF DIE SPIELFELDBEREICHE
(- = DIREKTER PUNKT OHNE BERÜHRUNG DURCH SPIELER

O = BALL WIRD BERÜHRT, KANN JEDOCH NICHT WEITERGESPIELT WERDEN

+ = BALL KANN WEITERGESPIELT WERDEN)

Hier wird sehr deutlich, daß die in der schulpraktischen Literatur vorgeschlagenen Riegelformationen für den schulischen Bereich, wie bereits von VOIGT (1985) festgestellt, eher ungeeignet sind, da sie den Spielern unnötig lange Laufwege für das Erreichen des Balles zumuten. So geht z.B. der Vorschlag von SACHSE (1985) - die empfohlene Riegelformation ist in die Abbildung gestrichelt eingezeichnet worden - an der empirisch ermittelten tatsächlichen Verteilung der Aufschlagplazierung vollkommen vorbei.

Die folgende Tabelle zeigt die Plazierung sämtlicher Rückschläge, d.h. aller über das Netz gespielten Bälle.

Tab. 9 RÄUMLICHE VERTEILUNG DER ANNAHME ALLER RÜCKSCHLÄGE
(ANGABEN IN % / n = 888)

Netz

3	2	1		
10.4	13.5	9.3		Σ 33.2
6 5 4				
12.7	31.0	7.5		Σ 51.2
9 8 7				
5.2	6.8	3.6		Σ 15.6

Es wird deutlich, daß die hinteren Spielfeldbereiche eher selten angespielt werden, während mehr als 50 % aller Bälle den mittleren Bereich treffen. Um schlüssige taktische Konsequenzen bezüglich geeigneter Aufstellungsformen in der Verteidigungssituation zu ziehen, müßten die Art des Rückschlages und der Handlungsort noch genauer analysiert werden. Wir haben bewußt darauf verzichtet, da uns die Datenbasis unserer Pilotstudie noch zu schmal erscheint. Zieht man auch hier ergänzend die genaue Plazierung der Rückschläge heran - auf eine optische Darstellung haben wir aus Platzgründen verzichtet - so zeigt sich, daß praktisch die letzten beiden Meter des Spielfeldes von Bällen nicht getroffen werden. Spieler auf den Positionen I und V erscheinen daher nahezu überflüssig, da sie innerhalb der von ihnen abzudeckenden Spielfeldbereiche kaum zu Ballkontakten kommen.

In Vorschläge zu einer Erhöhung der Attraktivität des Spieles sollten daher unserer Meinung auch Überlegungen hinsichtlich einer Verkürzung des Spielfeldes eingehen. Ein Spielfeld von 9m x 7m würde zu einer erheblichen Verkleinerung der durch die Hinterspieler abzudeckenden Spielfeldbereiche und damit zu einer Verkürzung der Laufwege vor dem Spielen des Balles führen. Ohne daß wir dies empirisch erfaßt haben, wurde in den analysierten Spielen sehr deutlich, daß sich die

Länge des Laufweges zum Erreichen eines Balles direkt proportional zur Wahrscheinlichkeit des Spielzugabbruchs durch einen technischen Fehler verhielt. Eine Verkleinerung des Spielfeldes könnte außerdem auch die Anwendung vereinfachter Spielsysteme ermöglichen, z.B. jeder Hinterspieler ist für den Spielfeldbereich hinter seinem Vorderspieler verantwortlich. In allen Spielen zeigten sich die Spieler auf der Position VI - es wurde durchweg zumindest ansatzweise mit einer vorgezogenen 6 gespielt - mit der Aufgabe, den mittleren Spielfeldbereich auf der gesamten Feldbreite abzudecken, total überfordert.

4.3 Zur Belastungsstruktur des Spiels

Als Indikatoren für die konditionelle Belastung durch das Volleyballspiel werden im allgemeinen die Herzfrequenz, die Laktatbildung, die Zahl der Sprunghandlungen pro Zeiteinheit, die Zahl der ballgebundenen Aktionen pro Zeiteinheit, der Umfang der Laufhandlungen und die durchschnittliche Dauer der einzelnen Spielzüge einschließlich der Pausen zwischen zwei Spielzügen herangezogen. Im Rahmen unserer bisherigen Auswertung haben wir uns auf die Zahl der ballgebundenen Aktionen pro Zeiteinheit und Spieler und auf die zeitliche Dynamik des Spiels beschränkt. Ergänzend fügen wir von einer Gruppe die subjektive Einschätzung der Belastung hinzu.

4.3.1 Zeitliche Dynamik

Beim Vergleich von Brutto- und Nettospielzeit entsprechen die Werte in zwei Klassen in etwa denen, die von WESTPHAL (1986) für die C-Jugend des DVV ermittelt worden sind. Die Gruppe SCH fällt allerdings deutlich ab. Sie erreicht mit einer Nettospielzeit von 21.3 % lediglich den von WILLE (1986, 137) im Rahmen eines Schulversuchs für die besseren Schüler festgestellten Wert.

TAB. 10 BRUTTO- UND NETTOSPIELZEIT

	GK	FOS	SCH	JU	MÄ	SCHULE	
Bruttospielzeit in Sekunden	5125	3337	1507				
Nettospielzeit in Sekunden	1613	1163	321				
Effektive Spielzeit in %	31.5	34.8	21.3	30.3	33.3	13.3	24.6

| | | | (WESTPHAL 1986) | (WILLE 1986) |

Ein ähnliches Bild zeigt sich bei der Analyse der Dauer der einzelnen Spielzüge. In der schwächeren Gruppe waren 81.9 % aller Spielzüge nach 5 Sekunden beendet. Die beiden etwas stärkeren Gruppen erzielten mit einer durchschnittlichen Dauer der einzelnen Spielzüge von 5.6 sec und 6.7 sec ein Ergebnis, das etwa dem der männl. C-Jugend im DVV entspricht, sie liegen damit allerdings deutlich unter den Werten der weiblichen C-Jugend.

TAB.11 DAUER DER EINZELNEN SPIELZÜGE
(ANGABEN IN % / n = 530)

Sekunden						
≤ 3	37.0	35.1	56.6	42.0	31.5	
≤ 5	17.4	20.0	25.3	14.8	16.6	
≤ 7	20.0	11.7	4.4	13.4	15.2	
≤ 9	8.8	6.7	5.5	8.1	10.3	
≤ 11	6.4	8.1	3.3	4.2	6.5	
≤ 15	5.3	8.1	4.4	7.7	7.6	
> 15	5.1	10.5	0	9.9	12.2	
∅	5.6	6.7	3.5	6.3	7.7	Sekunden
MAX	23.3	33.1	14.0			Sekunden
	GK	FOS	SCH	JU	MÄ	
					(WESTPHAL 1986)	

4.3.2 Umfang der ballgebundenen Aktionen

Die Zahlen der Tabelle Nr. 12 machen deutlich, daß bei der Zusammensetzung einer Mannschaft aus sechs Spielern theoretisch jeder Spieler pro Spielminute etwa einmal Kontakt mit dem Ball haben müßte, eine Belastung die zweifellos als gering einzuschätzen ist.

TAB. 12 Ballgebundene Aktionen je Mannschaft

Zahl der Ballkontakte pro Mannschaft	177	83	140	87	174	120
Spieldauer in min:	28	12	24	16	23	24
Ballkontakte pro Minute	6.3	6.9	5.8	5.4	7.8	5.0

Die genauere Auswertung der tatsächlichen Ballkontakte jedes einzelnen Spielers zeigt jedoch erhebliche Abweichungen von diesem statistischen Wert. Die Rotationsvorschrift verhindert nicht, daß sich die Zahl der Ballkontakte z.T. sehr ungleich auf die einzelnen Spieler einer Mannschaft - es wurde in den beobachteten Mannschaften ohne Spezialisierung gespielt - verteilt.

TAB. 13 VERTEILUNG DER BALLKONTAKTE AUF DIE SPIELER EINER MANNSCHAFT

SPIELER—
NUMMER [**] ZAHL DER BALLKONTAKTE ABSOLUT

1	29	12	17	9	33	20
2	27	10	22	13	37	10
3	21	10	17	23	25	23
4	14	10	16	10	21	18
5	37	12	18	7	26	18
6	32	8	22	12	37	31
7	17	9	19	13		
8	—	12	9			
	GK1 28 MIN.	GK2 12. MIN.	GK3 24 MIN.	FOS1 16 MIN	FOS2 23 MIN.	SCH 24 MIN.

[**] Die Spieler trugen in den Spielen leider unterschiedliche Nummern. Wir haben daher in diesem Fall die einzelnen Spiele getrennt aufgelistet. Die Mannschaften spielten mit bis zu zwei Auswechselspielern.

Vergleicht man die Spieler Nr. 2 und Nr. 6 der Mannschaft <u>SCH</u>, so hat die Nr. 2 im Schnitt alle 144 sec oder alle 2 min und 24 sec einmal Ballkontakt gehabt, während die Nr. 6 immerhin alle 46 sec den Ball gespielt hat. Will man dies wenigstens in Ansätzen verhindern, ist zu überlegen, ob nicht eine Rotation nach Zeit sinnvoller wäre. Da sich ja die Ballkontakte in bestimmten Spielfeldbereichen massieren, kann es durchaus passieren, daß ein Spieler bei einer längeren Spielphase ohne Rotation für diesen Zeitraum, je nachdem in welchem Spielfeldbereich er sich befindet, vom Spielgeschehen nahezu ausgeschlossen ist.

Die von VOIGT getroffene Feststellung: "Die Ausdauerleistungsfähigkeit erscheint auf dem Niveau der Sportlehrerausbildung für die Lernentwicklung ohne Bedeutung" (1984, 146), kann bei den von uns untersuchten Klassen vermutlich auf den gesamten konditionellen Bereich im engeren Sinne erweitert werden. Es ist daher sicherlich zu überdenken, ob die im Lehrplan NRW, Bd. III, 1980 geforderte Verbesserung der konditionellen Grundlagen (z.B. Sprungkraft in der Einheit V / 7. bis 8. Klasse) nicht durch die verstärkte Schulung der speziellen volleyballspezifischen koordinativen Fähigkeiten ersetzt werden sollte.

Die nach den objektiven Daten zu vermutende sehr geringe Belastung durch die Spiele wird auch von den Schülern subjektiv so empfunden. In der Gruppe **GK** füllten die Schüler nach jedem Spiel einen Fragebogen zur Einschätzung des Spielgeschehens aus. Bezüglich der Belastungsdimension wurden die drei Spiele, wie die untenstehenden Werte zeigen, vom überwiegenden Teil der Schüler als wenig bis überhaupt nicht anstrengend eingeschätzt.

sehr anstrengend	1	2	3	4	5	6	7	überhaupt nicht anstrengend
Einschätzungen: (Häufigkeiten/n = 46)	2	0	7	12	10	9	6	
Mittelwert:	**4.7**							

Nach Beginn der Hauptuntersuchung liegen mittlerweile auch die ersten Ergebnisse der mit Hilfe der Pulstester durchgeführten Herzfrequenz-Messungen vor. Für vier Schüler wurden HF-Werte von durchschnittlich - die Aufzeichnung erfolgte alle fünf Sekunden - 113 / 132 / 138 / 132 ermittelt.

5 ZUSAMMENFASSUNG

Die im Rahmen der Pilotstudie des Forschungsprojektes "Strukturanalyse des Volleyballspiels innerhalb des Sportunterrichts der Sek I und der Sek II" durchgeführte Analyse von sechs Volleyballspielen in drei Klassen der Sek II brachte folgende vorläufige Ergebnisse:
- Das methodische Instrumentarium genügt den hinsichtlich der Gütekriterien zu stellenden Anforderungen.
- Die Ergebnisse vorliegender Untersuchungen aus dem C- Jugendbereich des DVV und einiger schulbezogener Studien werden in wesentlichen Bereichen

bestätigt und z.T. präzisiert. Es zeigt sich, daß z.T. die bereits für den C-Jugendbereich ermittelten Werte nochmals unterschritten werden.

- Auf der Grundlage der noch sehr schmalen Datenbasis deuten sich einige methodische Konsequenzen an, die z.T. bereits von anderen Autoren gefordert worden sind und die in Feldexperimenten überprüft werden sollten.

- Die Reihenfolge bei der Einführung der Techniken der Ballbehandlung sollte überdacht werden. Das untere Zuspiel sollte eine erheblich stärkere Gewichtung erfahren. Die von SACHSE (1985) vorgeschlagene Einführung des unteren Zuspiels nach etwa 20 Unterrichtsstunden wird der tatsächlichen Bedeutung des unteren Zuspiels für das Spielgeschehen nicht gerecht. Vorschläge, mit dem unteren Zuspiel als erster Technik zu beginnen (WESTPHAL 1988a, 1988b), sollten einer empirischen Überprüfung unterzogen werden, inwieweit sich dadurch u.U. die Dauer der Spielzüge erheblich verlängern ließe.

- Die Spieleröffnung sollte weitestgehend entschärft werden. Da bis zu 60 % aller Spielzüge bereits mit dem Aufschlag und dessen Annahme beendet sind, könnte dadurch vermutlich relativ leicht das Spielgeschehen attraktiver gestaltet werden.

- Dazu würden zweifellos auch veränderte Annahmeformationen gehören können, die der tatsächlichen Verteilung der Aufschlagplazierungen Rechnung tragen.

- Die Verteilung der Ballkontakte im Spiel und die Verteilung der Rückschläge werfen die Frage nach einer angemesseneren Spielfeldgröße auf. Ein auf 9m x 7m verkleinertes Spielfeld würde die durch die einzelnen Spieler abzudeckenden Spielfeldbereiche im Hinterfeld erheblich reduzieren. Damit könnten auch angemessenere Aufstellungsformen für die Verteidigungssituation entwickelt werden.

- Die körperliche Belastung durch das Spiel ist so gering, daß bei der Vermittlung des Volleyballspiels im Rahmen des Schulsports weitgehend auf konditionelle Inhalte verzichtet werden kann. Stattdessen sollten die volleyballspezifischen koordinativen Fähigkeiten - hier vor allem die Antizipationsfähigkeit - erheblich stärker berücksichtigt werden.

Insgesamt hat sich durch die Ergebnisse unserer Voruntersuchung angedeutet, wie fruchtbar solche Strukturanalysen auch für die Weiterentwicklung von Vermittlungskonzepten für das Volleyballspiel im Rahmen des Schulsports sein können. Es darf allerdings nicht übersehen werden, daß damit immer nur Anhaltspunkte geliefert werden können, wie in einer konkreten Klassensituation das Spielgeschehen attraktiver gestaltet werden könnte. Der Unterrichtende muß in der Lage sein, die spezifische Situation seiner Klasse zu analysieren, um daraus dann sinnvolle Entscheidungen für eine Verbesserung des Spielgeschehens abzuleiten. Für diesen Prozeß können allerdings Ergebnisse von Untersuchungen der vorliegenden Art, auch wenn diese zwangsläufig generalisieren müssen, eine sehr sinnvolle Hilfe darstellen.

LITERATUR

DÜRRWÄCHTER, G.: Neue Regeln für Minivolleyball. In: Lehre und Praxis Volleyball 1. Jg. (1977), H. 1, S. 7-8.

EGGER, K.: Beobachtung und Analyse sportunterrichtlicher Interaktionen. Beiheft zum Unterrichtsdokument UD 002. Heidelberg 1980.

FRIEDMANN, K.: Herz- und Kreislaufbelastung im Volleyballunterricht mit Anfängern und Fortgeschrittenen. In: Lehre und Praxis des Volleyballspiels 1. Jg. (1977), H. 2, S. 13- 15.

HERZOG, K./VOIGT, H.F./WESTPHAL, G.: Volleyballtraining - Grundlagen und Arbeitshilfen für das Training und die Betreuung von Mannschaften. Schorndorf: Hofmann 1985.

KM DES LANDES NRW (Hrsg.): Richtlinien und Lehrpläne für den Sport in den Schulen im Lande Nordrhein-Westfalen, Band III, Alternativ verbindliche Sportarten. Köln 1980, S. 79-107.

SACHSE, K.: 60 Stunden Volleyball für die Sekundarstufe I. Unterrichtsreihen, Stundeninhalte, Lernerfolgskontrollen, Unterrichtsmaterialien. Ahrensburg: Czwalina 1985.

VOIGT, H.-F.: Die körperliche Beanspruchung in der Sportlehrerausbildung unter sportmedizinischen Gesichtspunkten. In: CHRISTMANN, E. (Red.): Volleyball trainieren. Ahrensburg: Czwalina 1984, S. 127-148.

VOIGT, H.-F.: Empfehlungen für Ausbildung und Training gruppentaktischer Verhaltensweisen - Beispiele aus dem Leistungsvolleyball auf internationalem Niveau und der Regionalliga sowie für die Sportlehrerausbildung und die Sekundarstufe II. In: CHRISTMANN, E./LETZELTER, H. (Red.): Volleyball optimieren und variieren. Ahrensburg: Czwalina 1985, S. 91-121.

VOLTMANN, I.: Volleyball in Klasse 9 und 10. Eine Einführung in das Volleyballspiel über das untere Zuspiel und die Feldabwehr. In: Lehrhilfen für den Sportunterricht 35. Jg. (1986), H. 2, S. 17- 23.

WESTPHAL, G.: Untersuchung über unterschiedliche Spielfeldgrößen im Minivolleyball. In: Lehre und Praxis Volleyball 8. Jg. (1984), H. 6, S. 61-62.

WESTPHAL, G.: 6 gegen 6 oder 4 gegen 4? Eine Untersuchung zum altersgemäßen Volleyball-Nachwuchstraining. In: Leistungssport 15. Jg. (1985), H. 4, S. 5-12.

WESTPHAL, G.: Zur Struktur des Volleyballspiels bei 11 - 13- jährigen Jungen und Mädchen. In: CHRISTMANN, E./LETZELTER, H. (Red.): Spielanalysen und Trainingsmaßnahmen im Volleyball. Ahrensburg: Czwalina 1986, S. 119-130.

WESTPHAL, G.: Die Volleyballausbildung im teilspezialisierten Grundlagentraining. In: DANNENMANN, F. (Red.): Training und Methodik des Volleyballspiels. Ahrensburg: Czwalina 1988a, S. 131-139.

WESTPHAL, G.: Volleyball mit Baggern lernen! Überlegungen zur Einführung des Spiels. In: Volleyballtraining 12. Jg. (1988b), H. 2, S. 22-24.

WILLE, M.: Der Aufschlag im Volleyball. In: CHRISTMANN, E./LETZELTER, H. (Red.): Spielanalysen und Trainingsmaßnahmen im Volleyball. Ahrensburg: Czwalina 1986, S. 131-141.

GERHARD TREUTLEIN / HEINZ JANALIK / UDO HANKE

HANDLUNGSLEITENDE KOGNITIONEN IM VOLLEYBALLUNTERRICHT

Diagnose und Veränderung von Trainerverhalten im Volleyball

1 KRITISCHE VORFÄLLE IN DER TRAINER-ATHLET-INTERAKTION

Trainer werden in der Interaktion mit Athleten häufig mit Situationen konfrontiert, die sie nicht erwartet haben und auf die sie nicht vorbereitet sind. Sie reagieren auf sie dann meist individuell verschieden. Solche Situationen sind Entscheidungssituationen, verbunden mit dem Gefühl des Handlungsdrucks; rasches Reagieren ist die Regel. Zeit zum Reflektieren und Abwägen von Handlungsalternativen bleibt nicht, was dazu führen kann, daß Wahrnehmen und Handeln der Situation nicht angemessen sind. Handeln unter Druck kann so leicht zum Gefühl von Streß auf der Trainer- wie auf der Athletenseite führen.

Die Interaktionsprozesse zwischen Trainer und Athleten sind eine entscheidende Variable für psychosoziales Wohlbefinden - und damit letztlich auch für Gesundheit und Leistungsfähigkeit. Gerade die Beziehungsebene erweist sich häufig als streßerzeugendes Handlungsfeld. Wenn es zu kritischen Vorfällen zwischen Athleten und zwischen Athleten und Trainer kommt, bringen einseitige Schuldzuweisungen keine Problemlösung, denn schließlich sind alle Beteiligten - Trainer wie Athleten - Verursachende und Erleidende zugleich. Lösungsstrategien müssen deshalb die Interaktionspartner gleichermaßen umfassen. Das bedeutet, daß bei streßerzeugenden Ereignissen wie den kritischen Vorfällen und dem damit verbundenen Handlungsdruck sowohl die Trainer- als auch die Athletenperspektive Berücksichtigung und Anerkennung finden müssen.

Kritische Vorfälle sind quasi die Spitze eines Eisbergs; die Art des Umgangs mit ihnen deutet an, wie es unter der Oberfläche aussieht. An ihnen konkretisiert sich die tatsächliche Form der Trainer-Athlet-Beziehung am deutlichsten. Die Art und Weise, wie Trainer mit ihnen umgehen, läßt am besten erkennen, ob die momentane Gestaltung der Beziehungsebene durch den Trainer fortgeführt werden kann oder ob in Anbetracht zu erwartender oder bereits eingetretener Entwicklungen (z.B. in Form von emotionaler Belastung und Streß) etwas geändert werden müßte. Trainer und Athleten sind oft viele Stunden pro Woche zusammen. Viel zu selten wird bedacht, daß sich die Art und Weise, wie beide Seiten miteinander umgehen, auch intensiv und nachhaltig auf deren subjektive Befindlichkeit auswirkt.

Aus diesen Überlegungen ergibt sich, daß die Trainer-Athlet-Interaktion so gestaltet werden sollte, daß keine gravierenden Störungen entstehen können. Für eine in diesem Sinne orientierte Gestaltung des Trainerverhaltens und der Trainer-Athlet-Beziehung reicht die Vermittlung von bloßen Theoriekenntnissen und das Ansetzen von Verhaltensänderungsmaßnahmen nur am beobachtbaren Verhalten nicht aus. Eine rational-reflektierte Ausformung des Trainerverhaltens setzt eine intensive Beschäftigung mit den individuellen handlungsleitenden Kognitionen und Emotionen voraus. Von dieser Problemstellung ausgehend beschäftigt sich die Heidelberger Projektgruppe (TREUTLEIN/JANALIK/HANKE) seit 1981 in einem Forschungsprojekt mit der Frage, wie Trainern ein Verfahren an die Hand gegeben werden kann, mit dessen Hilfe sie selbst ihr Verhalten diagnostizieren und im Bedarfsfall verändern können.[1]

2 ART UND BEDEUTUNG DER KRITISCHEN VORFÄLLE

Welche Vorfälle sind es, die zu "Handeln unter Druck" und bei häufigem Vorkommen letztlich zu als negativ empfundenem Streß führen? Genau wie im Alltag "nerven" weniger die sporadisch auftretenden großen Konflikte, Auseinandersetzungen und Probleme. Am nachhaltigsten sind die täglichen, immer wiederkehrenden kleinen Reibereien und Ärgernisse "am eigenen Leibe" zu verspüren. Z.B. kommt ein Spieler immer wieder zu spät zum Training, ein anderer hört bei Erklärungen und Anweisungen des Trainers nicht richtig zu, ein dritter bevorzugt unter Negierung einer vorgegebenen Taktik eigene "kreative" Wege.

Von Trainern als kritische Vorfälle interpretierte Situationen können zum größeren Teil der Kategorie der kleinen Verdrießlichkeiten zugeordnet werden. Im Rahmen des Forschungsprojekts "Methoden zur Erfassung handlungsleitender Kognitionen und Emotionen bei Lehr-Lern-Prozessen im Sport und Entwicklung eines Verfahrens zu ihrer Beeinflussung" (TREUTLEIN et al. 1984, 1988) ging es darum, herauszufinden, wie und warum Trainer bestimmte Situationen als kritische und damit Handlungsdruck auslösende Vorfälle interpretieren, was sie dabei wahrnehmen,

---

[1]Das Projekt wurde durch das Bundesinstitut für Sportwissenschaft in Köln und die Pädagogische Hochschule Heidelberg unterstützt.

denken und fühlen und wie ihre daraus resultierenden Handlungen vom Interaktionspartner Spieler "aufgenommen" werden. Angestrebt wird eine Veränderung des
Trainerverhaltens an Stellen, die sich negativ auf die psychosoziale Befindlichkeit
und das Leistungsvermögen aller am Interaktionsprozess Beteiligten auswirken.

In der Trainer-Athlet-Beziehung können im Verlauf der Zusammenarbeit vielfältige
Formen von Belastungsproben auftreten (einige davon wurden mit dem Videoband
"Kritische Vorfälle im Volleyball" dargestellt). Wenn solche Situationen nicht angemessen bewältigt werden, kann dies zu weitergehenden Problemen und Konflik-
ten sowie nachfolgend zu erheblicher emotionaler Anspannung beider Seiten führen. Dadurch wird die gemeinsame Arbeit (und Effektivität) erschwert. Möglicherweise ergeben sich sogar Einschränkungen der Handlungsfähigkeit der Beteiligten bis hin zu einer ziemlich starken Belastung auch des außersportlichen Lebens.

Nach den bisherigen Erfahrungen und Untersuchungen scheinen sich Trainer im
Regelfall bei kritischen Vorfällen und unter Handlungsdruck eher auf ihre Erfahrung bzw. ihre subjektiven Theorien und weniger auf in der Aus- und Weiterbildung vermittelte wissenschaftliche Theorien zu verlassen. Die Aneignung von
theoretischem pädagogischem und psychologischem Wissen ist zwar eine notwendige, aber keine ausreichende Variable zur Humanisierung von Lehr-Lern-Prozessen im Sport. Wissen ist nur dann wirksam, wenn es sich in den handlungsleitenden Kognitionen und Emotionen wiederfindet; darüber hinaus ist eine diesem Wissen entsprechende Erweiterung und Einübung des Handlungsrepertoires notwendig,
damit eine Umsetzung von theoretischem Wissen in die Trainings- und Wett-
kampfpraxis erfolgen kann.

Rasches Reagieren - das in manchen Situationen sicherlich notwendig und vorteil-
haft ist - entpuppt sich bei genauer Diagnose und Reflexion in entspanntem Zustand außerhalb der Situation nicht selten als Beweis und Ergebnis unangemesse-
ner Kognitionen und Emotionen und stellt dann logischerweise eine wenig pas-
sende Antwort auf die als kritischer Vorfall identifizierte und Handlungsdruck er-
zeugende Situation dar. Oft ergibt sich daraus eine nachhaltig wirkende Beein-
trächtigung der psychosozialen Befindlichkeit und Leistungsfähigkeit der Interaktionspartner.

3 KONSEQUENZEN FÜR DIE DIAGNOSE UND VERÄNDERUNG VON TRAINER-VERHALTEN

Da Trainer bei ihren Handlungen von ihren bisherigen Erfahrungen sowie von Reflexionsprozessen geleitet werden, setzt eine Verhaltensänderung - sofern sie von einem interessierten Trainer als notwendig angesehen wird - das Bewußmachen der kognitiven und emotionalen Prozesse voraus. Vor diesem Hintergrund ist es wichtig, Klarheit darüber zu gewinnen, wie man als Trainer Training und Wettkampf und insbesondere kritische Vorfälle erlebt und bewältigt. Im Mittelpunkt des Heidelberger Verfahrens zur Diagnose und Veränderung von Trainerverhalten (HDVT) stehen deshalb die Wahrnehmungen, Gefühle, Gedanken, Handlungsentscheidungen (und Handlungen) des Trainers, zu denen nur er selbst Zugang hat. Über das HDVT wird ihm eine Möglichkeit geboten, jene inneren Vorgänge, die während kritischer Vorfälle ablaufen, sich bewußt zu machen und über sie zu reflektieren; darüber hinaus soll er selbst entscheiden, ob eine Veränderungsnotwendigkeit vorliegt oder nicht. Im Falle eines Veränderungswunsches stehen schriftliche Materialien bereit, mit deren Hilfe er dann die als veränderungsbedürftig angesehenen Kognitionen bearbeiten und neue kognitive und emotionale Strukturen aufbauen kann.

Mit unseren Untersuchungen haben wir ermittelt, daß Trainer häufig rasch (spontan-intuitiv) auf kritische Vorfälle in Training und Wettkampf reagieren, d.h. daß sie enge (routinisierte) Verknüpfungen zwischen Situationswahrnehmung und Handlung vornehmen, z.B.: Wenn Spieler A zu spät ins Training kommt, ermahne ich ihn. Dabei werden manche der vom zugrunde gelegten theoretischen Modell (vgl. HANKE 1980) her möglichen Kognitionen unterlassen, andere wiederum nicht ausreichend der Realität des kritischen Vorfalls angepaßt (was sich durch einen Vergleich der Trainer- mit den Athletenkognitionen und durch Fremdbeobachtung feststellen läßt). Es ist eben etwas anderes, in einer entspannten Situation darüber zu reflektieren, was man beim Vorkommen eines kritischen Vorfalls tun könnte, als in der konkreten Situation mit dem Gefühl großen Handlungsdrucks sofort das Richtige (oder auch das Falsche) zu tun. Als Trainer ist dabei leicht zu erkennen, daß das während der Aus- und Weiterbildung angebotene Theoriewissen genausowenig zur wirklichen Bewältigung vieler kritischer Vorfälle ausreicht wie die Verhaltensänderungsmaßnahmen, die bei Athleten auf Grund seines beobachtbaren Verhaltens vorgenommen wurden.

4 DAS HEIDELBERGER VERFAHREN ZUR DIAGNOSE UND VERÄNDERUNG VON TRAINERVERHALTEN (HDVT)

4.1 Diagnosephase

Die Diagnosephase enthält folgende Schritte:

1) Erlernen der Handhabung des sogenannten Strukturierten Dialogs als Voraussetzung für eine Selbstbefragung zu Kritischen Vorfällen mit dem Ziel der Erfassung handlungsleitender Kognitionen und Emotionen. Die Selbstbefragung wird über einen längeren Zeitraum jeweils zu einem vom Trainer selbst als Kritischer Vorfall eingestuften Ereignis im Rahmen der Trainer- Athlet-Interaktion in jedem Training und jedem Wettkampf durchgeführt.

TREUTLEIN/JANALIK/HANKE

SELBSTBEFRAGUNG TRAINER (SD - TK / Kurzfassung)
Situation Nr.:
Datum :
Gruppe :
- Versuchen Sie es einzurichten, den Fragebogen sofort nach Ende des Trainings/Wettkampfs auszufüllen.
- Die Ergebnisse der Befragung sind für die Trainingsphase umso ergiebiger, je besser es Ihnen gelingt, diejenigen Wahrnehmungen, Gedanken, Gefühle und Handlungen zu berichten, die während der Situation vorgekommen sind (periaktionale Daten). Vermeiden Sie bitte die nachträgliche Konstruktion von Kognitionen (postaktionale Daten).
- Bei den Fragen 1 und 11 sollen Sie nach der jeweiligen Beschreibung zu sätzlich einen Begriff zur Kennzeichnung der Situation bzw. Handlung finden.

Bitte beantworten Sie zunächst die Fragen 1 und 11, daran anschließend die Fragen 2 bis 10.

1. Beschreiben Sie in Kurzform die von Ihnen ausgewählte Situation. Was ist passiert?
   Beschreiben Sie die Situation mit einem Begriff (jedoch nicht so global wie "Störung")!

2. Haben Sie an die Bedeutung der Situation gedacht?
   Ja ( )   Nein ( )
   Falls ja, war die Situation für Sie
   weniger wichtig ( )   wichtig ( )   sehr wichtig ( ) ?
   Warum hatte die Situation die von Ihnen ausgewählte Bedeutung?

3. Haben Sie an mögliche Ursachen für das Zustandekommen der Situation gedacht?
   Ja ( )   Nein ( )
   Falls ja, an welche?

4. Haben Sie daran gedacht, wie sich die Situation ohne Ihr Eingreifen weiterentwickeln würde?
   Ja ( )   Nein ( )
   Falls ja, welche Weiterentwicklung haben Sie angenommen?

5. Haben Sie in der Situation Ihre Gefühle registriert?
   Ja ( )   Nein ( )
   Wurde Ihre emotionale Gefühlslage durch das Athletenverhalten verändert?
   Ja ( )   Nein ( )
   Falls ja, wie haben Sie sich in der kritschen Situation gefühlt?

   Adjektiv:................................
   Waren Sie durch den Kritischen Vorfall emotional

   gering ( )   mittel ( )   stark ( )   betroffen?

6. Haben Sie an mögliche Sichtweisen der/des beteiligten Athleten gedacht?
   Ja ( )   Nein ( )
   Falls ja, in welchem Zusammenhang bzw. an welcher Stelle?

7. Haben Sie vor Ihrer Handlung zusätzliche Informationen eingeholt?
   Ja ( )   Nein ( )
   Falls ja, welche?

8. Haben Sie ein oder mehrere Ziele mit der von Ihnen gewählten Handlung verfolgt?
   Ja ( )   Nein ( )
   Falls ja, welche?

9. Haben Sie vor Ihrer Handlungswahl an andere Handlungsmöglichkeiten gedacht?
   Ja ( )   Nein ( )
   Falls ja, an welche?

10. Haben Sie an Ihre Handlung bestimmte Folge-Erwartungen geknüpft?
    Ja ( )   Nein ( )
    Falls ja, welche?

11. Beschreiben Sie in Kurzform die von Ihnen ausgewählte Handlung. Wie haben Sie gehandelt?

2) Notieren von Kritischen Vorfällen, an die sich der Trainer erinnert, (als Ergänzung und Erweiterung der Datensammlung unter 1).

3) Videosimulation zu Kritischen Vorfällen (Probehandeln vor dem Monitor jeweils nach Betrachten einer Sequenz, mit der ein Kritischer Vorfall dargestellt wird): Mit der Videosimulation fällt die Vergessensproblematik weg; sie dient dem Herausfinden typischer Verknüpfungen zwischen Situationswahrnehmung und Handlung.

4) Auswertung der bei 1. - 3. gesammelten Daten mit dem Ziel einer Festlegung von Trainingsschwerpunkten (d.h. mit dem Ziel der Verhaltensänderung auf der Grundlage der selbst durchgeführten Diagnose).

Auswertungsschritte:

4.1.1 Auswertung der Verknüpfung von Wahrnehmung und Handlung

Hierzu werden vor allem die Daten der Videosimulation verwendet, ergänzt um die Daten der erinnerten früheren kritischen Vorfälle und der bei den Strukturierten Dialogen notierten Wahrnehmungen und Handlungen.

Die erhobenen Wahrnehmungen (z.B. "Klaus hört bei meiner Ansage schon wieder nicht zu") und Handlungen (z.B. "den Klaus setze ich zur Strafe beim nächsten Spiel am Anfang nicht ein") werden jeweils zu Situations- (z.B. "Störung") und Handlungsklassen (z.B. "Bestrafung") zusammengefaßt. Diese werden dann in ein Auswertungsschema übertragen, arrangiert und damit versucht, individuelle Muster der Verknüpfung von Situations- und Handlungsklassen zu ermitteln.

Ein Beispiel: Ein Trainer ordnet seine Wahrnehmungen den Oberbegriffen (Situationsklassen) "fehlerhaftes Handeln" und "Störung" zu, seine Handlungen den Oberbegriffen (Handlungsklassen) "Mehrmaliges Ansprechen", "Scharfes Ermahnen" und "wütendes Anfahren".

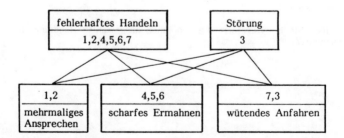

Diese Vorgehensweise gibt die Möglichkeit, ganz persönliche (individuelle) Verknüpfungstendenzen herauszufinden und damit dem Bewußtsein Strukturen des eigenen Verhaltens in jenen Situationen zugänglich zu machen, in denen starker Handlungsdruck verbunden mit der Neigung zu raschem Reagieren verspürt wird. Folgende Verküpfungstendenzen - die jeweils möglicherweise ihre spezifischen Probleme mit sich bringen - können dabei festgestellt werden:

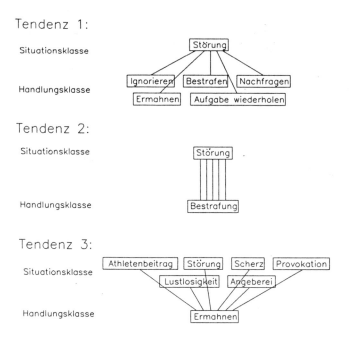

Abb. 1: Verknüpfungstendenzen

Tendenz 1: Eine Situationsklasse wird mit mehreren Handlungsklassen verbunden (es wird möglicherweise Unterschiedliches ähnlich wahrgenommen, mit nur einem Begriff belegt und trotzdem unterschiedlich darauf reagiert. Tendenz zum ungezielten Ausprobieren).

Tendenz 2: Alle Wahrnehmungen werden primär nur in einer Situationsklasse zusammengefaßt und mit nur einer Handlungsklasse verknüpft. D.h. hier herrscht die Tendenz vor, unterschiedliche Situationen so wahrzunehmen, als ob sich immer das Gleiche ereignen würde und mit nur einer Handlungsklasse zu verknüpfen ("Wer nur einen Hammer als Werkzeug zur Verfügung hat, tendiert dazu, alles wie einen Nagel wahrzunehmen und zu behandeln").

Tendenz 3: Die Wahrnehmung ist differenziert, d.h. es werden mehrere Situationsklassen gebildet, diese aber nur mit einer Handlungsklasse verknüpft. Hier ist entweder das Handlungsrepertoire zu gering entwickelt oder ein ausreichend entwickeltes Handlungsrepertoire kann unter Handlungsdruck nur unvollkommen abgerufen werden.

Um bewußt zu machen, inwieweit die eigene Begrifflichkeit für die Situationsklassen nicht nur objektive - den realen Situationen entsprechende - Begriffe enthält, sondern auch weitere Elemente, können die gebildeten Situations- und Handlungsklassen auf ein weiteres Auswertungsschema übertragen werden, mit "objektiver" Begrifflichkeit:

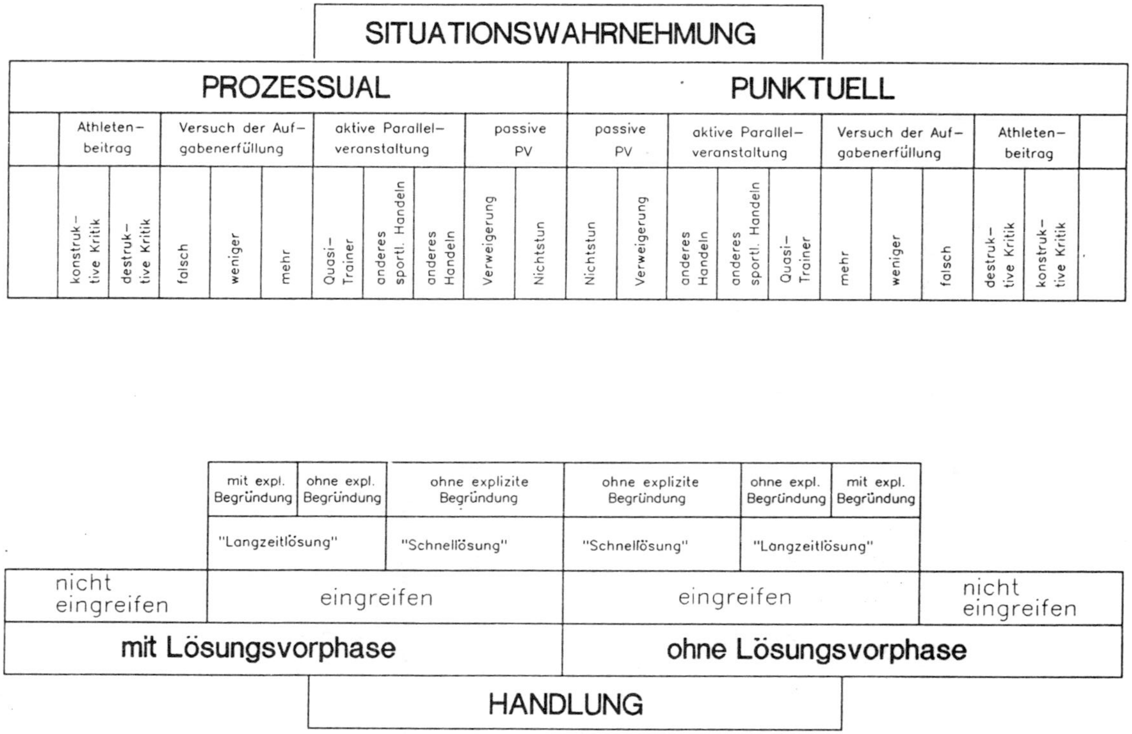

SITUATIONSWAHRNEHMUNG

PROZESSUAL

Athleten-beitrag		Versuch der Auf-gabenerfüllung			aktive Parallel-veranstaltung			passive PV		passive PV		aktive Parallel-veranstaltung			Versuch der Auf-gabenerfüllung			Athleten-beitrag
destruk-tive Kritik	konstruk-tive Kritik	falsch	weniger	mehr	Quasi-Trainer	anderes sportl. Handeln	anderes Handeln	Verweigerung	Nichtstun	Nichtstun	Verweigerung	anderes Handeln	anderes sportl. Handeln	Quasi-Trainer	mehr	weniger	falsch	destruk-tive Kritik / konstruk-tive Kritik

PUNKTUELL

HANDLUNG

mit Lösungsvorphase

"Langzeitlösung"		"Schnelllösung"		eingreifen	nicht eingreifen
mit expl. Begründung	ohne expl. Begründung	ohne explizite Begründung		eingreifen	

ohne Lösungsvorphase

"Langzeitlösung"		"Schnelllösung"		nicht eingreifen
mit expl. Begründung	ohne expl. Begründung	ohne explizite Begründung	eingreifen	

Abb. 2 : Auswertungsschema für Verknüpfungen von Situationswahrnehmungen und Handlungen (vorgegebene "objektive" Kategorien)

- 88 -

Zugleich wird damit an einer Erweiterung des eigenen Begriffsrepertoires gearbeitet.

In Anbetracht der Bevorzugung unterschiedlicher Verknüpfungstendenzen und auch
den bei der Videosimulation feststellbaren unterschiedlichen Arten wahrzunehmen
und zu handeln (d.h. selektiv wahrzunehmen und individuell - lebensgeschichtlich
bedingt - die Informationen zu verarbeiten und eine Handlungswahl zu treffen),
stellt sich die Frage: warum kommt der eine Trainer angesichts einer Situation
bei der Videosimulation zu einer anderen Verknüpfung als ein zweiter?

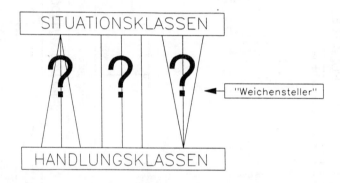

Abb. 3: "Weichensteller" zwischen Situationswahrnehmung und Handlung

4.1.2 Ausprägung der "Weichensteller"

Entscheidend dafür, welche Verknüpfungstendenzen bevorzugt werden, ist die Art
und Weise, wie Trainer wahrnehmen, denken, fühlen und handeln, d.h. welche
Ausprägung die Wahrnehmung annimmt und wie nachfolgend die theoretisch möglichen Weichensteller zwischen Wahrnehmung und Handlung aussehen.

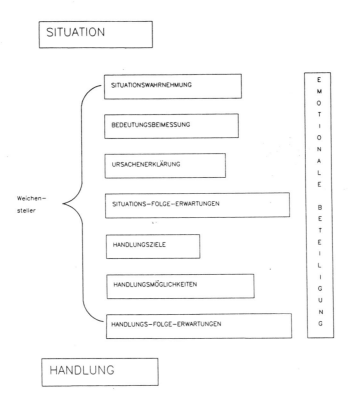

Abb. 4: Vereinfachte Form des Auswertungsschemas für die Strukturierten Dialoge

Für die Bearbeitung dieser Fragestellung hilft die Auswertung der mit Hilfe des Selbstbefragungsbogens durchgeführten Strukturierten Dialoge.

Zur Auswertung werden die Antworten auf das folgende Auswertungsschema übertragen:

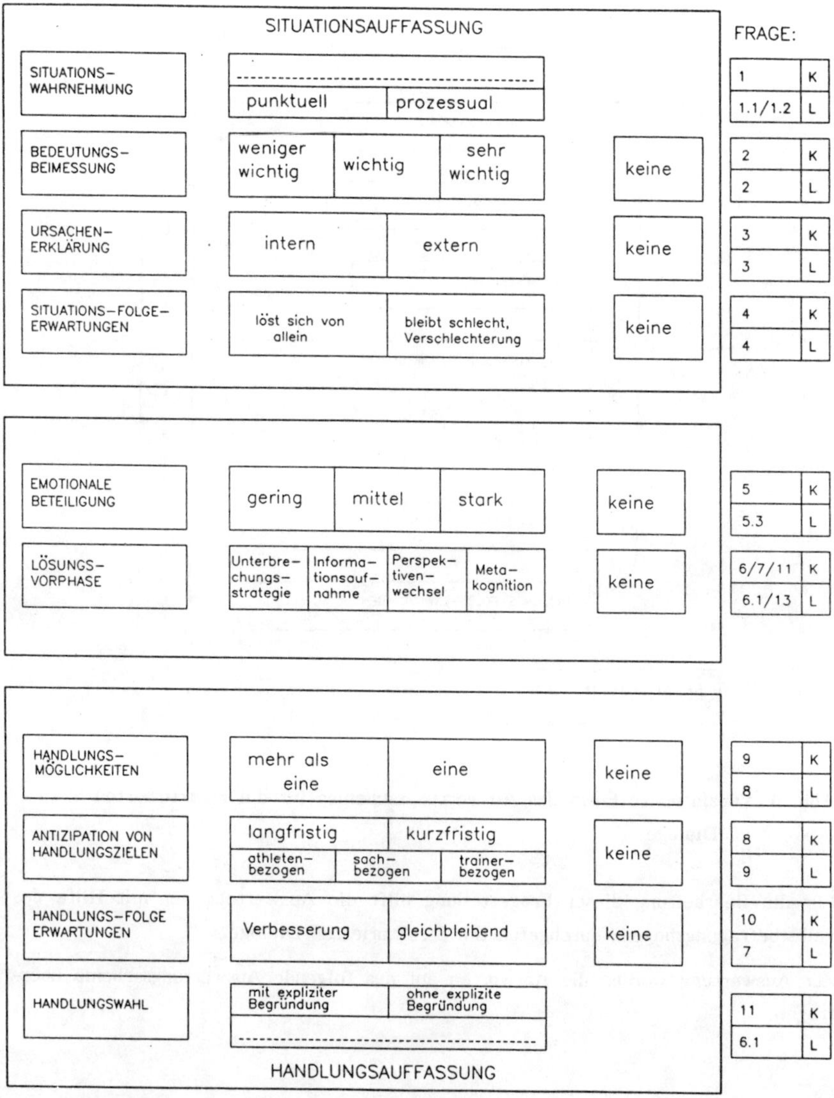

SITUATIONSAUFFASSUNG				FRAGE:	
SITUATIONS-WAHRNEHMUNG	punktuell	prozessual		1 / 1.1/1.2	K / L
BEDEUTUNGS-BEIMESSUNG	weniger wichtig	wichtig	sehr wichtig	keine	2 K / 2 L
URSACHEN-ERKLÄRUNG	intern	extern		keine	3 K / 3 L
SITUATIONS-FOLGE-ERWARTUNGEN	löst sich von allein	bleibt schlecht, Verschlechterung		keine	4 K / 4 L

EMOTIONALE BETEILIGUNG	gering	mittel	stark	keine	5 K / 5.3 L
LÖSUNGS-VORPHASE	Unterbrechungs-strategie	Informationsaufnahme	Perspektivenwechsel / Metakognition	keine	6/7/11 K / 6.1/13 L

HANDLUNGS-MÖGLICHKEITEN	mehr als eine	eine	keine	9 K / 8 L
ANTIZIPATION VON HANDLUNGSZIELEN	langfristig (athletenbezogen / sachbezogen)	kurzfristig (trainerbezogen)	keine	8 K / 9 L
HANDLUNGS-FOLGE ERWARTUNGEN	Verbesserung	gleichbleibend	keine	10 K / 7 L
HANDLUNGSWAHL	mit expliziter Begründung	ohne explizite Begründung		11 K / 6.1 L

HANDLUNGSAUFFASSUNG

Abb. 5: Auswertungsschema für die Strukturierten Dialoge

4.1.3 Festlegung von Trainingsschwerpunkten

Wenn eine ausreichende Anzahl Strukturierter Dialoge durchgeführt und auf das
Auswertungsschema übertragen wurde, ermöglicht die Diagnose das Erkennen von
Akzenten und möglichen Problempunkten seiner spezifischen Art zu denken, füh-
len, interpretieren und handeln.

Solche Problempunkte können z.b. sein, daß manche theoretisch möglichen Kognitionen unter Handlungsdruck nicht auftreten, manche berichteten Kognitionen in
einer Ausprägung vorhanden sind, die der Situation nicht angemessen sind, z.b.:

- eine der Situation nicht entsprechende Wahrnehmung,
- eine überzogene Bedeutungsbeimessung (z.b.: der Trainer nimmt alles zu ernst),
- eine übersteigerte emotionale Reaktion (die das Denken und die Handlungsfähigkeit behindern kann),
- immer wiederkehrende einseitige Schuldzuweisungen im Sinne externer Kausa-
  lattribuierung,
- Katastrophenannahmen als Situations-Folge-Erwartungen,
- Verzicht auf das Mitbedenken langfristiger (pädagogischer) Ziele,
- Fehlen von Handlungsalternativen,
- Unterlassen des Nachdenkens darüber, wie die gewählte Handlung vermutlich
  auf den/die Athleten wirkt,
- Fehlende Beobachtung des Handlungsergebnisses.

Nach der Festlegung von Bearbeitungsschwerpunkten folgt der Versuch der Verhal-
tensmodifikation mit Hilfe der Bearbeitung schriftlicher Materialien, die sich auf
die einzelnen Weichensteller beziehen. Bei den in den Materialien enthaltenen
Aufgaben kann immer wieder auf die selbst gesammelten und mit den Strukturierten Dialogen analysierten Kritischen Vorfälle zurückgegriffen werden. Über
Schwerpunktbildung und Verwendung des eigenen Datenmaterials wird so die Möglichkeit zu einem individualisierten Training geboten.

4.2 Trainingsphase

1. Intensive Bearbeitung der diagnostizierten Schwerpunkte.

2. Extensive Bearbeitung der übrigen Weichensteller.

3. Einübung einer differenzierten Wahrnehmung sowie einer reflektierten Handlungswahl und -durchführung.

5 GRUNDLAGEN, DURCHFÜHRUNG UND ANWENDUNGSBEREICH DES HDVT

Dem Heidelberger Verfahren zur Diagnose und Veränderung von Trainerverhalten liegen ein handlungstheoretisches Modell (HOFER/DOBRICK 1977, HANKE 1980) und kognitionspsychologische Überlegungen zugrunde. Wir gehen dabei im Anschluß an WAHL et al. (1983) davon aus, daß Kognitionen und Emotionen handlungsleitende Funktion haben und Ausdruck zugrunde liegender subjektiver Theorien sind. Wenn sich eine Verhaltensänderung als wünschenswert erweisen sollte, setzt diese deshalb das Bewußtmachen der Kognitionen und Emotionen, ihre Erfassung und Diagnose voraus; erst dann kann eine Veränderung nachfolgen.

Der Zeitbedarf für die Durchführung des kompletten HDVT hängt von der Intensität der Bearbeitung ab; es muß aber mit etwa 2 - 3 Monaten gerechnet werden (vor allem wegen der Tatsache, daß pro Training oder Wettkampf normalerweise nur eine Selbstbefragung mit Hilfe des Strukturierten Dialogs durchgeführt werden kann). Für die Durchführung hat sich das Zusammenfinden von zwei Trainern zu Trainertandems als günstig erwiesen; auftretende Probleme können so mit einem Ansprechpartner diskutiert und gemeinsam Lösungen gesucht und gefunden werden.

Das Heidelberger Verfahren (HDVT) kann mit Gewinn vor allem mit erfahrenen Trainern durchgeführt werden, denn bei ihnen haben sich normalerweise durch eine längere Trainertätigkeit bestimmte Verknüpfungstendenzen herausgebildet, die mit Hilfe des Durchlaufens des Verfahrens überprüft und bei Bedarf aufgebrochen werden können. Teile der für das HDVT erarbeiteten Materialien können sicherlich - nach entsprechender Aufbereitung - auch in die Ausbildung eingebracht werden. Z.B. können die Fälle der Videosimulation mit ganz anderen Fragestellungen im Rahmen von Traineraus- und -fortbildungslehrgängen bearbeitet werden, ebenso die Fälle der bei TREUTLEIN/JANALIK/HANKE (1989) enthaltenen Fallsammlung kritischer Vorfälle in Training und Wettkampf.

LITERATUR

GROEBEN, N./SCHEELE, B.: Argumente für eine Psychologie des reflexiven Subjekts. Darmstadt 1987.

HANKE, U.: Training des Lehrverhaltens von Sportstudenten. Ein Vergleich zweier Trainigsverfahren auf der Basis des Microteaching. Heidelberg 1980 (Diss.).

HOFER, M.: Sozialpsychologie erzieherischen Handelns. Göttingen 1986.

HOFER, M./DOBRICK, M.: Die Rolle der Fremdattribution von Ursachen bei der Handlungssteuerung des Lehrers. In: GÖRLITZ, D. et al. (Hrsg.): Bielefelder Symposium über Attribution. Stuttgart 1978, 51-63.

TENNSTÄDT, K.-C./KRAUSE, F./HUMPERT, W./DANN, H.-D.: Das Konstanzer Trainingsmodell (KTM). Band 1: Trainingshandbuch. Bern 1987.

TREUTLEIN, G./HANKE, U.: Entwicklung von Methoden zur Erfassung handlungsleitender Kognitionen bei Lehr- und Lernprozessen im Sport. Forschungsantrag an das Bundesinstitut für Sportwissenschaft in Köln. Heidelberg 1981 (unveröff.).

TREUTLEIN, G./HANKE, U./JANALIK, H./SPRENGER, J.: Abschlußbericht über das Forschungsprojekt: Methoden zur Erfassung handlungsleitender Kognitionen bei Lehr- und Lernprozessen im Sport. Heidelberg 1984 (unveröff.).

TREUTLEIN, G./JANALIK, H./SPRENGER, J.: Entwicklung von Trainingsmaterialien zur Veränderung handlungsleitender Kognitionen bei Sportlehrern und Trainern. Forschungsantrag an das BISP in Köln. Heidelberg 1984 (unveröff.).

TREUTLEIN, G./JANALIK, H./HANKE, U.: Wie Trainer wahrnehmen, denken, fühlen und handeln. Ein Arbeitsbuch zur Diagnose und Veränderung von individuellem Trainerverhalten. Köln 1989.

WAHL, D.: Methoden zur Erfassung handlungssteuernder Kognitionen von Lehrern. In: HOFER, M. (Hrsg.): Informationsverarbeitung und Entscheidungsverhalten von Lehrern. München 1981, 49-77.

WAHL, D./SCHLEE, J./KRAUTH, J./MURECK, J.: Naive Verhaltenstheorie von Lehrern. Oldenburg 1983.

ATHANASIOS PAPAGEORGIOU / FRANK BERET

COACHING IM VOLLEYBALL[1]

Beobachtung des Coachverhaltens eines Volleyball- 1. Bundesliga- Trainers in der Saison 86/87

1 PROBLEMSTELLUNG UND ZIELSETZUNG

Diese Pilotstudie zielte darauf ab, das gesamte Verhalten eines Volleyball-Trainers zu erfassen, zu analysieren und Erklärungsversuche zu diskutieren. Die Beobachtung des Trainerverhaltens wurde mit Video- und Mikrofonaufzeichnungen, Pulsfrequenz-Messungen, Trainer- und Spielerinterviews sowie den Spielberichtsbögen durchgeführt. Insgesamt wurde das Coaching- Verhalten des Trainers bei 12 vollständigen und einem unvollständigem Spiel mit insgesamt 44 Sätzen beobachtet. Bei den Spielen handelte es sich um 9 Heimspiele und 3 Auswärtsspiele.

Die Volleyballmannschaft bestand aus 10 Spielern, von denen 2 Spieler in der vorausgegangenen Saison Stammspieler und alle anderen Ersatzspieler waren. Der zu beobachtende Trainer hatte hierbei seinen ersten Einsatz als Erst-Bundesligatrainer. Die Zielsetzung der Mannschaft, die den Weggang von vier Stammspielern verkraften mußte, war der Nichtabstieg. Aus dieser Situation heraus war auch das Interesse des beobachteten Trainers zu verstehen: Er wollte mit und während dieser Untersuchung sich verbessern und mit Hilfe von Zwischenergebnissen, Fehler zu vermeiden versuchen. Diesen letzten Aspekt hatten die Spieler- und Trainerinterviews, sowie die bei den ersten Spielen von den Spielern zu beantwortenden Fragebögen zum Ziel.

---

[1] Dieser Beitrag ist eine stark gekürzte Zusammenfassung der Diplomarbeit von F.Beret mit dem Titel: "Beobachtung des Coach-Verhaltens eines Volleyball-Erst-Bundesliga-Trainers in der Saison 86/87. Eine Pilotstudie unter Einbeziehung von: Videoaufzeichnungen, Spielberichtsbögen, Pulsfrequenz-Messungen sowie Trainer-und Spielerinterviews" DSHS Köln 1989

2 METHODOLOGIE

Die Beobachtung des Coaching-Verhaltens des Trainers während der Wettkämpfe mit vertretbarem Aufwand durchzuführen, stellte sich bald als sehr schwierig heraus, so daß im Verlauf der Untersuchung zwei Themenbereiche

- 1. die Beziehungen der Spieler untereinander und
- 2. des Trainers zu den Spielern und umgekehrt,

fallen gelassen wurden. Die Komplexität des Untersuchungsgegenstandes führte dazu, daß Methoden zu entwickeln waren, die einerseits die Erfassung des Coach-Verhaltens ermöglichten, und andererseits die Verbindung und Abhängigkeiten von Teilaspekten aufzeigen sollten.

Es wurden vier Hauptbereiche / Aspekte erfaßt:

- Videoaufzeichnung des Trainerverhaltens
- Mikrofonaufzeichnung der Traineräußerungen
- Pulsfrequenz-Messungen
- Trainer- und Spielerinterviews

2.1 Videoaufzeichnung des Trainerverhaltens

Hierfür wurde die Video-Kamera auf der dem Trainer gegenüberliegenden Spielfeldseite in Höhe der Angriffslinie, ca. 4 m von der Seitenlinie entfernt, aufgebaut, um den Trainer frontal filmen zu können. Bei Seitenwechsel wurde der Standort der Kamera ebenso geändert, so daß stets der Trainer in Großaufnahme gefilmt werden konnte. Dies war für die Erfassung des Gesichtsausdruckes und der Gestik notwendig.

2.2 Mikrofonaufzeichnung zur Sprachaufzeichnung des untersuchten Trainers

Hierzu wurde eine Sennheiser Micro-Port Anlage verwendet, die über den externen Mikrofoneingang der Videokamera mit dieser verbunden wurde. Durch Nutzung der Micro-Port Anlage wurden Nebengeräusche, wie zum Beispiel Beifall des Publikums, weitgehend unterdrückt, und zudem die Traineräußerungen zeitgleich mit der Videoaufzeichnung erfaßt. Das Mikrofon wurde beim Trainer so angebracht, daß man leicht alle seine Sprachäußerungen aufzeichnen konnte. Von dort wurde das Tonsignal über den eingebauten Sender an einen Empfänger gesendet, der sich neben der Kamera befand. Von dort wurde das Signal in die Videokamera eingespeist.

2.3 Die Pulsfrequenz-Messung

Zur Erfassung der Pulsfrequenz wurde dem Trainer ca. 15-30 Min. vor Spielbeginn die Elektrode des Meßgerätes (Marke : Sport-Tester 3000) umgebunden. Dieses Gerät zeichnete sich dadurch aus, daß die Elektrode mit einem Gummiband über dem Herzen fixiert wurde, und somit die Versuchsperson nicht sehr behinderte. Die Elektrode gab ihre Daten mittels eines kleinen Senders an einen Empfänger, der sich in Form einer "Armbanduhr" am Handgelenk des Probanden befand. Das Tragen dieses Empfängers störte die Versuchsperson nur unwesentlich. Der Empfänger speicherte die eingehenden Daten in gemittelten Werten, wobei bei diesem Gerät die Möglichkeit bestand, zwischen zwei verschiedenen Speicherzeiten von 5 bzw. 15 Sekunden zu wählen.

Die lange Aufzeichnungszeit von bis zu vier Stunden ließ nur die Speicherzeit von 15 Sekunden zu. Damit der Trainer durch das Anlegen der Meßelektrode und des Sender-Mikrofones nicht zu stark von seiner Aufgabe abgelenkt wurde, und um einen Gewöhnungseffekt an das Tragen der Geräte zu erzielen, wurden diese frühzeitig angelegt. Die Untersuchungen begannen ca. 15 Min. vor Spielbeginn und endeten zum Teil erst 40 Min. nach dem Spiel.

Die im Meßgerät (Empfänger) gespeicherten Daten wurden anschließend von Hand in einen IBM-Computer übertragen. Durch ein hierfür speziell entwickeltes Programm konnten Grafiken für die einzelnen Phasen (Vorstart; Sätze 1-5; Satzpausen 1-4; Erholungsphasen nach Spielende in 10 Min. Einteilung und eine Gesamtübersicht über die komplette Messung für ein Spiel) erstellt werden. Weiter wurde mit Hilfe dieses Programmes auch der Mittelwert innerhalb der einzelnen Phasen berechnet und in die Grafiken mit eingetragen.

2.4 Trainer- und Spielerinterviews

Um den Rahmen diese Beitrages nicht zu sprengen, werden die zeitlich unterschiedlich geführten Interviews mit dem Trainer und den Spielern hier nicht näher erläutert, finden aber im Rahmen der Diplomarbeit eine entsprechende

Beachtung, da diese Gespräche besonders für die Interpretation der Ergebnisse von hohem Stellenwert sind.

Forschungsmethoden

Trainer-/Spieler-Interviews

Pulsfrequenz-messung

Video-aufzeichnung

Griechisch-koreanisches
Gespann, das Deutscher
Meister wurde: Papageor-
giou und sein Spielmacher
Lee Hee Wan.   Foto: Hardt

Mikrofon-aufzeichnung

2.5 Schwächen der Arbeit

Hier könnte man folgende Aspekte bezeichnen:
- es wurden nur ein Trainer und eine Mannschaft untersucht (Pilotstudie)
- es wurden nicht alle Spiele dieser Mannschaft beobachtet
- 10 von 13 Spielen waren Heimspiele, von denen die meisten gewonnen wurden.
  Im Gegensatz dazu befand sich die Mannschaft im unteren Tabellendrittel
- vom 1. und 3. Spiel konnte keine Pulsfrequenz-Messung durchgeführt werden
- im 4. und 5. Spiel konnte jeweils die Pulsfrequenz-Messung nur für den 5. Satz
  erfolgen
- die mannschaftsgerichteten Traineräußerungen, die nicht eindeutig einer Funktionsgruppe zugeordnet werden konnten, wurden gesondert erfaßt.

3 DARSTELLUNG DER ERGEBNISSE

3.1 Zur Video- und Mikrofonaufzeichnung

Für die Auswertung der Video- und Mikrofonaufzeichnung wurden nach Voruntersuchungen die gleichen Einteilungskriterien gewählt:

Die erste Unterteilung erfolgte in verbale und nonverbale Kommunikation zwischen Trainer und Spielern. Eine weitere Differenzierung bezog sich auf mannschaftsgerichtete Traineräußerungen und sonstige bzw. ungerichtete Traineräußerungen, und diese wiederum sowohl verbal und nonverbal unterteilt.

Die mannschaftsgerichteten Traineräußerungen wurden erneut differenziert und erfaßt in:
- A) nonverbal
- B) ein bis zwei Worte
- C) mehrere Worte bis zu vollständigen Sätzen

Die mannschaftsgerichteten Traineräußerungen wurden weiterhin gegliedert:
- an einzelne Spieler / Alle (die sechs Spieler a.d. Feld) / Aufschläger
- an Vorderspieler
- an Hinterspieler

Die Einteilungen ermöglichen eine genaue Zuordnung der einzelnen Beobachtungen für einzelne Spieler und/oder Funktionsgruppen (Vorder- u. Hinterspieler und Aufschläger).

Die mannschaftsgerichteten Traineräußerungen wurden den folgenden Einteilungskriterien zugeordnet:

- Vorinformationen   z.B.: "(gegn.) Zuspieler vorne"
- Fragen   "wo stehst du?"
- Instruktionen   "diagonal blockieren"
- Aktivierung   "los Männer"
- Entspannung   "macht nichts"
- Lob   "schön so"
- Tadel   "diagonal hab ich gesagt"

Folgende Einteilungskriterien für die ungerichteten und sonstigen Traineräußerungen haben sich aus den Voruntersuchungen ergeben:

- Jubelrufe   z.B. "Jaaa..."
- Beifall   (klatschen)
- mimisches u. gestikulierendes Mißfallen (Kugelschreiber auf den Boden werfen)
- Gespräche auf der Bank   (meist mit Physiotherapeut)
- Gespräche mit Schiedsgericht
- Gespräche mit gegnerischen Spielern und Trainern
- Unverständliches Ansprechen von einzelnen Spielern
- Unverständliches Ansprechen der ganzen Mannschaft
- Bälle anzeigen
- "uh - ah" - Laute
- Sonstiges

Durch diese Rasterung (vgl. Tabelle 1-3) konnte die Häufigkeit von Traineräußerungen, deren Verteilung auf einzelne Spieler bzw. Funktionsgruppen, eine Differenzierung nach Inhalten der Traineräußerungen sowie die angewandte Kommunikationsform erfaßt werden.

Mit der satz- bzw. spielweisen Auswertung wurden folgende Ziele verfolgt:

- 1. die Vergleichbarkeit der Sätze eines Spieles miteinander und
- 2. der Vergleich verschiedener Spiele miteinander.

Tab. 1: Mannschaftsgerichtete Traineräußerung: Prozentuale Verteilung

Spieler	Vorinfo	Frage	Instrukt.	Aktivier.	Entspan.	Lob	Tadel	Total
Roland (Zuspieler)	3,71	0,00	68,44	3,45	1,86	17,78	4,78	14,65
Paul (Mittelbl,1)	10,77	0,00	44,62	8,21	7,70	24,10	4,62	7,58
Dirk (Mittelbl,2)	5,65	0,81	55,65	11,29	1,61	22,58	2,42	4,82
Frank (Annahme)	3,69	0,41	52,87	13,52	1,23	23,36	4,92	9,48
Rune	1,35	1,35	45,95	13,51	8,11	25,68	4,05	2,88
AndyR,	4,23	2,82	45,07	5,63	5,63	30,99	5,63	2,76
Elmar	5,00	1,25	43,75	16,25	11,25	17,50	5,00	3,11
Udo	10,19	0,00	41,66	18,52	4,63	24,07	0,93	4,20
AndyH,	4,69	1,56	51,56	21,88	1,56	7,81	10,94	2,49
Holger	0,00	0,00	77,78	7,41	0,00	7,41	7,41	1,05
Alle	45,70	0,20	10,66	28,89	6,15	6,15	2,25	18,97
Vordsp,	38,32	0,36	52,19	4,38	0,36	2,91	1,46	10,65
-(3)--	30,41	0,26	48,45	5,41	5,93	6,44	3,09	15,08
n,e,e,Vsp	11,40	0,00	39,47	7,89	19,30	14,91	7,02	4,43
Hintsp,	2,94	0,00	55,88	8,82	8,82	17,65	5,88	1,32
-(3)--	1,00	1,00	43,00	12,00	22,00	18,00	3,00	3,89
n,e,e,Hsp	0,00	1,52	36,36	13,64	28,79	18,18	1,52	2,56
Aufschl,	0,00	0,00	83,26	3,00	0,00	12,45	1,29	9,05
Total: (4)	16,13	0,39	47,49	12,44	4,94	15,12	3,58	100,00

(1)=%-Angaben beziehen sich auf den einzelnen Spieler (horizontal zu lesen)
(2)=%-Angaben beziehen sich auf den Anteil des einzelnen Spielers am Gesamt-Umfang (vertikal zu lesen)
(3)=%-Vorderspieler und nicht eindeutig ein Vorderspieler zusammengefaßt
Ebenso Hinterspieler und nicht eindeutig ein Hinterspieler (horiontal zu lesen)
(4)=%-Angaben der Verteilung der Traineräußerungen auf die sieben Einteilungskriterien. (horizontal zu lesen)

Tabelle 1 zeigt (ohne Berücksichtigung der Spielanteile der einzelnen Spieler; dies wird bei der Diskussion der Ergebnisse berücksichtigt):

- rund 47,5% der mannschaftsgerichteten Traineräußerungen entfielen auf Instruktionen

- nur rund 0,4% der Äußerungen waren Fragen

- mit 15,12% lobte der untersuchte Trainer ca. 4 mal soviel, als er mit 3,68% tadelte

- mit 12,44% versuchte der Trainer etwa 2,5 mal soviel zu aktivieren, als er mit 4,94% die Mannschaft zu beruhigen versuchte

- mit großem Abstand, etwa doppelt so häufig wie der zweite Spieler, wurde der Zuspieler mit 14,65% am häufigsten als Einzelspieler angesprochen

- mit 1,05% wurde der Spieler Holger am wenigsten häufig angesprochen

- mit 68,44% erhielt der Zuspieler am zweithäufigsten Instruktionen. Spieler Holger erhielt zwar mit 77,78% mehr Instruktionen, jedoch liegt die absolute Zahl wesentlich geringer (21 zu 258)

- der größte Leistungsträger und Mannschaftskapitän Paul erhielt mit 10,77% als Einzelspieler die meisten Vorinformationen

- als einziger Spieler ist der Spieler Andy H. mit 10,94% mehr getadelt als mit 7,81% gelobt worden

- mit 45,70% gingen die meisten Vorinformationen an die Mannschaft

- nur Spieler Holger erhielt als Einzelspieler nicht eine einzige Vorinformation.

Tab. 2: Gesamt-Übersicht über die Kommunikationsformen:

	Absolute Häufigkeit:			Prozentuale Häufigkeit:		
Spieler:	A	B	C	A	B	C
Roland (Zuspieler)	78	170	129	20.69	45.09	34.22
Paul (Mittelbl.1)	29	83	83	14.87	42.56	42.56
Dirk (Mittelbl.2)	13	64	47	10.48	51.61	37.90
Frank (Annahme)	25	141	78	10.25	57.79	31.97
Rune	18	35	21	24.32	47.30	28.38
AndyR.	11	33	27	15.49	46.48	38.03
Elmar	17	37	26	21.25	46.25	32.50
Udo	9	63	36	8.33	58.33	33.33
AndyH.	9	23	32	14.06	35.94	50.00
Holger	4	9	14	14.81	33.33	51.85
Alle	22	376	90	4.51	77.05	18.44
Vordsp.	8	135	131	2.92	49.27	47.81
-(1)--	44	176	168	11.34	45.36	43.30
n.e.e.Vsp	36	41	37	31.58	35.96	32.46
Hintsp.	2	25	7	5.88	73.53	20.59
-(1)--	30	54	16	30.00	54.00	16.00
n.e.e.Hsp	28	29	9	42.42	43.94	13.64
Aufschl.	15	49	169	6.44	21.03	72.53
Total:	324	1313	936	12.59	51.03	36.38

A   =   nonverbale Kommunikation
B   =   1 -2 Worte (Kurzsätze)
C   =   vollständige Sätze
(1) =   Vorderspieler und nicht eindeutig ein Vorderspieler zusammengefaßt.
     Ebenso Hinterspieler und nicht eindeutig ein Hinterspielr .
     (horizontal lesen)

Tabelle 2 zeigt:

- die häufigste Kommunikationsform war mit 51,03% die der Kurzsätze (ein bis zwei Worte), gefolgt von den vollständigen Sätzen mit 36,68% und der nonverbalen Kommunikation mit 12,59%
- die gebräuchlichste Form der Mannschaftsansprache war mit 77.05% die der Kurzsätze
- der Spieler Rune, einziger Asländer in der Mannschaft, wurde mit 24,32% am häufigsten nonverbal vom Trainer angesprochen
- die Aufschläger, die vor Ausführung der Aufgabe an der Trainerbank vorbeigingen, erhielten mit 72,53% die längsten Traineräußerungen
- die Vorderspieler sind mit 47,81% wesentlich ausführlicher angesprochen worden als die Hinterspieler mit 20,59%. Demgegenüber wurden die Hinterspieler mit 73,53% häufiger mit Kurzsätzen angesprochen als die Vorderspieler mit 49,27%
- die beiden Annahmespieler, Frank und Udo, wurden mit 57,79% bzw. mit 58,33% am meisten als Einzelspieler mit Kurzsätzen angesprochen.

Tab. 3: Ungerichtete und Sonstige Traineräußerungen

Spiel Nr.	Jubelrufe	Beifall	Mimik*	Bälle anz.	"ah/uh"	z.Gegner	Sonstiges
1) (0:3)	43	31	7	16	-	-	-
2) (3:1)	101	6	33	18	-	3	10
3) (0:3)	65	-	25	10	12	2	-
4) (3:2)	217	-	24	29	41	-	-
5)nur 4.u. (3:2) 5. Satz	95	5	33	26	13	-	-
6) (0:3)	61	-	14	18	5	1	-
7) (3:1)	168	1	28	49	22	1	-
8) (3:1)	85	26	44	30	13	4	-
9) (0:3)	65	1	15	3	12	-	-
10) (0:3)	26	1	22	5	-	-	-
11) (3:o)	99	-	11	15	13	6	11
12) (0:3)	80	-	15	11	14	2	-
13) (1.3)	82	-	40	19	6	3	-
Total:	1187	71	311	249	151	22	21

	Unverständliches d. Mannschaft	Ansprechen einz.Spieler	Gespräche mit		Total Sätze
			d.Bank	d.Schiri	
1) (0:3)	1	12	7	7	124:3=41.33
2) (3:1)	9	19	6	23	228:4=57.00
3) (o:3)	3	19	26	9	171:3=57.00
4) (3:2)	13	28	29	55	436:5=87.20
5)nur 4.u. (3:2) 5. Satz	9	27	14	34	256:2=128.00
6) (0:3)	5	14	11	18	147:3=49.00
7) (3:1)	13	56	60	58	456:4=114.00
8) (3:1)	9	19	15	30	275:4=68.75
9) (0:3)	3	11	22	3	135:3=45.00
10) (0:3)	2	6	23	5	90:3=30.00
11) (3:0)	1	33	16	23	228:3=76.00
12) (0:3)	5	19	11	12	169:3=56.33
13) (1:3)	4	13	18	22	207:3=51.75
Total:	77	276	258	299	2922:44=66.41

Mimik*=mimisches und gestikulierendes Mißfallen

Tabelle 3 zeigt die ungerichteten und sonstigen Traineräußerungen als Überblick über alle Spiele. Der Tabelle ist zu entnehmen:

- In 44 ausgewerteten Sätzen wurden 2922 Ereignisse registriert, was einen Durchschnitt von rund 66 ungerichteten Traineräußerungen pro Satz ergab
- In der rechten unteren Spalte sind die Häufigkeiten der ungerichteten und sonstigen Traineräußerungen durch die jeweils in dem Spiel gespielten Sätze dividiert, wodurch sich ein Index zur Vergleichbarkeit der Spiele ergab. Auffällig sind die Spiele 1 / 9 /10, in denen der Durchschnitt um 45 Äußerungen und geringer lag, wo hingegen in den Spielen 4 / 5 / 7 die Häufigkeit auf 87 bis zu 128 ungerichtete und sonstige Traineräußerungen stieg
- mit 1187 sind die Jubelrufe mit Abstand die häufigste Form der ungerichteten und sonstigen Traineräußerungen bei dem untersuchten Trainer
- die Gespräche mit gegnerischen Spielern und Trainern, sowie die Sonstigen Ereignisse stellen mit 22, bzw. 21 mal in 44 ausgewerteten Sätzen einen verschwindend geringen Anteil dar.

Tab. 4: Rangfolgen der Traineräußerungen

A)	=	Ungerichtete und Sonstige Traineräußerungen		
1.	=	Jubelrufe	=1187x	= 40,62%
2.	=	Mimisches und gestikulierendes Mißfallen	= 311x	= 10,64%
3.	=	Gespräche mit Schiedsrichtern	= 299x	= 10,23%
4.	=	Unverständliches Ansprechen von einzelnen Spielern	= 276x	= 9,45%
5.	=	Gespräche auf der Bank	= 258x	= 8,83%
6.	=	"Bälle anzeigen"	= 249x	= 8,52%
7.	=	"uh/ah"-Laute	= 151x	= 5,17%
8.	=	Unverständliches Ansprechen der Mannschaft	= 77x	= 2,64%
9.	=	Beifall (klatschen)	= 71x	= 2,43%
10.	=	Gespräche mit gegnerischen Spielern und Trainern	= 22x	= 0,75%
11.	=	Sonstiges	= 21x	= 0,72%

Aktivitäten für sich (nicht mannschaftsgerichtet) =2922x : 44S. = 66,41

B)	=	Mannschaftsgerichtete Traineräußerungen		
1.	=	Alle (die gesamte Mannschaft ansprechend)	=488x	=18,97%
2.	=	Vorderspieler	=388x	=15,08%
3.	=	Roland (Zuspieler)	=377x	=14,65%
4.	=	Frank (Annahmespieler)	=244x	= 9,48%
5.	=	Aufschläger	=233x	= 9,05%
6.	=	Paul (Mittelblocker 1)	=195x	= 7,58%
7.	=	Dirk (Mittelblocker 2)	=124x	= 4,82%
8.	=	Udo	=108x	= 4,20%
9.	=	Hinterspieler	=100x	= 3,89%
10.	=	Elmar	= 80x	= 3,11%
11.	=	Rune	= 74x	= 2,88%
12.	=	Andy R.	= 71x	= 2,76%
13.	=	Andy H.	= 64x	= 2,49%
14.	=	Holger	= 27x	= 1,05%

Mannschaftsgerichtete Aktivitäten (Total) =2573x : 44S. = 58,48

Ergebnisse (gerundet pro Satz)

Ungerichtete und Sonstige Tr.Äußer.	Mannschaftsgerichtete Traineräußerungen	Kommunikationsform A B C	Total/ Satz
66,4	58,5	(7 29 22)	124,9

Tab. 5: Überblick über alle Spiele

Spiel	M.Tr.ä.[*]	Sonst.[**]	Total	Total/Satz	Ausz/Satz	Sp.we/Satz	Puls/Satz
1 (0:3) Moers:Lev.	92	124	216	72.0	1.33	3.0	-
2 (3:1) Lev:Gießen	225	228	453	113.25	1.25	2.0	92
3 (0:3) Lev:Bonn	153	171	324	108.0	1.0	3.0	-
4 (3:2) Lev:Ottobr.	385	436	821	164.2	1.4	3.2	107
5[***] (3:2) Lev:Dachau	174	256	430	215	1.6	3.2	135
6 (0:3) Lev:Moers	117	147	264	88.0	2.0	4.33	104
7 (3:1) Lev:Berlin	327	456	783	195.75	1.75	3.25	114
8 (3:1) Lev:Paderb.	248	275	523	130.75	1.0	1.0	120
9 (0:3) Lev:Bonn(Pokal)	160	135	295	98.33	1.66	1.0	99
10 (0:3) Bonn:Lev	163	90	253	84.33	2.0	3.33	99
11 (3:0) Lev:München	151	228	379	126.33	1.33	1.0	138
12 (0:3) Gießen:Lev(P.o.)	141	169	310	103.33	2.0	2.0	112
13 (1:3) Lev:Ottobr.(P.o.)	237	207	444	111.0	1.5	4.0	132
Total:	**2573** (44 ausgewertete Sätze)	**2922**	**5495** (47 ausgewertete Sätze)	**124.89**	**1.51**	**2.70** (31 Sätze)	**114**

gerundet:

	59 pro	/	66 Satz	=	125	1.51	2.70	114 / pro Spiel

*	=	Mannschaftsgerichtete Traineräußerungen
**	=	Ungerichtete und Sonstige Traineräußerungen
***	=	Nur 2 von 5 Sätzen ausgewertet (4. und 5. Satz)

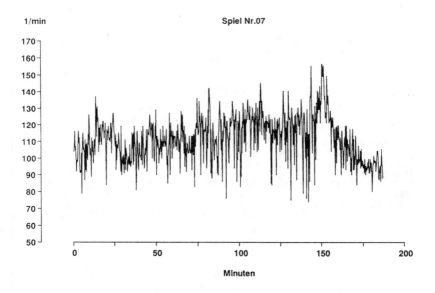

Abb. 1: Pulsfrequenz im Spielverlauf

Abbildung 1 zeigt eine Übersicht der gesamten Pulsfrequenz- Messung von Spiel Nr. 7. Sie gibt einen für die Untersuchung typischen Verlauf wieder:

- deutlich ist der Pulsanstieg vor dem Spielbeginn zu sehen (0. bis etwa 15. Min.) mit Werten bis über 130 Schläge die Minute
- die Satzenden liegen bei den höheren Werten zu den ca. Minuten 45, 80, 110 und dem Spielende, ca. 150. Min., mit den maximalen Werten von über 150 Schlägen die Minute zu erkennen
- Nach Spielende erfolgt ein schneller Abfall der Pulsfrequenz, jedoch wird der Ruhepuls des Probanden (tagsüber ca. 75-85 Schläge die Minute) auch 30 Min. nach dem Spiel noch nicht erreicht.

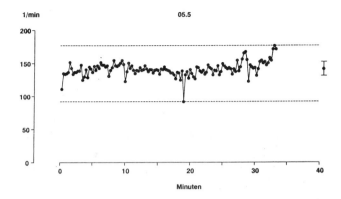

Abb. 2: Pulsfrequenz während eines 5. Satzes

Abbildung 2 zeigt exemplarisch die Darstellung eines Satzes, hier der 5. Satz im Spiel Nr. 5. Man erkennt:

- der Mittelwert des Satzes liegt bei ca. 142 Schlägen die Minute
- einen leichten wellenförmigen Verlauf der Pulsfrequenz mit deutlichem Anstieg zum Satzende
- der niedrigste Wert von ca. 90 Schlägen i.d. Minute stellt wahrscheinlich einen Meßfehler des Gerätes dar
- zum Spielende wurde der bei dieser Untersuchung **maximalste Wert** von **177 Schlägen** die Minute registriert

Bedenkt man, daß vor diesem Satz vier umkämpfte Sätze mit einer Spieldauer von ca. 120 Min. lagen, so ist die psychische Belastung als sehr hoch einzustufen.

3.2 Auswertung der Spielberichtsbögen

3.2.1 Zu den Spielerwechseln bzw. zu den Spielanteilen einzelner Spieler

Um die mannschaftsgerichteten Traineräußerungen interpretieren zu können, wurden die Spielanteile der einzelnen Spieler an Hand der Bögen wie folgt ermittelt:

Die pro Satz gespielten Punkte beider Mannschaften wurden gleich 100% gesetzt und daraus im Verhältnis der Spielanteil der einzelnen Spieler errechnet. Wurde ein Spieler ein- und ausgewechselt ohne daß ein Punkt für eine Mannschaft erfolgte, so wurde sein Spielanteil für den Satz mit 0,5% festgesetzt. Der andere Spieler erhielt 99,5% für den Satz. Mit dieser Berechnung war es möglich, den Spielanteil jedes Spielers in der Untersuchung festzustellen, und ebenfalls die Art ihrer Einsätze zu analysieren.

3.2.2 Zu den Auszeiten

An Hand der Spielberichtsbögen wurde die Häufigkeit der genommenen Auszeiten errechnet. Um die Vergleichbarkeit zu ermöglichen, wurden alle in einem Spiel genommenen Auszeiten durch die Anzahl der gespielten Sätze pro Spiel dividiert, woraus sich ein vergleichbarer Index ergab.

4 DISKUSSION DER ERGEBNISSE

Im folgenden werden mögliche Zusammenhänge bezogen auf den untersuchten Trainer kurz diskutiert. Bei der Diskussion der Ergebnisse werden auch Grafiken und Tabellen, die hier aus Platzgründen nicht aufgeführt werden, mit einbezogen.

1.) Mannschaftsgerichtete zu Ungerichteten und Sonstigen Traineräußerungen

Bestand eine Beziehung zwischen mannschaftsgerichteten und ungerichteten bzw. sonstigen Traineräußerungen? (Vergleiche Tabelle 5)

Beide Arten der Traineräußerungen standen bezüglich der Häufigkeit in engem Bezug zueinander. Auffällig und vielleicht typisch für den untersuchten Trainer war die Tatsache, daß die Zahl der ungerichteten u. sonstigen Traineräußerungen bis auf drei Spiele immer über den mannschaftsgerichteten Traineräußerungen lagen. Aus Kenntnis der damaligen Situation und nach Gesprächen mit dem Trainer kann der Autor sagen: es handelte sich bei den drei Spielen um Spiele, die der Trainer eigentlich schon vorher verloren gegeben hatte. Spiel Nr. 9 und 10 gegen Bonn - zum damaligen Zeitpunkt Tabellenführer der Bundesliga; Spiel Nr. 13 in der Play-off-Runde. Hier war nach Meinung des Trainers der Gegner besser und er dachte schon an das in wenigen Tagen folgende Abstiegsturnier und wollte seine Spieler, besonders den noch verletzten Hauptannahmespieler, schonen.

Aus Tabelle 3 ist zu entnehmen, daß die Häufigkeit der ungerichteten Traineräußerungen von Spiel zu Spiel sehr stark variierte.

2.) Verteilung der mannschaftsgerichteten Traineräußerungen (vgl. Tab. 1 u. 2)

Auf welche Einteilungskriterien verteilten sich die mannschaftsgerichteten Traineräußerungen und welche Kommunikationsform bevorzugte der Trainer?

Prozentual gab der untersuchte Trainer etwa 3 mal soviel Instruktionen wie Vorinformationen. Im Verhältnis lobte er ca. 4 mal mehr als er tadelte und er versuchte die Mannschaft rund 2,5 mal mehr zu aktivieren wie sie zu entspannen bzw. zu beruhigen. Eventuell sind auch noch die "Jubelrufe" unter der Rubrik "ungerichtete Traineräußerungen" im gewissen Sinne den Aktivierungen zuzuordnen. Mit Abstand am häufigsten findet man bei dem untersuchten Trainer die Instruktionen.

Die Frage als Kommunikationsform im Rahmen des Coachings war bei dem untersuchten Trainer mit 0,39% ohne Bedeutung.

Beim Coaching überwiegen die Kurzsätze (1-2 Worte) mit 51,03% vor den vollständigen Äußerungen mit 36,38%. Die nonverbale Kommunikation zwischen Trainer und Spielern war mit 12,59% sehr gering. Dies macht deutlich, daß der untersuchte Trainer die neue Regel, die es ihm gestattet auf das Feld zu rufen, schon im ersten Jahr sehr genutzt hat. Bei der subjektiven Betrachtung anderer Bundesliga-Trainer zum Zeitpunkt der Untersuchung konnte festgestellt werden, daß diese weit weniger während des Spiels mit und zu ihrer Mannschaft sprachen. Die Spieler der untersuchten Mannschaft bestätigten einhellig diese Tendenz.

3.) Vorinformationen zu Instruktionen

In welcher Beziehung standen die Vorinformationen und Instruktionen des Trainers zueinander? Sind diese satz- bzw. spielabhängig?

Ein konstantes Verhalten war nicht festzustellen, zumindest was die absolute Häufigkeit beider Kriterien anging. Bei einem Vergleich wurde deutlich, daß die Vorinformationen von Satz zu Satz abnahmen und die Instruktionen umgekehrt von Satz zu Satz zunahmen. Diese Beziehung bestand sowohl bei gewonnenen und verlorenen Sätzen und Spielen. Betrachtet man die Häufigkeit, stellt man fest, daß diese von Spiel zu Spiel sehr stark variierte. Dies könnte einerseits darauf zurückzuführen sein, daß der Trainer über einige Mannschaften genauer informiert war, oder die Mannschaft gut auf den Gegner vorbereitet war, daß die Notwendigkeit für verstärkte Vorinformationsgabe an die Mannschaft nicht gegeben war.

4.) Verteilung der mannschaftsgerichteten Traineräußerungen auf die einzelnen Spieler bzw. Funktionsgruppen.

Vergleiche Tabelle 5: Rangfolgen der Traineräußerungen

5.) Verteilung der ungerichteten und sonstigen Traineräußerungen

Vergleiche Tabelle 5: Rangfolgen der Traineräußerungen

6.) "Jubelrufe" zu "Satz- bzw. Spielergebnis"

Wie verhielt sich die Häufigkeit der Jubelrufe zu den gewonnenen bzw. verlorenen Sätzen und Spielen?

Die Jubelrufe nahmen in aller Regel von Satz zu Satz zu. Eine direkte Abhängigkeit vom Satz- bzw. Spielausgang war nicht zu erkennen.

7.) "Spielereinsatz" zu "vom Trainer angesprochen worden"

Hat der Trainer die Spieler während des Spiels unterschiedlich in Art und Häufigkeit angesprochen? Wurden die vier Stammspieler anders behandelt als die sechs anderen Spieler?

Auffällig war, daß der Trainer die Spieler in sehr engem Bezug zu dem Einsatz im Spiel angesprochen hat. Eine Bevorzugung oder Benachteiligung war unter diesem Aspekt nicht ersichtlich, da auch die mit dem Trainer unzufriedeneren Spieler entsprechend den Spielanteilen ähnlich häufig vom Trainer angesprochen wurden.

8.) Auszeiten und Spielerwechsel (Vergleiche Tabelle 3)

Bestand eine Beziehung zwischen der Häufigkeit der genommenen Auszeiten und den Spielerwechseln?

Für sich betrachtet war festzustellen, daß sowohl die genommenen Auszeiten als auch die vorgenommenen Spielerwechsel keine festen Werte pro Satz und Spiel aufzeigen. Vielmehr scheint der Trainer in diesen Punkten situations- und gegnerbezogen gehandelt zu haben.

Auffällig in diesem Zusammenhang Spiel Nr. 6 (Lev. : Moers - 0:3). In diesem Spiel waren die mannschaftsgerichteten und die ungerichteten bzw. sonstigen Traineräußerungen insgesamt sehr niedrig, wo hingegen alle Auszeiten pro Satz genutzt wurden und die höchste Spielerwechselzahl pro Spiel festzustellen war (Vergleiche hierzu Tabelle 5.)

9.) "Typische" und "auffällige" Pulsfrequenzverläufe (hier ohne Grafiken kurz beschrieben)

- ein deutlicher Pulsanstieg bei fast allen Spielen ca. 5 Min. vor Spielbeginn
- Spiele mit durchschnittlich niedrigen Pulswerten
- Spiele mit durchschnittlich hohen Pulswerten
- Sätze mit ansteigendem Pulsverlauf
- Sätze mit abfallendem Pulsverlauf
- Sätze mit wellenförmigen Pulsverlauf
- die nicht immer schnelle Erholung nach dem Spiel.

10.) Pulswerte über die Saison

Wie verliefen die Pulsdurchschnittswerte über die Saison hinweg?

Festzustellen war, daß die Mittelwerte pro Spiel in der Tendenz zum Saisonende hin anstiegen, was sicherlich mit der Situation der untersuchten Mannschaft in ihrem Kampf gegen den Abstieg begründet ist.

Im Grunde waren die Pulswerte aber sehr stark abhängig von der jeweiligen Erwartung des Trainers vor dem Spiel und dem aktuellen Spielverlauf. Interessant war in diesem Zusammenhang die absolute Höhe der erreichten Pulswerte. Es wurden des öfteren Werte über 150 Schläge die Minute gemessen. Der absolut höchste Wert wurde mit 177 Schlägen in der Minute registriert.

11.) Pulswerte zu Satz- und Spielergebnis

Wie verhielt sich die Pulsfrequenz zum gespielten Satz (Satz 1-5) und zum Spielergebnis?

Anders als ursprünglich vermutet nahmen die Durchschnitts- Pulswerte pro Satz ab. Eine direkte Abhängigkeit vom Satzergebnis war nicht zu erkennen.

12.) Pulswerte zu "Jubelrufe"

In welcher Beziehung standen Pulswerte und Jubelrufe zueinander?
Eine Beziehung war bei dem untersuchten Trainer nicht eindeutig nachzuweisen.

13.) Pulswerte zu "Gesprächen" (auf der Bank)

Hat sich der Trainer möglicherweise durch Gespräche auf der Bank mit Anderen abreagieren können?

Eine Beziehung war nicht eindeutig nachzuweisen.

5. AUSBLICKE UND ANREGUNGEN FÜR KÜNFTIGE UNTERSUCHUNGEN

In Anbetracht der Tatsache, daß es sich bei dieser Pilotstudie um eine Einzeluntersuchung handelte (nur ein Trainer und eine Mannschaft wurden untersucht), ergeben sich für weitere Arbeiten folgende Überlegungen und Ansätze:

- Wie ist die Verteilung der Traineräußerungen pro Satz (vergleiche Tab.: 5)?

Hierüber ließe sich vielleicht eine Aussage über die Coach- Mentalität machen, indem man Vergleichswerte erhält.

- Eine Arbeit könnte sich nur mit den in dieser Arbeit angedeuteten Beziehungen Trainer : Spieler beschäftigen und damit verstärkt nur auf "Hintergründe" eingehen.

- Wie liegen die Pulswerte bei anderen Trainern und welche Aussagen bezüglich der "Belastung" lassen sich machen? Liegen die Pulswerte eventuell schon in einem gesundheitsschädigenen Bereich?

- 115 -

LITERATUR

DIMITROV, K.: Die Psychologie des Trainers. In: FEIGE, K. (Red.) u.a.: 3. Europäischer Kongress für Sportpsychologie, 1972.

DREXEL, G./HILDENBRAND, E.: Verbalinstruktionen als Lehrkompetenz im Sportunterricht. In: ADL (Hrsg.): Sport lehren und lernen. Hofmann, Schorndorf 1976.

EBERSTADT, G.: Untersuchungen zu Spielerwechselstrategien von Basketballtrainern. Diplomarbeit, DSHS Köln 1980.

GABLER, H. u.a.(Hrsg.): Praxis der Psychologie im Leistungssport. Bartels & Wernitz, Berlin 1979.

HAGEDORN, G.: Der Spielerwechsel im Basketball. In: Leistungssport 1972/2, f.

HOLLMANN, W. u.a.: Über das Herzfrequenzverhalten bei Fußballtrainern der Bundesliga während eines Punktespiels. Sonderdruck aus "Deutsche Zeitschrift für Sportmedizin".

HOLLMANN, W./HETTINGER, Th.: Sportmedizin - Arbeits- und Trainingsgrundlagen. Schattauer,Stuttgart 1980 (2. Auflage).

KARSTNER, K./HECK, H. u.a.: Pulsfrequenzregistrierungen bei Sportlern verschiedener Disziplinen. In: DEMLING, L./BACHMANN, K. (Hrsg.): Biotelemetrie. Thiele, Stuttgart 1979.

KLOTZBÜCHER, E./FREITAG, G.: Die Aussagefähigkeit verschiedener Pulsgrößen über das individuelle Pulsverhalten bei geistiger Arbeit. Int. Arch. Gewerbepath., Gewerbehygiene 25, 307 (1969).

NITSCH, J.R./UDRIS, I. (Hrsg.): Beanspruchungen im Sport. Limpert, Bad Homburg 1976.

RODIONOW, A. W. u.a.(Red.): Psychologie in Training und Wettkampf. Sportverlag Berlin 1982.

STEINBACH, M.: Medizinisch-psychologische Betrachtungen zum Vorstartzustand. In: Sportarzt und Sportmedizin 4, 82 (1970).

IV. METHODIK-ARBEITEN ZUM VOLLEYBALLSPIEL

FRITZ DANNENMANN

GLEICHGEWICHT IM VOLLEYBALL

Kennzeichnung, Bedeutung, Entwicklung, Trainierbarkeit und sportartspezifische
Ausbildung der Gleichgewichtsfähigkeit

1 EINFÜHRUNG

Verliert ein Mensch im Alltag ganz allgemein die Orientierung, dann spricht der
Volksmund davon, daß dieser Mensch seine "fünf Sinne nicht beisammen hatte".
Mit diesen Sinnen sind gemeint:

- das Sehen
- das Hören
- das Riechen
- das Schmecken
- das Fühlen.

Zwei weitere "Sinne" sind so selbstverständlich, daß ihr Vorhandensein kaum bewußt wird:

- der "Gleichgewichtssinn", der Informationen der Labyrinth-Rezeptoren ver-
  arbeitet, und
- der "Muskelsinn", der von Muskelspindeln, Gelenkrezeptoren und Sehnenorganen
  informiert wird.

Diese beiden zentral wichtigen Wahrnehmungsformen, ohne die ein erfolgreiches
Bewegungshandeln unmöglich ist, funktionieren in so komplexer Art und Weise,
daß man nicht von eigenen Sinnesmodalitäten sprechen kann (FARFEL 1983, 96
ff.; THOLEY 1984, 13).

Die Bedeutung der Sinne, der Wahrnehmung und Verarbeitung hat Biologen, Phy-
siologen, Psychologen, Bewegungstheoretiker und Sportwissenschaftler lange beschäftigt. Bereits BUYTENDIJK (1956, 158) wehrte sich dagegen, "daß man die
einfachen Ausgleichsbewegungen beim Gehen und Stehen als **Reflexe**, die diffe-
renzierteren als **Handlungen** auffaßt". Er sieht in der "Erhaltung des Gleichgewichts eine Leistung, die stets reaktiv ist, weil die Situation sie veranlaßt oder
erzwingt, die stets von selbst, ohne Bewußtsein, geschieht, die aber auch die

ganze Person mit all ihrer Erfahrung aktiv handelnd beansprucht".- THOLEY (1984, 13) betont diese Sichtweise. Nach seiner Auffassung beeinflussen vestibulare Erregungen unmittelbar die Wahrnehmung, vor allem durch ihre "Mitbeteiligung am Aufbau des wahrgenommenen und erlebten Raumbezugssystems".

Im folgenden soll die Fähigkeit des Menschen, bei alltäglichen wie sportlichen Bewegungsaktionen das Gleichgewicht zu regulieren, näher betrachtet werden. Nach kurzer Themeneingrenzung und -einordnung wird die Gleichgewichtsfähigkeit knapp charakterisiert, nach ihrer Bedeutung im Volleyballspiel gefragt, Entwicklung und Trainierbarkeit untersucht und abschließend werden strukturiert einige grundsätzliche Möglichkeiten bei der Ausbildung der Gleichgewichtsfähigkeit vorgestellt.

2 KENNZEICHNUNG DER GLEICHGEWICHTSFÄHIGKEIT

2.1 Definition

Unter Gleichgewichtsfähigkeit wird das Vermögen verstanden, den eigenen Körper bei Bewegungsaktionen verschiedenster Art in "der angezielten Position zu halten oder erfolgte Störungen auszugleichen" (PÖHLMANN 1986, 230).

BLUME (1978, 34/34) spricht von der "Fähigkeit, den gesamten Körper im Gleichgewichtszustand zu halten (statisches Gleichgewicht) oder während und nach Bewegungshandlungen diesen Zustand beizubehalten bzw. wiederherzustellen (dynamisches Gleichgewicht)".

HIRTZ (1985, 34) definiert die Gleichgewichtsfähigkeit als "relativ verfestigte und generalisierte Verlaufsqualität des Haltens beziehungsweise Wiederherstellens des Gleichgewichts bei wechselnden Umweltbedingungen, der zweckmäßigen Lösung motorischer Aufgaben auf kleinen Unterstützungsflächen oder bei sehr labilen Gleichgewichtsverhältnissen".

FETZ (1987, 24) unterscheidet physikalisches und (senso-)motorisches Gleichgewicht. Das motorische Gleichgewicht gliedert er schematisch so:

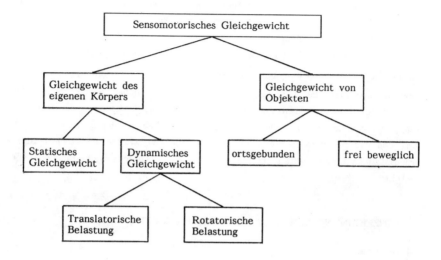

Abb. 1: Schematische Gliederung des motorischen Gleichgewichts

Im folgenden beschränke ich mich auf die Betrachtung des **Subjektgleichgewichts,** vorrangig in seiner **dynamischen** Form, sowohl nach **translatorischen** wie **rotatorischen** Belastungen, da diese für das Volleyballspiel typisch sind.

2.2 Einordnung der Gleichgewichtsfähigkeit

Während in den sechziger und siebziger Jahren das motorische Gleichgewicht den motorischen Eigenschaften zugerechnet wurde (z.B. FETZ 1980, 244 ff), setzte sich in den siebziger Jahren eine differenziertere Sichtweise durch. MEINEL/SCHNABEL (1976, 198) trennen die motorischen Fähigkeiten in solche, die primär durch energetische Prozesse determiniert sind (= konditionelle Fähigkeiten) und andere, bei denen die Prozesse der Bewegungssteuerung und -regelung dominierend sind (= koordinative Fähigkeiten). Die Gleichgewichtsfähigkeit ordnen sie den speziellen koordinativen Fähigkeiten zu. (In der 87er-Auflage geschieht dies noch differenzierter. Ähnlich auch THIESS/SCHNABEL/BAUMANN 1980, 9; MATWEJEW 1981, 142 ff; HARRE 1982, 188; JONATH 1986, 112).

Der Gleichgewichtsfähigkeit als Subjektgleichgewicht kommt in all jenen Sportarten zentrale Bedeutung zu, bei denen der Körperschwerpunkt seine Lage in Relation zur Unterstützungsfläche fortwährend ändert. Dabei sind verschiedene Einflußfaktoren wirksam:

- Größe, Form, Oberfläche, Neigung und Stabilität der Standfläche
- Ausgesetztheit des Aktionsraumes
- Intensität und Umfang der Bewegungshandlungen
- sensorische Kontrollmöglichkeiten
- Art und Intensität der Fremdbeeinflussung.

Diese knappe Charakteristik macht deutlich, daß die Qualität der Gleichgewichtsfähigkeit wesentlich bestimmt wird durch die adäquate Verarbeitung **visueller, taktiler, kinästhetischer und vestibularer** Informationen (GABEL 1984, 129 ff).

Die Gleichgewichtsfähigkeit steht folglich in enger Beziehung zur **räumlichen Orientierungsfähigkeit,** der **kinästhetischen Differenzierungsfähigkeit** und auch der **komplexen Reaktionsfähigkeit.**

Gleichgewicht halten und/oder wiederherstellen erfordert ein fortwährendes dosiertes Muskelzusammenspiel: Agonisten und Antagonisten führen ein intensives Wechselspiel von fein abgestimmter Muskelanspannung und -entspannung. Deshalb kommt dem konditionellen Faktor **K r a f t** eine große Bedeutung für die Gleichgewichtsfähigkeit zu.

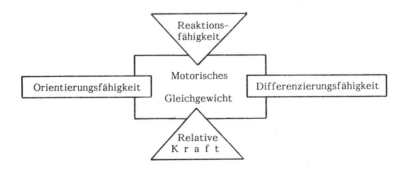

Abb. 2: Einordnung der Gleichgewichtsfähigkeit

3 BEDEUTUNG DER GLEICHGEWICHTSFÄHIGKEIT

3.1 Allgemeine Bedeutung

Bei alltäglichen Bewegungen wie Gehen, Laufen, Stehen, Sitzen, Fahren kommt dem Gleichgewichtsvermögen eine sehr große Bedeutung zu. Diese wird allerdings erst bewußt, wenn Beeinträchtigungen vorliegen. Diese können im sensorischen, effektorischen oder im Zentralbereich liegen.

Bereits die Klassiker der deutschen Leibesübungen bzw. Turnens, VILLAUME, GUTSMUTHS, VIETH, JAHN/EISELEN, verweisen auf die Bedeutung der Gleichgewichtsfähigkeit (des "Schwebens" oder "Waghaltens"), und machen anregende Vorschläge dazu.

Das Gleichgewichtsvermögen ist eine auf zahllosen und langjährigen **Lernprozessen** basierende Fähigkeit. Besondere Bedeutung für die Gleichgewichtsfähigkeit im Alltag kommt frühkindlichen Lernprozessen zu. Da in kaum einem anderen Bereich Erfolg und Mißerfolg so eng beisammen liegen und so eindeutig sind, zudem das Anspruchsniveau fast beliebig variierbar ist, experimentieren Kinder mit dem Balancieren oder - wie JAHN sagte "Schwebegehen" - in zahlreichen Formen, umfangreich und intensiv erlebnisorientiert. Eltern, Erzieher(innen), Lehrer sollten sie dabei schützend unterstützen.

3.2 Bedeutung im Sport

Es gibt keine Sportart, bei der die Gleichgewichtsfähigkeit keine Rolle spielt. Auch bei Sportarten, bei denen es um die Bewegungsminimierung geht - wie etwa beim Schießen - ist die Gleichgewichtsfähigkeit wichtig. So sprechen die Schützen davon, daß sie "sich einrichten", d.h. sie suchen einen gut ausbalancierten Stand.

In manchen Sportarten ist die Gleichgewichtsfähigkeit die wichtigste Qualität überhaupt: augenfällige Beispiele sind das Wellenreiten, Surfen, Trickskifahren, das Kunst- und Geländeradfahren mit BMX-Rädern, das Querfeldein-, Motocross und vor allem das Trialfahren.

In fast allen **technisch-kompositorischen Sportarten** wie Gerätturnen, Eiskunstlauf, Wasserspringen, den **gerätetechnisch** bestimmten **Sportarten** wie Segeln und den

Zweikampfsportarten wie Ringen, Judo und Karate oder Teakwon-Do hat die Gleichgewichtsfähigkeit leistungsdiskriminierende Bedeutung.

In den **Sportspielarten** ist das Gleichgewichtsvermögen ebenfalls bedeutsam. Besonders wichtig ist diese Fähigkeit in den Sportspielarten, in denen Zweikampfverhalten mit mehr oder weniger intensivem Körperkontakt von den Regeln her erlaubt ist. Hohe Anforderungen an die Gleichgewichtsfähigkeit werden im Eishockey, Rugby und Football gestellt.

3.3 Bedeutung im Volleyball

Im Verhältnis zu den zweikampfintensiven Sportspielarten kommt der Gleichgewichtsfähigkeit im Volleyballspiel sicherlich eine weniger große Bedeutung zu.

Auch im Verhältnis zu den anderen koordinativen Fähigkeiten wird die Bedeutung der Gleichgewichtsfähigkeit im Volleyball gering geschätzt; in den Untersuchungen von ZIMMERMANN (1982, 439 ff) belegte die Gleichgewichtsfähigkeit den letzten Platz, einen Punkt hinter der Rhythmisierungsfähigkeit.

Tab. 1: **Die Bedeutung der Koordinativen Fähigkeiten im Sportspiel Volleyball (nach ZIMMERMANN 1982, 441)**

Koordinative Fähigkeiten	Rangplatz	Punktzahl
Reaktionsfähigkeit	1	30
Differenzierungsfähigkeit	2	28
Orientierungsfähigkeit	3	27
Kopplungsfähigkeit	4	20
Umstellungsfähigkeit	5	18
Rhythmisierungsfähigkeit	6	13
Gleichgewichtsfähigkeit	7	12

Betrachtet man diese Untersuchung etwas genauer, dann verwundert das Ergebnis nicht. Spitzentrainer verschiedener Sportspielarten wurden in das BLUMEsche Konzept der koordinativen Fähigkeiten eingeführt. Anschließend wurden sie aufgefordert, eine Bedeutungsrangfolge für ihre Sportart zu erstellen. Dabei wurden keine spezifischen Spielsituationen vorgegeben oder berücksichtigt. Daß bei solch globalem Vorgehen die Gleichgewichtsfähigkeit als eine quasi automatisch regulierende Selbstverständlichkeit nicht in den Blick kommt, liegt in der Natur der Sache.

FETZ (1987, 179 ff) stellte bei "Gleichgewichtsausprägungen in verschiedenen Sportarten" fest, daß Volleyballspieler gegenüber Freikletterern, Turnern verschiedener Leistungsklassen und Teakwon-Do-Sportlern extrem niedere Mittelwerte erreichten.

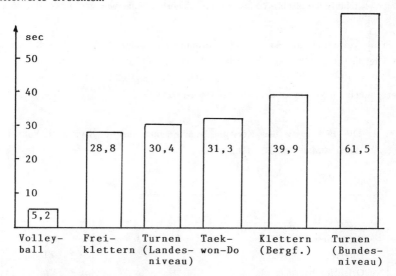

Abb. 3: Gleichgewichtsfähigkeit in verschiedenen Sportarten
(nach FETZ 1987, 182)

Allerdings ist die Stichprobe mit n = 10 sehr klein, über das Leistungsniveau der Volleyballspieler wird nichts mitgeteilt und FETZ selbst betont, daß Differenzen "nur auf verschiedene koordinative und motorische Ausbildungsniveaus hin(weisen). Über die Bedeutung des getesteten Gleichgewichts in den betreffenden Sportarten können keine Aussagen gemacht werden" (FETZ 1987, 180).

Im folgenden wird eine sachlogisch begründete Klassifikation von Spielsituationen, in denen die Gleichgewichtsfähigkeit bedeutsam ist, zur Diskussion gestellt.

1. Kategorie

Hoch bedeutsam ist die Gleichgewichtsfähigkeit in Spielsituationen, in denen **Maximalsprünge** nach sehr schnellem Anlauf gefordert sind **und** in denen mehr oder weniger intensiv **einwirkende äußere Kräfte auftreten.**

Konkrete Beispiele sind:
- gleichzeitiger Block zweier Spieler ("Springball")
- Block nach schnellen Ortsveränderungen gegen harten Schlag
- zweimaliger Block in einer einzigen Angriffssituation
- Doppelblock mit Körperkontakt

2. Kategorie

Sehr bedeutsam ist die Gleichgewichtsfähigkeit in Spielsituationen, in denen **Sprünge mit** vorangegangenen und /oder abschließenden **Rotationen** um die Körperlängsachse gefordert werden.

Konkrete Beispiele sind:
- Angriffe und Angriffsvariationen (Drehschlag, verdeckter Schlag)
- Angriffe nach Einbeinabsprung (oft mit Raumgewinn verbunden)
- Block mit Eigensicherung
- Sprungpässe nach Täuschungshandlungen

3. Kategorie

Bedeutsam ist die Gleichgewichtsfähigkeit in Spielsituationen, in denen **Sprünge** (ohne und mit Raumgewinn) dominieren.

Konkrete Beispiele sind:
- Netzangriffe - vor allem nach Stoppanlauf und zweitem Ansprung
- Sprungpässe
- Sprung-/Schmetteraufschläge
- Rückraumangriffe

4. Kategorie

Wichtig ist die Gleichgewichtsfähigkeit in Spielsituationen, in denen Bodenarbeit verbunden mit Drehungen, vorwiegend um die Körperlängsachse, dominiert.

Konkrete Beispiele sind:
- Feldverteidigungsaktionen im Hechten, Fallen, Rollen
- tiefes Zuspiel mit anschließendem Abrollen in verschiedene Richtungen
- Annahme sehr schwieriger Bälle (Zweierriegel gegen plazierte Sprungaufschläge)

5. Kategorie

Relativ wichtig ist die Gleichgewichtsfähigkeit in Spielsituationen, in denen intensiv-translatorische Bewegungen abrupt abgestoppt und in adäquate Spielstellungen überführt werden müssen.

Konkrete Beispiele sind:
- Annahme von schwierigen Bällen
- Zuspiel von ungenau und/oder sehr flach angenommenen/abgewehrten Bällen, vor allem durch den Läufer
- Retten abgefälschter Bälle
- Abwehr von Bällen nach Wechsel von der Feldverteidigung zur Nachsicherung oder umgekehrt.

Tab. 2: Bedeutung der Gleichgewichtsfähigkeit im Volleyballspiel

Kategorie	Charakteristik	Beispiele
hoch bedeutsam	Maximalsprünge nach schnellem Anlauf mit einwirkenden Außenkräften	- "Springball" - Block mit Körperkontakt
sehr bedeutsam	Sprünge mit Drehungen um die Körperlängsachse (rotatorische Belastung)	- Drehschlag nach Einbeinabsprung - Block mit Eigensicherung
bedeutsam	Sprunghandlungen	- Sprungpaß/-aufschlag - Netzangriff nach Stoppanlauf
wichtig	Bodenarbeit mit rotatorischer Belastung und rasches Wiedergewinnen einer Spielstellung	- Annahme im Fallen - Feldverteidigung mit Japanrolle
relativ wichtig	Abstoppen nach intensiven translatorischen und/oder Belastungen	- Annahme schwieriger Aufschläge - Retten von Blockabprallern

4 ENTWICKLUNG UND TRAINIERBARKEIT DER GLEICHGEWICHTSFÄHIGKEIT

4.1 Die Entwicklung der Gleichgewichtsfähigkeit

Bei der Untersuchung der Entwicklung der Gleichgewichtsfähigkeit kommen HIRTZ (1985) wie FETZ (1987) zu ähnlichen Grundaussagen:

- Zwischen dem 6./7. und 11./12. Lebensjahr entwickelt sich die Gleichgewichtsfähigkeit äußerst dynamisch;

- zwischen dem 12./13. und dem 17./18. Lebensjahr entwickelt sie sich nur geringfügig weiter; HIRTZ verwendet den Begriff "Stagnation", FETZ spricht von einem "Leistungsplateau";

- Bereits im jüngeren Erwachsenenalter bildet sich die Gleichgewichtsfähigkeit deutlich zurück, wenn keine Entwicklungsreize gegeben sind; die Gleichgewichtsleistungen von Sechzigjährigen entsprechen denjenigen von Elfjährigen;

- Geschlechtsspezifische Unterschiede sind gering; ab dem 12.-14. Lebenjahr sind die Jungen den Mädchen leicht überlegen;

- Schüler weiterführender Schulen erbringen stark signifikant bessere Gleichgewichtsleistungen als Lehrlinge und jugendliche Arbeiter; FETZ (1987, 151) sieht die Ursache in Selektions- wie Übungsprozessen;

- Normalgewichtige sind in allen Altersstufen den Fettleibigen in den Gleichgewichtsleistungen überlegen.

4.2 Trainierbarkeit der Gleichgewichtsfähigkeit

Für den Pädagogen sind Aussagen zur Trainierbarkeit der Gleichgewichtsfähigkeit besonders interessant. Vergegenwärtigt man sich die Gleichgewichtsleistungen von Zirkusakrobaten und vergleicht sie mit Gleichgewichtsleistungen des Normalbürgers, dann ist das hohe Maß an Trainierbarkeit der Gleichgewichtsfähigkeit augenfällig.

Nach der Belastungsart können zwei Pole innerhalb des Gleichgewichtstrainings unterschieden werden:

(1) Bei geringen Belastungen basieren Leistungsverbesserungen auf Lernakten: die Übenden lernen immer besser, die sensorischen Informationen visueller, kinästhetischer, taktiler und vestibularer Herkunft zu verarbeiten und effektorisch angemessen dosiert auf Störungen des Gleichgewichts zu reagieren; der eigene

Körper wird immer nahtloser integriert in den wahrgenommenen und erlebten umgebenden Raum. Die Gleichgewichtsfähigkeit weist eine hohe Trainierbarkeit auf. Sowohl HIRTZ (1985) als auch FETZ (1987) konnten durch zahlreiche pädagogische Experimente das "common-sense-Wissen" bestätigen: fast immer wurden sehr signifikante Ergebnisse erzielt. Selbst bei allgemeiner Sporttätigkeit, bei der überdurchschnittlich viel Sport getrieben wurde, wurden höhere Leistungen gefunden.

(2) Bei extremen Belastungen - vorrangig des Auges und des Vestibularapparates - beispielsweise beim Trampolin - oder Wasserspringen, beim Gerätturnen, der Rhythmischen Sportgymnastik, dem Synchronschwimmen oder Trickskispringen - ist **Habituationstraining** notwendig. Habituation ist ein Gewöhnungsakt. Durch diese Trainingsform wird die Erregbarkeit des Vestibularapparates bzw. der zentralnervösen Verarbeitung reduziert. Dadurch können störende Prozesse vermindert oder ausgeschaltet werden:
- Minderung des Nystagmus (Augenzittern)
- Reduzierung des Vestibularis-Schwindels
- Verringern des Empfindens von Scheinbewegungen
- Minderung störender vegetativer Symptome
- Unterdrückung störender motorischer Reflexe.

Diese zweite Form wird im Volleyballtraining kaum angewandt. Im Hochleistungstraining sind in manchen Trainingsformen Anklänge an ein Habituationstraining zu beobachten.

5 AUSBILDUNG DER GLEICHGEWICHTSFÄHIGKEIT

5.1 Ausbildung im langfristigen Leistungsaufbau

5.1.1 Allgemeine Ausbildung

Im Elternhaus, dem Kindergarten und Vorschulturnen wie im Sportunterricht der Grundschule sind alle Möglichkeiten zu nutzen, die Gleichgewichtsfähigkeit alters- und entwicklungsspezifisch zu entwickeln. Neben dem Gehen, Laufen, Balancieren gibt es zahlreiche Lauf- und Sprungspiele, spielerische Zweikampfformen beim Ziehen und Schieben, Gruppenspiele mit labilem Gleichgewicht, spielerische Formen des Boden- und Gerätturnens, Spiele am, im und unter Wasser sowie alle

Wintersportarten, mit denen die Gleichgewichtsfähigkeit spielerisch entwickelt und ausgebildet werden kann.

5.1.2 Grundlagentraining

Im volleyballorientierten Grundlagentraining, das mit 8 - 14- jährigen betrieben wird, sollten Formen dominieren, in denen Volleyball als Bewegungsspiel vermittelt wird. Neben der körpertechnischen Grundschulung, die insbeondere durch Spiele geschieht - im Volleyball-Teilzeitinternat Creglingen auch durch Ballettunterricht - werden nacheinander die balltechnischen Fertigkeiten vermittelt. Werden diese ohne grobe Fehler beherrscht, sind sie einzubinden in Rahmenhandlungen, bei denen zunächst Vor- bald aber auch Nachfolgeaktionen gefordert werden. Dabei sind schnelle Ortsveränderungen mit Abstoppen und Drehungen (translatorische und rotatorische Belastungen) konsequent einzubeziehen. Bei den rotatorischen Belastungen, die zunächst dominieren, ist konsequent auf die Beidseitigkeit, in horizontaler wie vertikaler Ebene zu achten. Bei Sprüngen müssen die Übenden früh daran gewöhnt werden, die Landungsphase bewußt auszuführen und zu verarbeiten. BLUME/LANGE (1979) bieten hier zahlreiche, methodisch geordnete Formen an.

5.1.3 Aufbautraining

Das Aufbautraining umfaßt im Volleyball etwa den Zeitraum vom 14. bis zum 18./20. Lebensjahr. In ihm sind neben den übrigen Leistungsfaktoren in besonderm Maße auch die koordinativen Fähigkeiten intensiv auszubilden. Die Gleichgewichtsfähigkeit wird integriert in die Bodenarbeit bei der Feldverteidigung und beim seriellen Angriffs- wie Blocktraining ausgebildet.

Insbesondere beim Springen am Netz zu Angriffs- und Blockabwehraktionen sind rotatorische und translatorische Belastungen systematisch einzubeziehen, z.B. indem mehrere Angriffsaktionen in rascher Folge zu absolvieren sind, indem Block- und Eigensicherungshandlungen gefordert werden usw.. In dem älteren Buch von EISENBERGER/POPTODOROV (1975) finden sich hierzu zahlreiche gute Übungsvorschläge, ebenso in der Volleyballkartothek 3 von G. WESTPHAL (1987): "Aktionsschnelligkeit optimieren".

5.1.4 (Hoch-)Leistungstraining

Im Erwachsenenalter setzt das volleyballspezifische Hochleistungstraining ein. Die Gleichgewichtsfähigkeit ist ständiger Bestandteil des Trainings. Insbesondere beim Training der Feldverteidigung und beim Blocktraining sind jetzt gemäßigte Formen des Habituationstrainings angebracht. Im Vordergrund stehen insbesondere intervallmäßig trainierte Abwehrhandlungen am Netz und im Feld mit intensiven rotatorischen Belastungen. Diese werden durch Zusatzaufgaben in spielnahen Komplexübungen forciert: so werden Blocksprünge situativ mit Eigensicherungsaufgaben (Retten von Bällen auf der Angriffslinie) und eigenen Angriffsschlägen verbunden. Oder die Spieler wehren in Serie alternativ Bälle in der Feldverteidigung und Nahsicherung ab.

5.2 Methodische Maßnahmen im Ausbildungsprozeß

5.2.1 Grundsätzliches

Die Gleichgewichtsfähigkeit wird in enger Verbindung mit den allgemein-sportlichen und volleyballspezifischen Bewegungsformen ausgebildet. Durch spezielle Aufgabenstellungen und Organisationsformen kann die Gleichgewichtsfähigkeit gezielt gefördert werden.

Eine **direkte Ansteuerung** der Gleichgewichtsfähigkeit kann durch eine systematisch gestufte Variation der Einflußfaktoren (vgl. 2.2, S.119) erreicht werden:

"Stand"fläche: Vom Spielen auf griffigem Boden über unebenen bis hin zu rutschigem (Parkett, Sand) oder glitschigem Untergrund (nasses Gras).

Bewegungsintensität: Vom Spielen im Stand über vorangegangene Lauf- (vw, rw, sw), Dreh- (li, re)- und Stoppbewegungen bis zum Spiel im Fallen, Fliegen und Springen.

Sensorische Kontrolle: Vom Spielen und Bewegen unter erleichterten Bedingungen über erschwerte sensorische Umstände (visuelle/akustische Störfaktoren) bis hin zu Bewegungsaktionen ohne visuelle Kontrolle (z.B. "Blind"lauf von Angriffslinie rw zur Grundlinie und wieder zurück.

Fremdbeeinflussung: Vom Spielen ohne Fremdbeeinflussung (kein Gegner) über leichte bis hin zu starker Beeinflussung von außen (z.B. Parteiball mit Volleyballtechniken).

Eine **indirekte Ansteuerung** der Gleichgewichtsfähigkeit kann aber auch begleitend oder ergänzend über sog. Komponententraining (vgl. 2.2, S.119) erfolgen: durch systematisches Krafttraining, durch gezieltes Verbessern der Fähigkeit zur Muskelent- und - anspannung (ausgeprägteres Körperbewußtsein), durch Verbessern der Orientierungs-, Differenzierungs- und Reaktionsfähigkeit. Durch Trainieren dieser Komponenten kann eine positive Auswirkung auf die Gleichgewichtsfähigkeit erzielt werden.

5.2.2 Methodische Maßnahmen

Zwei methodische Maßnahmen haben für die Ausbildung der Gleichgewichtsfähigkeit besondere Bedeutung:
- Die Variation der Bewegungsausführung und
- die Variation der äußeren Bedingungen.

Durch spezielle Aufgabenstellungen können aber auch die methodischen Maßnahmen
- Variation der Informationsaufnahme und
- Üben nach Vorbelastung

wirksam eingesetzt werden.

Variation der Bewegungsausführung
- Ändern der Bewegungsrichtung
- Ändern des Bewegungstempos
- bilaterale Ausbildung
- Ändern der Ausgangsposition
- Zusatzaufgaben vor, während, nach der Bewegungshandlung
- Variation im Krafteinsatz

Variation der äußeren Bedingungen
- Ändern des Aktionsraums (z.B. Spielfeldgröße)
- Ändern des Bodenkontaktes (Schuhwerksänderung; Boden ändern)
- Ändern der auslösenden Signale (Finten...)
- Ändern der Lichtverhältnisse
- Spiel im Freien

Variation der Informationsaufnahme (Sensibilisierungstraining)
- Verzögern der Informationsaufnahme (z.B. Sichtblende)

- Erschweren der Informationsaufnahme (Zusatzaufgabe vorher)
- Reduzieren der Informationsaufnahme (z.B. einäugig spielen...)
- Ausschalten einer Informationsquelle (z.B. "blind" bewegen)

Üben nach Vorbelastung

- Translatorische Belastungen vorschalten (z.B. Sprints und Stop)
- Sprungbelastungen einbeziehen (z.B. serielles Angriffs-/ Blocktraining)
- Rotatorische Belastungen vorschalten (Drehungen re, li; Habituationstraining!)

6 SCHLUSS

In der Auseinandersetzung mit diesem Thema wurde mir deutlich, daß diese Problematik bislang volleyballspezifisch nur wenig bearbeitet wurde. Bei der Videoanalyse von Spitzenspielen wird offensichtlich - vor allem wenn man Zeitlupeneinspielungen betrachtet - , welche enormen Gleichgewichtsleistungen von den Spitzenspielern in speziellen Spielsituationen vollbracht werden. In empirischen Untersuchungen ist nun die Frage zu klären, ob zwischen einzelnen Leistungsklassen die Gleichgewichtsfähigkeit einen leistungsdifferenzierenden Faktor darstellt.

LITERATUR

BAKARINOV, J.: Das Training des Vestibularapparates. In: Theorie und Praxis der Körperkultur 20 (1971) 6, 556 - 557.

BALSTER, K.: Dynamische Gleichgewichtsschulung auf labiler Unterstützungsfläche. In: Haltung und Bewegung (1986) 1, 28 - 38.

BLUME, D.-D.: Zu einigen wesentlichen Grundpositionen für die Untersuchung der koordinativen Fähigkeiten. In: Theorie und Praxis der Körperkultur 27 (1978) 1, 29 - 36.

BLUME, G./LANGE, K.: Volleyball und Handball. Reinbek: Rowohlt 1979.

BUYTENDIJK, F.J.J.: Allgemeine Theorie der menschlichen Haltung und Bewegung. Berlin/Göttingen/Heidelberg 1956.

CHRISTMANN, E./FAGO, K./DVV: Volleyball-Handbuch. Reinbek: Rowohlt 1987.

DANNENMANN, F.: Das Training der koordinativen Fähigkeiten. In: Deutsche Volleyballzeitung (Lehrbeilage) 2/1985 - 1/1987.

EISENBERGER, E./POPTODOROV, L.: Volleyball - individuelles taktisches Training. Dülmen: Team-L-Volleyball 1975.

FARFEL, W.S.: Bewegungssteuerung im Sport. Berlin: Sportverlag 1983[2].

FETZ, F.: Bewegungslehre der Leibesübungen. Bad Homburg: Limpert 1980.

FETZ, F.: Sensomotorisches Gleichgewicht im Sport. Wien: Österreichischer Bundesverlag 1987.

GABEL, H.: Der Beitrag der wichtigsten sensomotorischen Analysatoren zur Gleichgewichtserhaltung. In: Motorik 7 (1984) 3, 129 - 137.

GRAF, G./HIRTZ, P.: Zur Schulung der Gleichgewichtsfähigkeit im Sportunterricht. In: Körpererziehung 25 (1975) 5, 235 -238.

HARRE, D.(Red.): Trainingslehre. Berlin: Sportverlag 1982[9].

HIRTZ, P.(Red.): Koordinative Fähigkeiten im Schulsport. Berlin: Sportverlag 1985.

JONATH, U.(Hrsg.): Lexikon Trainingslehre. Reinbek: Rowohlt 1986.

KIPHARDT, E.J.: Funktionsstörungen des menschlichen Gleichgewichtsorgans und ihre Beeinflussung duch Übung. In: Motorik 8 (1985) 1, 14 - 23.

KIPHARDT, E.J.: Übungsvorschläge zur Verbesserung vestibulärer Funktionen. In: Motorik 8 (1985) 2, 73 - 76.

MARAUN, H.-K.: Das Gleichgewicht halten - das Gleichgewicht aufs Spiel setzen. In: Sportpädagogik 8 (1984) 5, 10 - 21.

MAREES, H. de/MESTER, J.: Sportphysiologie III. Frankfurt: Diesterweg/Sauerländer 1984. LE 16.

MATWEJEW, L.P.: Grundlagen des sportlichen Trainings. Berlin: Sportverlag 1981.

MEINEL, K./SCHNABEL, G.: Bewegungslehre. Berlin: Volk und Wissen 1976[2]. 1987[3].

PÖHLMANN, R./KIRCHNER, G.: Gleichgewichtsübungen - nützlich wie eh und je. In: Körpererziehung 29 (1979) 6, 266 -269.

PÖHLMANN, R.: Motorisches Lernen. Berlin: Sportverlag 1986.

SCHWABOWSKI, R.: Sportartspezifische motorische Fähigkeiten in der Gymnastik unter besonderer Berücksichtigung der Gleichgewichtsfähigkeit. In: Wiss. Zeitschrift der DHfK 20 (1979) 3, 81 - 112.

THIESS, G./SCHNABEL, G./BAUMANN, R.: Training von A bis Z. Berlin: Sportverlag 1980.

THOLEY, P.: Zur Gleichgewichtsproblematik im Sport. In: Sportpädagogik 8 (1984) 5, 13 - 15.

WESTPHAL, G.: Aktionsschnelligkeit optimieren. Volleyball- Kartothek 3. Münster: Phillipka 1987.

ZIMMERMANN, K.: Wesentliche koordinative Fähigkeiten für Sportspiele. In: Theorie und Praxis der Körperkultur 31 (1982) 6, 439 - 443.

BERTHOLD KREMER

FUNKTIONSGYMNASTIK IM VOLLEYBALLTRAINING

Eine kritische Analyse traditioneller gymnastischer Übungsprogramme und Alternativvorschläge

1 PROBLEMSTELLUNG

Überlastungsreaktionen, Sportverletzungen und Beschwerden des Bewegungsapparates gehören heute fast schon selbstverständlich zum Sport. Im Sportspiel Volleyball sind Verletzungen und Beschwerden im Bereich der Sprung- und Kniegelenke besonders häufig.

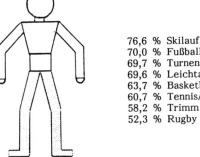

76,6 % Skilauf
70,0 % Fußball
69,7 % Turnen
69,6 % Leichtathletik
63,7 % Basketball
60,7 % Tennis/Volleyball
58,2 % Trimm Dich
52,3 % Rugby

Abb. 1: Häufigkeitsverteilung der Verletzungen der unteren Gliedmaßen nach Sportarten (KRAHL et al. 1980)

In der Statistik werden auch Bagatellverletzungen aufgeführt. Eine genauere Analyse würde ergeben, daß der Anteil der Schwerstverletzungen im Volleyball (z.B. Bandruptur etc.) überdurchschnittlich hoch ist.

In einer eigenen Untersuchung wurde festgestellt, daß in höheren Spielklassen Volleyball-Spieler/innen ohne Patella-Spitzen- Syndrom eher die Ausnahme als die Regel sind.

Zu ähnlichen Ergebnissen gelangt FROHBERGER (1988), der einen Anteil von 31,7 % Knieverletzungen, 16,2 % Fußverletzungen und 16,2 % Rückenproblemen bezogen auf alle vorkommenden Verletzungen im Volleyball festgestellt hat.

Wenngleich karikaturistisch überzogen, so macht folgende Darstellung des Lei-
stungsvolleyballspiels unter diesen Gegebenheiten dennoch nachdenklich:

Abb. 2: (WEGENER 1988)

Entsprechende Untersuchungen zu sportartspezifischen Verletzungen sind meist de-
skriptiver Natur bezüglich der Verletzungsmechanismen und erläutern in der Regel
nur Rehabilitationsmaßnahmen zur Wiedererlangung des ursprünglichen Leistungs-
zustandes.

Vielfach wird medikamentöse und/oder medico-physikalische Behandlung etc.
empfohlen. Immmer häufiger werden daneben stabilisierende Hilfsmittel (Orthesen,
Stützschuh, Tape etc.) sowohl im Spiel als auch im Training empfohlen und auch
angewandt. Inwieweit diese Hilfsmittel das Verletzungsrisiko langfristig erhöhen,
indem die muskuläre Stabilisierungsfähigkeit vernachlässigt wird, muß zumindest
diskutiert werden. Die potentielle Gefahr von Verletzungen aufgrund der Spielan-
lage (Schmetterschlag u. Block) wird ohne Reflexion von Gegenmaßnahmen hinge-
nommen (vgl. MICKLEY 1983).

Die Frage der Leistungsfähigkeit unter den Aspekten des Gesamtsystems wurde in
der Vergangenheit vernachlässigt zugunsten der Verbesserung einzelner Faktoren
(z.B. dem Kraftniveau einzelner Muskelgruppen, der Stabilisierung durch Hilfsmittel etc.). Dabei wurde nicht beachtet, daß die maximale Leistung eines Systems
vom schwächsten Glied des Systems begrenzt wird. In der Regel sind dies eher
die Sprunggelenks- und Bauchmuskulatur als andere Faktoren (vgl. SOMMER 1987).
Die Definition der Schwachstellen und damit auch der Hinweis zu deren Beseiti-
gung unterbleibt.

2 TRAINING DER BAUCHMUSKULATUR

2.1 Kritik traditioneller Übungsformen

Wenn Übungen zur Kräftigung der Rumpfmuskulatur durchgeführt werden, so sind diese überwiegend unfunktionell, d.h. die angestrebte Wirkung wird verfehlt. Vor allem im Bereich der Übungen zur Kräftigung der Bauchmuskulatur sind die Literaturangaben und folglich auch die Trainingspraxis fehlerhaft. Diese Fehler sind vor allem auf die Nichtbeachtung der anatomischen Verhältnisse im Beckenbereich zurückzuführen.

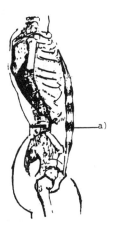

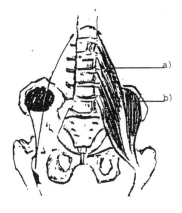

Abb.: 3
a) gerader Bauchmuskel

Abb.: 4
a) Lendenmuskel
b) Darmbeinmuskel

Die Gegenüberstellung von Hüftbeuge- und Bauchmuskulatur verdeutlicht deren antagonistische Wirkung: Während die Hüftbeugemuskulatur das Becken bei fixierten Beinen nach vorne kippt und die Lendenwirbelsäule nach vorne zieht, richtet die Bauchmuskulatur das Becken wieder auf und ist auch in der Lage, dem Hohlkreuz entgegenzuwirken.

Die beschriebenen Muskeln sind somit bezüglich der Stellung des Beckens Gegenspieler, wobei die Bauchmuskulatur aufgrund der spezifischen Faserstruktur zur Abschwächung und Überdehnung, die Hüftbeugemuskulatur zur Verkürzung neigt. Eine Schwäche der Bauchmuskulatur liegt auch dann vor, wenn diese nur relativ zur Hüftbeugemuskulatur schwächer ist, das heißt die Funktion des Gegenspielers nicht ausreichend wahrnehmen kann.

Viele traditionelle Übungen beanspruchen aber nun überwiegend die Hüftbeuge-muskulatur, während die Bauchmuskulatur relativ zu gering trainiert wird. Das oft vorhandene Ungleichgewicht der Gegenspieler wird dadurch verstärkt und der Körper vor allem im Zustand der Ermüdung fehl- und überbelastet.

Klappmesser   Sit Up`s   Beinschleuder   Schwebestütz   Schrägbrett/
                                                            Bauchtrainer

Abb. 5 : Beispiele unfunktioneller Übungen für die Bauchmuskulatur

Die Fehlbelastungen führen zu Ausweichbewegungen und sind Ursache für Rücken-schmerzen (Hohlkreuz) sowie Überlastungsreaktionen und Verletzungen im Bereich der Knie- und Fußgelenke. Bedingt durch die anatomische Situation im Bereich des Beckens kommt es zu einem Abkippen der Knie nach innen (Innenrotation u. X- Beinposition), woraus wiederum ein Absinken der Fußgewölbe resultiert. Dauer-fehlbelastungen durch auftretende Scherkräfte im Knie- bzw. Verminderung der Dämpfungskapazität im Fußgelenk sind schließlich als Ursache für verminderte Belastbarkeit anzusehen.

2.2 Alternativen für die Trainingspraxis

Für die Trainingspraxis bedeutet dies, daß dem Training der Rumpfmuskulatur, insbesondere der Bauchmuskulatur, wesentlich mehr Beachtung geschenkt werden muß, als dies in der Vergangenheit getan wurde. Außerdem muß die Übungsauswahl vor allem nach Gesichtspunkten der Funktionalität und Bewegungsqualität erfolgen. Dies ist häufig dann gewährleistet, wenn die muskulären Verhältnisse im Rumpfbereich harmonisch sind.

Wir haben für eine entsprechende Übungsauswahl einige Grundprinzipien erstellt. Die Übungsbeispiele können beliebig variiert werden, wenn die angegebenen Prinzipien erfüllt sind. Dies gilt insbesondere für die unbedingte Durchführung der Übungen mit aufgerichtetem Rumpf.

2.2.1 Prinzipien der Übungsdurchführung

1. Alle Übungen erfolgen aus einer Grundspannung des Körpers, die von der Spannung der Bauchmuskulatur gesteuert wird (Ganzkörperspannung).

2. Bewegungsqualität geht vor Intensität und Umfang, d.h. daß eine Übung sofort beendet wird, wenn sie nur noch mittels Ausweichbewegung durchgeführt werden kann.

3. Alle Übungen erfolgen mit aufgerichtetem Rumpf, d.h. Beckenaufrichtung und Streckung der Wirbelsäule. Dies ist durch den Aufbau der Grundspannung (vgl. 1.) vor Beginn der eigentlichen Übung gewährleistet.

4. Im Training erfolgt das Rumpf-/Bauchmuskeltraining stets vor den Dehnübungen, um die Bauchmuskulatur entsprechend vorzubereiten. Dies ist notwendige Voraussetzung für die funktionelle Durchführung vieler Dehnübungen.

5. Die erstellten Prinzipien insbes. bzgl. der Rumpfaufrichtung gelten sinngemäß auch für die Dehnübungen.

2.2.2 Funktionelle Übungsformen

Übung 1

* in Rückenlage: Beine anbeugen
* Füße und Knie schließen
* Lendenwirbelsäule durch Anspannen der Bauchmuskulatur auf den Boden drücken. Dabei nicht den Bauch einziehen, sondern die Muskulatur anspannen.
* Hilfe: Kopf leicht anheben
* mind. 15 sec halten

Übung 2

* Grundspannung, d.h. Bauchmuskulatur anspannen, Schulterblätter in Richtung Gesäß anspannen (an die Wirbelsäule heranziehen)
* falsch: Schulterblätter zusammen!
* Hilfe: immer wieder im Stehen, Sitzen etc. die Schultern abwechselnd hochziehen und runterspannen. Handflächen nach unten schieben. Ellbogen wie abgebildet führen usw.

Übung 3

* Hände geschlossen hinter dem Kopf (nicht Nacken)
* Ellbogen in Neutralhaltung schräg nach vorn
* Grundspannung: Bauch (Übung 1), Schulterblätter (Übung 2)
* langsam den Oberkörper aufrichten
* Mögliche Ausweichbewegungen vermeiden
  Schultern nicht nach oben oder vorne ziehen, Beine bleiben geschlossen und gebeugt, nicht am Kopf ziehen usw.

Übung 4

* Durchführung wie Übung 3 (Reihenfolge beachten!)
* zusätzlich Beine geschlossen zur Stirn führen
* Füße beugen
* Beenden der Übung immer nach der Reihenfolge:
  Beine ablegen, Oberkörper ablegen und erst zuletzt Grundspannung lösen
* ständig Grundspannung nachkorrigieren.

Übung 5

* wie Übung 4, jedoch Oberkörper schräg aufrichten (schräge Bauchmuskulatur).
* Knie diagonal zur Gegenseite führen
* nicht mit Gegenschulter nach hinten ausweichen oder auf dem Schulterblatt ablegen
* Knie nicht seitlich kippen, sondern hochziehen
* Beenden in der Reihenfolge: Beine, Oberkörper, Grundspannung.

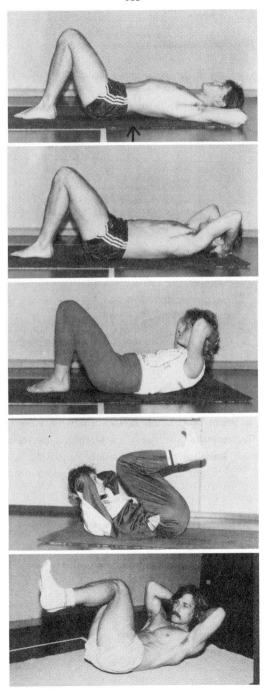

3 TRAINING DER RÜCKENMUSKULATUR

3.1 Kritik traditioneller Übungsformen

Die Stabilität des Haltungs- und Bewegungsapparates wird durch vielseitige Ver-
spannung und dem Zusammenspiel mehrerer Muskeln und Muskelgruppen gewährleistet, was MOLLIER (TITTEL, 1975) mit der Stabilisierung eines Schiffsmastes
verglichen hat.

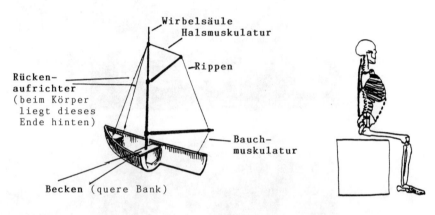

Wirbelsäule
Halsmuskulatur

Rücken-
aufrichter
(beim Körper
 liegt dieses
Ende hinten)

Rippen

Bauch-
muskulatur

Becken (quere Bank)

Abb.: 5   **Abb.: 6**

Eine Schwäche in einem bestimmten Bereich führt zu einem Übergewicht des
entsprechenden Gegenspielers und damit zu Störungen des Gesamtsystems, was
durch die folgenden Beispiele recht anschaulich dargestellt wird (GUSTAVSEN,
1984).

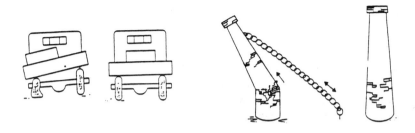

Abb.: 7   Abb.: 8

Eine eindeutig dominierende Rolle für die Stabilität des Haltungs- und Bewegungsapparates kommt der Bauchmuskulatur zu, die im Zusammenspiel mit der Hüftbeugemuskulatur, aber auch als deren Gegenspieler an der Durchführung vieler Bewegungen und deren Qualität entscheidend beteiligt ist.

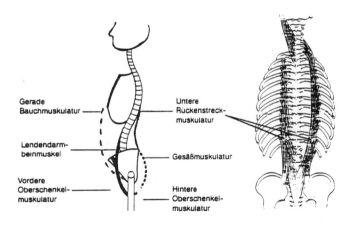

Abb.: 9

Daneben ist vor allem die untere Rückenstreckmuskulatur entscheidend an der Stabilisierung der Wirbelsäule beteiligt.

Wie bereits beschrieben kann es durch unfunktionelles Training zu muskulärem Ungleichgewicht zwischen Bauch- und Hüftbeugemuskulatur kommen. Gleichzeitig wird dabei der Spannungszustand der unteren Rückenstreckmuskulatur erhöht. Es kommt zur Muskelverkürzung in diesem Bereich und damit zum sog. Hohlkreuz. Diese Fehlhaltung wird durch viele traditionelle Übungen weiter verstärkt. In der Regel wird die Muskulatur im LWS-Bereich weiter gekräftigt, während die relativ schwache Muskulatur des BWS- Bereichs kaum angesprochen wird (LWS = Lendenwirbelsäule, BWS = Brustwirbelsäule

Beispiele unfunktioneller Übungen für die "Rückenmuskulatur":

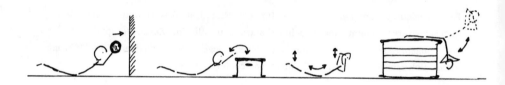

Abb. 10: "Aufrichtübungen" verschiedenster Art aus der Bauchlage

3.2 Alternativen für die Trainingspraxis

Die folgenden Übungen bauen auf den Übungen zur Kräftigung der Bauchmuskulatur unter Ganzkörperspannung auf. Sie können nicht durchgeführt werden, wenn nicht vorher die entsprechenden muskulären Voraussetzungen geschaffen werden.

Neben den dargestellten Übungen gibt es viele weitere, funktionelle Übungsanordnungen zur Stabilisierung des Haltungs- und Bewegungsapparates. Sofern die funktionelle Anordnung durch Minimierung von Ausweichbewegungen gewährleistet ist, sind diese Übungen sehr sinnvoll zum "Auftrainieren" bestimmter Muskelgruppen.

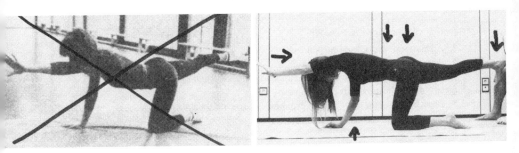

Abb. 11: Fehlerbild (linkes Bild,, KEMPF/BÜRKLE, 1988) und funktionelle Durchführung einer Übung zur Rumpfstabilisierung

Im Gegensatz dazu beschreibt das vorliegende Übungskonzept Übungen, die grundsätzlich unter Ganzkörperspannung durchgeführt werden. Damit werden auf neuro-
physiologischer Ebene langfristig nicht nur bei der entsprechenden Gymnastik,
sondern vor allem auch in der sportartspezifischen Anwendung günstige motorische Stereotypien aufgebaut, gefestigt und auch eingesetzt.

Übung 1

Ausgangsposition:
* Bauchlage, Stirn liegt auf dem Boden (dadurch wird der Kopf nicht nach hinten gekippt)
* Hände vor der Stirn auf dem Boden.

Übung 2

Aufbauen der Grundspannung:
* Anspannen der Gesäßmuskulatur
* Anspannen der Bauchmukulatur
* Schulterblätter fixieren (d.h. Richtung Gesäß ziehen),
nicht: die Schulterblätter zusammen)
* Brustbein gegen den Boden drücken (weitere Streckung der Wirbelsäule).

Übung 3

* Erst jetzt darf der Kopf leicht angehoben (1-2 cm), aber nicht nach hinten gekippt werden
* anschließend Hände vom Boden abheben (Finger zeigen dabei zur Decke)
* zum Schluß werden die Ellbogen vom Boden gelöst (1-2 cm). Dabei werden die Hände stets höher gehalten als die Ellbogen.

Übung 4

* Die Schulterblätter dürfen sich beim Abheben der Ellbogen nicht nähern
* die Übung ist zu beenden, wenn die Grundspannung nachläßt (sichtbar an der Spannung der Rückenstrecker im LWS-Bereich oder dem Ausweichen der Schulterblätter zur Mitte hin)
* ständig müssen Grundspannung und Spannung der Schulterblätter nachkorrigiert werden.

Übung 5

Auch andere funktionelle Übungen sind geeignet, die Muskulatur im Bereich der Brustwirbelsäule anzusprechen, ohne den LWS-Bereich zu belasten. Ausweichbewegungen werden hier durch Einnehmen einer bestimmten Ausgangsposition vermieden.

Dabei wird jedoch nicht unter Ganzkörperspannung, sondern isoliert geübt. Aktive Steuerung dagegen vermindert nicht nur die Ausweichbewegungen sondern führt längerfristig auch zu besserer Bewegungsqualität.

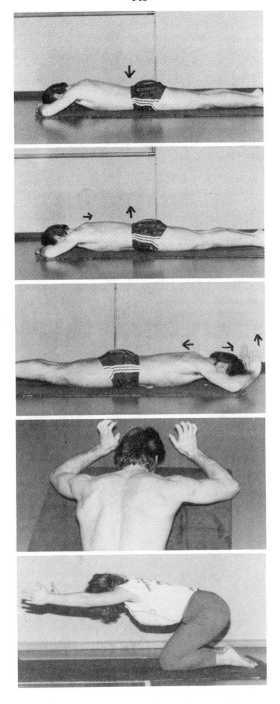

LITERATUR

FROHBERGER, U. et al.: Leistungssport Volleyball. In: Praktische Sport-traumatologie und Sportmedizin, 4 (1988), 2,3-16.

GUSTAVSEN, R.: Trainingstherapie. Stuttgart: Thieme 1983.

KRAHL, H./STEINBRÜCK, K.: Traumatologie des Sports. In: COTTA, H./KRAHL, H./STEINBRÜCK, K.: Die Belastungstoleranz des Bewegugsapparates. Stuttgart: Thieme 1980, 176-184.

KREMER, B.: Funktionalität von Gymnastikübungen zur Haltungs- und Bewegungsschulung. Übungsbroschüre. IfSS. Universität Karlsruhe 1988.

MICKLEY, E.: Eine Schutzplane zur Unfallverhütung. In: Deutsche Volleyballzeitung: Lehre+Praxis 1/1983, 3.

SOMMER, H.M./ROHRSCHEIDT, Ch. v./ARZA, D.: Leistungssteigerung und Prophylaxe von Überbelastung und Verletzung des Haltungs- und Bewegungsapparates im Sport durch "Alternative Gymnastik". In: Leichtathletik. Lehrbeilage Nr. 39, 1987, 1763-1766.

SOMMER, H.M.: Muskuläre Ungleichgewichte im Bereich der unteren Extremität als Ursache für Leistungsverlust und Überbelastung. In: JESCHKE, D. (Hrsg.): Stellenwert der Sportmedizin in Medizin und Sportwissenschaft. Berlin: Springer 1984, 440-444.

SOMMER, H.M./ROHRSCHEIDT, Ch. v.: Ein muskelstabilisierendes Übungsprogramm zur Leistungssteigerung und Vermeidung von Überbelastung und Verletzungen. In: CHAPCHAL, G. (Hrsg.): Sportverletzungen und Sportschäden. Luzern 1982.

TITTEL, K.: Beschreibende und funktionelle Anatomie des Menschen. 7. Aufl., Fischer Verlag 1975, 169 ff.

WEGENER, K.: Folgeschäden und wie man sie vermeidet. In: Deutsche Volleyballzeitung 12/88, 5-8.

KEMPF, H.D./BÜRKLE H.: Wirbelsäulengymnastik als Präventionsmaßnahme. In: Der Übungsleiter 11/88, 43.

HANS-ULRICH RUDEL

SERIENSPIEL-REIHEN ZUR TIMINGGERECHTEN FERTIGKEITSVERMITTLUNG [1]

1 ANMERKUNGEN ZUR METHODE "DEFINIERTES TIMING"

Zur Verdeutlichung müssen Merkmale aufgezählt werden, die erkennen lassen, warum dieser Ansatz im Gegensatz zu den geläufigen Verfahren von Bewegungs- vermittlung steht. Funktionsanalyse, Phasenlehre usw. gehen bei der Festlegung der Solltechnik vom Bewegungsvorbild z.B. eines Weltklassespielers aus und versu- chen über die Analyse zu einer "mittleren Solltechnik" (s. Tennis-Lehrplan) zu gelangen, wobei der Ball logischerweise ausgeklammert bleiben muß. Dagegen ent- steht beim Definierten Timing die Bewegung aus dem Dialog mit der Umwelt (s. Gestaltkreis, WEIZSÄCKER, V.v.1947). Hier wird die Umwelt eingeschränkt auf das Sportspiel Volleyball, bei dem eine Bezugnahme des Spielers auf den Mit- /Gegenspieler mit seinen Aktionen bzw. Handlungen und den anfliegenden Ball (Pritschen, Baggern, Schmettern) bzw. selbst angeworfenem ("kontrolliertem") Ball (Aufgabe) erfolgt. Der Spieler entspricht mit seiner Bewegung der erwarteten so- wie zukünftigen Flugbahn des Balles (Ansaugbewegung einer Aktion), die im Ver- fahren mit dem Begriff Kontaktflächen-Formbewegung belegt ist.

Bezogen auf den Lernprozeß muß man feststellen, daß die Verknüpfung der eige- nen Bewegung und der des Mit-/Gegenspielers über den Ballflug Timing vermit- telt. Dies bleibt beim Fehler-Irrtum-Lernen mit entsprechenden Fremdinformatio- nen des Lehrers/Trainers dem Zufall überlassen. Wenn sich das Timing nicht ein- stellt, bedeutet das nicht selten den Ausstieg aus dieser Sportart.

Man muß anführen, daß sich der Ansatz Definiertes Timing unter die heute ge- bräuchlichen Handlungskonzepte einreiht, um den Schüler/Spieler über kreativitäts- fördernde Selbstlernprozesse zum Spielhandeln zu bringen. Während aber die be- kannten Handlungskonzepte bei der Aufgabenlösung für das Bewegungslernen be- liebig viele Lösungen zulassen und somit dem Techniklernen in unsinniger Form

---

[1] Diese praxisorientierte Darstellung beim Symposium 1988 in Bonn nahm Bezug auf den hauptsächlich im Theoriebereich angesiedelten Beitrag beim Symposium 1987 in Freiburg über den Bewegungsansatz von Rudel (1987 b) und versuchte, die methodischen Reihen zur Technik- und Taktikschulung vorzustellen.

"Tür und Tor geöffnet ist", hilft der hier zugrundegelegte Bewegungsansatz dem Lernenden auf der Basis der Erkenntnisse von Raum-Zeit-Verknüpfungen (Gravitation) zu einer funktionierenden, rhythmischen Bewegung. Die Reduktion des komplexen psycho-physikalischen Geschehens über die Regeln der Entwicklung von Kontaktflächen-Formbewegung, Sprache, Distanzierung und Serie ermöglicht kontrolliertes Lernen vom Anfänger bis zum Könner. Das Timing erweist sich somit als Bindeglied zwischen Breiten- und Spitzensport.

Es erscheint wichtig zu erwähnen, daß das Definierte Timing im Gegensatz zum Spielgemäßen Konzept, das auf der Kombination von Spiel- und Übungsreihen basiert und somit zu einer (nicht gewollten) starken Trennung von Technik- und Taktikschulung führt, die angestrebte Technikvermittlung in einem taktischen Handlungsrahmen in einer Form repräsentiert. Spielen und Üben fallen zusammen, was letztlich der ursprünglichen Idee nahekommt. Begrifflich könnte man dies vielleicht durch Serienspiel-Reihe mit den entsprechenden Serienspiel-Formen fassen. Damit wird auch verständlich, daß der Ansatz Definiertes Timing als Wachstumsmodell das Leisten, den Leistungsgedanken in Verbindung mit objektiv überprüfbarem Lernfortschritt in den Mittelpunkt rückt. Der Lernende bewältigt eine gestellte Aufgabe unter standardisierten Bedingungen. Diese sind als objektiv über die Serienspiele und definierten Ziel- und Erwartungsflächen gegeben und führen zu einer zielgerichteten Bewegung.

Die über Definiertes Timing entwickelten Bewegungsformen bedeuten eine Rhythmusübertragung mit psycho-physikalischen Mitteln. Sie sind aus dem subjektiv ästhetischen, unkontrollierbaren Bereich herausgenommen und einem wissenschaftlich überprüfbaren Verfahren zugeführt.

Der Einsatz von Sprache erfolgt hier zeitgleich, während diese bei den gebräuchlichen Verfahren z.B. vorher (Beschreibung und Anweisung) und nachher (Korrektur) oder gelegentlich begleitend ohne Implikation, vom Gefühl des Lehrers bestimmt (akustische Lernhilfe), benutzt wird und deshalb nur unzureichend den Lernprozeß verstärkt. Das zeitgleiche Mitsprechen von Serie, Bewegungsrhythmus und Formmerkmalen im Definierten Timing beinhaltet ebenso die für Üben/Spielen notwendige Motivation als auch Konzentration. Die Reduktion der Wahrnehmung (Zwangsbewegung) einerseits und erweiterte Wahrnehmung und Bewegungsvielfalt andererseits wird über die Invarianz der Gravitation (konstante Bewegungsrhythmen) möglich. Es gibt demnach keinen Widerspruch zwischen konzentrativem und meditativem Vorgang.

Die Aufgabenfolge erfaßt die Entwicklung der Kontaktflächen- Formbewegung, das Miteinander-Spielen und Gegeneinander-Spielen in einem systematischen Kontext. Im Zusammenhang mit offenen (anfliegender Ball) bzw. geschlossenen (kontrollierter Ball) Bewegungsabläufen (Pritschen, Baggern, Angriffsschlag/Aufgabe) ist zu sagen, daß die zunächst bei offenen Bewegungen gebräuchliche Kontaktflächen-Formbewegung auch bei den sogenannten geschlossenen Bewegungen (kontrollierter Ball) angewandt wird. So entspricht z.b. bei der Aufgabe von oben (Tennisaufgabe) das Anwerfen mit der linken Hand (als Rechtshänder) dem Zuspiel eines Gegenübers, so daß eine kurzzeitige Ansaugbewegung auch in diesem Fall zur Realisierung des Timings führt.

Die Kooperation bzw. Gruppenarbeit von Spielern ergibt sich ebenfalls über die Aufgabenstellung, indem zunächst Spieler A übt und Spieler B beobachtet (spricht), später der Vorgang im Miteinander-Spielen und Gegeneinander-Spielen eine Erweiterung erfährt. Man sieht, daß der Ansatz Definiertes Timing die methodischen Aufgaben in Schule/Verein in einen systematischen Zusammenhang (interdisziplinäres Modell) bringt, dergestalt, daß z.B. das häufig geforderte "lange Üben" bei Kindern aufgrund ihrer Dauerleistungsfähigkeit in Abhängigkeit von der Bewältigung der Aufgabe über das Serienprinzip eine vom Schüler abhängige, dosierte Übungszeit entstehen läßt. Diese ist sicherlich der Motivation förderlich, da der Schüler/Spieler selbst aktiv wird und mit der Wahl der Aufgabe sein eigenes Anspruchsniveau bzw. Lerntempo bestimmt.

Die Serie (10er-Spiel/Serienspiel) wird wie Vor- und Nachtest als Lernzielkontrolle einer jeden Form benutzt, die aufgrund der standardisierten Bedingungen z.B. Begrenzung der Versuche, definierte Ziel- und Erwartungsflächen vom Lehrer/Trainer unabhängig, d.h. objektiv ist.

2 STRUKTURMERKMALE DER METHODISCHEN SERIENSPIEL-REIHE (MSSR)

1. Vor - und Nachtest
2. Serie
3. Ziel - und Erwartungsflächen
4. Kontaktflächen - Formbewegung
5. Sprache

Abb. 1: Strukturmerkmale der MSSR

Auf der Grundlage der o.a. Strukturelemente läßt sich in Anlehnung an das Tenniskonzept folgende Struktur der Serienspiel- Reihe konstruieren:

Vortest

Übung 0: Beschreibung der Kontaktfläche
Übung 1: Serienspiel im Raum
Übung 2: Serienspiel im Kreis oder Viereck
Übung 3: Serienspiel im Vorwärts-Gehen/Laufen
Übung 4: Serienspiel mit Partner über eine Linie
Übung 5: Serienspiel mit Partner über das Netz
- Stand
- Sich-Entfernen
- Sich-Nähern
- Sich-Seitwärts-Bewegen

Nachtest

3 HINWEISE ZUR METHODISCHEN SERIENSPIEL-REIHE

3.1 Serie

Das Definierte Timing benutzt die Serie im Sinne des Leistungsprinzips als objektives Prüfverfahren mit weiteren Kriterien, die Standardisierung bewirken. Die Serie ist somit Ausdruck von Leistung.

3.1.1 Methodische Vorgehensweise   Zählweise

    - ohne Umkehrpunkt   "1" - "2" - "3" usw. bis "10"

    - mit Umkehrpunkt   "und - 1"/"und" 2"/ usw., bis

    ("u" von "und im   "und - 10"

    Umkehrpunkt)

3.1.2 Treten beim Anfänger bei der Bewältigung der gestellten Aufgabe im Serienspiel Probleme auf, kann der Ball nach dem ausgeführten Kontakt abgefangen werden (Zwischenübung oder Zwischenkonzentration). Das im Sinne von Schwierigkeitsreduzierung angewandte Prinzip Anwerfen - Kontakt - Fangen muß später allerdings durch die Aneinanderreihung von Kontakten ohne Unterbrechung bis auf die 10er-Serie gebracht werden.

3.1.3 Die häufig zur Schwierigkeitsreduzierung im zeitlichen Bereich vorgenommene Verwendung des Soft-/Weich-/Zeitlupenballes sowie des indirekten Spiels über den Bodenkontakt ist abzulehnen, da es zu einem falschen Timing führt.

3.1.4 Da meistens Schwierigkeiten im Zusammenhang mit der Ausholzeit auftreten, muß dieses Problem über die Ballhöhe bewältigt werden. Zusätzliche Zeit kann nur über die Höhe des angeworfenen/gespielten Balles gewonnen werden. Aus diesen Gründen empfiehlt sich der Weg über einen "vernünftig" hohen Ball ("Meterball") zum flachen Ball.

3.1.5 Bei weiteren Schwierigkeiten aufgrund des kurzzeitigen Kontakts beim Volleyball sind auch Fangbewegungen möglich, wodurch vor allem die Ansaugbewegung (Kontaktflächen-Formbewegung) vorbereitet und perfektioniert wird.

3.1.6 Jede Serienspiel-Form der Serienspiel-Reihe muß mit einer 10er-Serie bewältigt werden, was gleichzeitig als objektive Lernzielkontrolle/Test dient. Der Schüler/Spieler darf wie bei einem Sprachprogramm nur nach der Bewältigung der Aufgabe zur nächsten Aufgabe (Serienspiel-Form) im Selbstlernprozeß übergehen. Er kontrolliert sich selbst, bestimmt sein eigenes Lerntempo!

3.2 Ziel- und Erwartungsflächen

Die Unabhängigkeit der vertikalen von der horizontalen Bewegung macht es möglich, die Reihung der Übungen vom Leichten zum Schweren als geometrische Entwicklung von Nähe zu Ferne vorzunehmen, d.h. durch Distanzierung aufzubauen. Bei dieser Entwicklung läuft bei der Konstanz von Bewegungsrhythmen eine nur quantitative Bewegungsformveränderung parallel ab. Da die Vertikale (Fallstrecke des Balles nach dem Umkehrpunkt) der Zeitgeber ist, steht zunächst vertikales Geschehen bei den Serienspiel-Formen im Vordergrund, das später in vertikal/horizontales Geschehen mit Hilfe der Distanzierung übergeht.

1. Direkter Bewegungsraum	vertikal
2. Distanzierung	vertikal/horizontal
3. Streuung	vertikal/horizontal

Abb. 2: Methodischer Weg bei der Distanzierung

3.2.1 Zur Vereinfachung kann bei allen Situationen zunächst die halbe Ballkurve (Kurve nach dem Umkehrpunkt) als Maßstab für die Formbewegung dienen.

<blockquote>
Mitsprechen für die Serie: "und - 1" usw.

Mitsprechen für die Form: "tief - heb" usw.

                                  "kleb - heb" usw.
</blockquote>

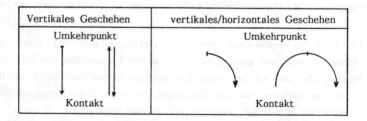

Vertikales Geschehen	vertikales/horizontales Geschehen
Umkehrpunkt	Umkehrpunkt
Kontakt	Kontakt

Abb. 3: Kontaktflächen-Formbewegung bei halben und ganzen Ballkurven

3.2.2 Später wird die ganze Ballkurve mit dem Gegenüber (Mit- /Gegenspieler) eingefangen und mit der Einheit von Wahrnehmung und Bewegung beantwortet.

Mitsprechen für die Serie: "und - 1" usw.

Mitsprechen für die Form: "hoch - tief - hoch" usw.
(Pritschen/Baggern)

"hoch - tief (Schmetterball)
"ab - kleb - heb"

Wie schon angedeutet, beginnt man mit dem relativ hohen Ball ("Meter-Ball"), um mehr Zeit für die Bewegung zu gewinnen. Der Bewegungsrhythmus bleibt konstant!

3.2.3 Zur Vereinfachung wird beim Miteinander-Spielen zunächst der Ball jeweils für den übenden Spieler angeworfen (Bogenwurf von unten). Anschließend versuchen beide die Bewegungsform im Sinne der 10er-Serie zu realisieren (Zwischenübung oder Zwischenkonzentration).

3.2.4 Die Ziel- und Erwartungsflächen setzen die Begrenzung des Spiels im Raum, auf der Stelle, im Gehen und Laufen sowie mit Partner (Mit-/Gegenspieler) von kleiner zu großer Distanz fest. Die Sportart Volleyball ist somit in ihrer Gesamtheit (räumliche und zeitliche Struktur) erfaßbar und über Serienspiel-Formen, die diesem Strukturprinzip folgen, repräsentiert. Zielfläche kann dabei die Wand, der Boden, der Partner usw. sein. Erwartungsfläche ist die Zielfläche des Partners.

3.2.5 Bei vertikalen Serienspiel-Formen decken sich Ziel- und Erwartungsflächen. Erst bei Distanzierung und Streuung ergibt sich der unterschiedliche Bedeutungsgehalt von Ziel- und Erwartungsflächen.

3.2.6 Die Dynamisierung verbirgt sich in gewisser Weise hinter der Distanzierung. Indem die Spieler auseinandergehen, sind sie gezwungen, höher oder kraftvoller und dynamischer zu spielen, d.h. sie müssen die Kraftkomponente zum Einsatz bringen. Dies kann z.B. durch die zeitgleich benutzte Sprache gestützt werden, wobei der Impuls durch die kurze energische Aussprache des Wortes "heb" (!) oder "eins" (!) gesetzt wird. Der Bewegungsfluß läßt sich über die Modulation der Sprache steuern.

3.3 Sprache

Die Bestimmbarkeit des Wahrnehmungsinhaltes zur in der Zeit ablaufenden Handlungen ermöglicht Sprache. Die Worte sind inhaltlich und zeitlich an die Bewegungshandlung gebunden.

3.3.1 Wichtig ist, daß der Schüler/Spieler zeitgleich mitspricht (innerlich/äußerlich) oder mit Hilfe des Partners/Mitspielers. So muß man darauf achten, daß der Umkehrpunkt der Ballkurve immer genauer bestimmt wird, wobei das "t" von "tief" oder das "u" von "und" den Beginn kennzeichnet.

3.3.2 Wichtig ist, daß der Schüler/Spieler den Inhalt der Worte in Bewegung umsetzt. Eine Verbesserung der Bewegungsform findet in zweierlei Hinsicht statt:

* Über die Realisierung der Bewegungsrhythmen:

-"tief - hoch" (halbe Ballkurve Pritschen)
-"hoch - tief - hoch" (ganze Ballkurve Pritschen)
-"hoch - tief" (ganze Ballkurve Schmetterschlag)

* Über die Umsetzung der mentalen Inhalte der Worte:

"abholen"("ab") = Ansaugen vor dem Umkehrpunkt bei Ballabgabe
"kleben"("kleb") = Ansaugen (direkter Bewegungsraum) nach dem Umkehrpunkt
"heben"("heb") = Kontakt bei Ballberührung
"malen" = Ansaugen (Raumkurve)
"führen"("führ") = Führungsstrecke vor, während und nach Ballberührung (Follow-Through)
"heben", "führen" = längerer Kontakt bei Ballberührung (Regel!)

3.2.3 Da das Volleyball-Spiel als Handlungen Volley-Situationen zum Inhalt hat und die Regeln einen sehr kurzen Berührungskontakt vorschreiben, müssen die Worte "kleben", "heben" usw. in "kleb", "heb" usw. umgewandelt werden, um der Kürze der Führungsstrecke gerecht zu werden.

3.3.4 Die Worte "abholen/kleben" sind nur im direkten Bewegungsraum, in dem der Kontakt der Handfläche/Unterarme mit dem Ball möglich ist, anzuwenden. Bei der Distanzierung/Streuung kann die Raumkurve nur mit Worten wie z.B. "malen", das die gesamte Ballkurve vorausnimmt, vollzogen werden.

3.5 Vor- und Nachtest

Zur Feststellung des Lernfortschritts wird vor der methodischen Serienspiel-Reihe
ein <u>Vortest</u> vorgeschaltet, um nach der Durchführung der Reihe mit einem
<u>Nachtest</u> abzuschließen. Beide Testverfahren haben den gleichen Inhalt:

Test - Pritschen/Baggern: Miteinander-Spielen (Pritschen/Baggern) über das
Netz in 10er-Serie in festgelegter Zielfläche mit
verschiedenen Partnern (ca. 6)

Test - Schmetterschlag: Nach Zuspiel Schmetterschlag über das Netz in
10er-Serie in festgelegte Zielfläche mit
verschiedenen Partnern

Test - Aufgabe: Aufschlag über das Netz in 10er-Serie in
festgelegte Zielfläche

4. METHODISCHE SERIENSPIEL-REIHEN

Abkürzungen: BV = Bewegungsvorschrift/Konzentration
                  E   = Einzeln
                  G   = Gruppe

4.1 Pritschen (Bewegungsrhythmus 1)

Übung	Vortest		
0	Beschreibung der Kontaktfläche		Hände/Handstellung ("Körbchen", Daumen zur Nase, Dreieck)
1	Pritschen im Raum	E	Direkter Bewegungsraum halbe Ballkurve (evtl. mit Abfangen als Zwischenkonzentration) Serie - "1"-"2"-"3" bis "10" - "und-1"/"und-2" bis "und-10"
2	Pritschen im Kreis bzw. Viereck	E	
3	Pritschen auf einem Weg - Geh-Rhythmus	E	Gehwege: quer zum Netz Längslinie
4	Pritschen auf einem Weg - Lauf-Rhythmus	E	Ziel- und Erwartungsflächen deckungsgleich
5	Pritschen im Kreis bzw. Viereck mit BV: "tief - hoch"	E	Sprache: Form Sprechsituationen: Mitsprechen/ Synchronsprache Direkter Bewegungsraum
6	Pritschen im Kreis bzw. Viereck mit BV: "flach - heb"	E	Bewegungsrhythmus-inhaltlich "zwingende Situation" für Beuge-Streckbewegung
7	Anwerfen - Fangen		Vorbereitung: Ansaugbewegung
8	Pritschen auf einem Weg mit BV: "kleb - heb"	E	inhaltlich

9	Pritschen mit Partner über eine Linie - Spieler A: Anwerfen - Spieler B: Pritschen	G	Distanzierung verschiedene Sprech-situationen Bogenwurf von unten ohne Drall Serie
	- Spieler A u. Spieler B Pritschen	G	Form ganze Ballkurve "hoch - tief - hoch" "ab - kleb - heb"
10	Pritschen gegen eine Wand im Stand	E	Ziel- und Erwartungsflächen nicht deckungsgleich
11	Pritschen gegen eine Wand im Gehen/Laufen	E	Zielfläche: Wand (Abstand ca. 1m) Veränderung Zielfläche (Verkleinerung) Streuung
12	Pritschen mit Partner über eine Linie mit BV "hoch-tief-hoch"	G	vorheriges Federn: Kontaktaufnahme
13	Pritschen mit Partner über eine Linie mit BV "ab-kleb-hab"	G	-Sp. A: Anwerfen/ Sp. B: Pritschen -Sp. A und B: Pritschen
14	Pritschen über das Netz mit Partner	G	
15	Pritschen über das Netz mit Partner Zielfläche festgelegt	G	
16	Pritschen mit Ziehharmonika-Bewegung/Das Sich-Entfernen und Sich-Nähern	G	Distanzierung
17	Pritschen von der Distanzlinie	G	Dynamisierung
18	Das Sich-Entfernen und Sich-Nähern im Zeittakt	G	Serie "1" - "5" zurück "6" - "10" zum Netz
19	Pritschen über das Netz mit Partner	G	
20	Pritschen nach Vorwärtsbewegung		G Bewegungsraum
21	Pritschen nach Seitwärtsbewegung		G Streuung
			Ansaugbewegung während der Laufbewegung
	Nachtest		

4.2 Richtungspritschen (Bewegungsrhythmus 1)

Übung			
0	Beschreibung der Kontaktfläche		Streuung
1	Pritschen gegen eine Wand Gehen/Laufen	E	Zielfläche Wand Abstand ca. 1m
2	Pritschen mit einem Partner über eine Linie Spieler A: Anwerfen Spieler B: Pritschen Spieler A und B: Pritschen	G	Einfalls- = Ausfallswinkel
3	Pritschen mit einem Partner über das Netz Spieler A: Anwerfen Spieler B: Pritschen Spieler A: und B Pritschen	G	
4	Pritschen im Dreieck Spieler A: Anwerfen Spieler B: Pritschen Spieler A und B: Pritschen	G	gleichseitiges Dreieck, Winkel 60° Vorgehensweise: -Abholen=Ansaugbewegung mit Drehung in die neue Richtung und entsprechendem Kontakt -Abholen=Ansaugbewegung mit Orientierung an der neuen Richtung des Abspiels
5	Pritschen im taktischen Dreieck (Angriffsdreieck) vor dem Netz mit unterschiedlichen Aufstellungsformen	G	a) 1 - 2 Aufstellung b) 2 - 1 Aufstellung

4.3 Baggern (Bewegungsrhythmus 1)

Übung			
0	Beschreibung der Kontaktfläche	E	Serie Ziel- und Erwartungsflächen
1	Baggern (Raum, Kreis, Weg) mit verschiedenen Konzentrationen	E	Rhythmus
2	Baggern mit BV "flach - heb"	E	Form "ab - kleb - heb" hohe/tiefe Bälle

3	Baggern gegen die Wand mit verschiedenen Kombinationen	E	Zweiergruppe Rhythmusaufnahme durch zeitgleiches Federn mit Sprechen
4	Stellbagger nach Aufgabe Abwehrbagger nach Schmetterschlag	G	Rhythmuswechsel von "hoch - tief - hoch" zu "tief - hoch" zu "u" - hoch" (halber Bogen fehlt!)
5	Baggern nach Vorwärtsbewegung	G	Bewegungsraum
6	Baggern nach Seitwärtsbewegung	G	Nah
			Ansaugbewegung während der Laufbewegung

4.4 Aufgabe von unten (Bewegungsrhythmus 1)

Übung			
0	Kontaktfläche	E	Handfläche: Finger geschlossen, Daumen angelegt
1	"Kegeln" am Boden gegen eine Wand	E	Wand als Zielfläche
2	"Kegeln" in der Luft gegen eine Wand	E	Ansaugen
3	Aufgabe mit Partner gegen eine Wand Spieler A: Anwerfen Spieler B: Aufgabe	G	Serie: "und-1" Rhythmus: "hoch-tief-hoch"
4	Aufgabe mit Partner gegen eine Wand Spieler A: Nähern-Übergeben Spieler B: Aufgabe	G	"ab - kleb - heb"
5	Aufgabe gegen eine Wand	E	Ausholen - Ansaugbewegung
6	Aufgabe über das Netz zu einem Partner	E	Pendelbewegung: "zurück-vor"
7	Aufgabe über das Netz in eine Zielfläche	E	große → kleine Zielflächen Schlagrichtungen: longline - diagonal

4.5 Aufgabe von oben/Schmetterschlag (Bewegungsrhythmus 1 — 2)

Übung			
0	Beschreibung der Kontaktfläche		Handfläche: Finger ge-geschlossen, Daumen angelegt
1	Basketball-Prellen	E	Ansaugbewegung, Jo-Jo
2	Prellen mit beschriebener Kontaktfläche	E	Serie ("1","2","3" usw. bis "10")
3	Prellballspiel mit Partner über eine Linie	G	Gegeneinander-Spielen in festgelegten Zielflächen
4	Prellen gegen die Wand über einen Bodenkontakt Stand/nach Bewegung	E	Festlegung von Zielflächen für den Bodenkontakt
5	Schlagen nach Anwerfen (mit Wurfhand/mit beiden Händen) mit verschiedenen Konzentrationen (BV)	E	Rhythmen "hoch-tief-hoch" (Bogenball "Lob"/Aufgabe von oben) "hoch-tief" (Schmetterschlag) festgelegte Zielfläche: Wand festgelegte Zielfläche: Boden vor der Wand
6	Schlagen nach Anwerfen mit Sich-Entfernen von der Wand	E	Form "kleb - heb" "ab - kleb - heb" (= direkter Bewegungsraum) Dynamisierung durch Vergrößerung des Abstandes Sprache: "heb"=energisch kurz
7	Schlagen gegen die Wand nach Anwerfen durch den Partner - von vorne - seitlich	G	Zuwerfen als Bogenball Rhythmusaufnahme durch Federn Zuwerfen: Schlaghandseite Veränderung der Zuwerf-positionen 1 → 3

Bei Übung 3:

Regeln:
Nur 1 Bodenkontakt beim Gegner

Bei Übung 4: Wand

Bei Übung 7: Wand, O_{P_1}, O_{P_2}, O_{P_3}

8	Schlagen gegen die Wand nach Anwerfen durch den Partner mit verschiedenen Konzentrationen (BV)	G	Konzentration halbe Ballkurve: "tief-hoch" (Lob, Aufgabe von oben) ganze Ballkurve: "hoch-tief-hoch" (Aufgabe von oben) "hoch-tief" (Schmetterschlag) "ab-kleb-heb" "kleb - heb" Dynamisierung
9	Schlagen gegen die Wand nach Sprung	E	Ansaugbewegung während des Sprunges/Verbindung Sprung und Ansaugbewegung BV: Treffen im Umkehrpunkt (= Steuerung der Sprunghöhe über die Anwurfhöhe)
10	Schlagen mit Sprung gegen die Wand nach Anwerfen durch den Partner mit verschiedenen Konzentrationen (BV)	G	wie Übung 7: Veränderung der Zuwerfpositionen Konzentration wie oben
11	Schmetterschlag aus dem Stand über das Netz nach Anwerfen/Zuspiel	G	Serie "und - 1" usw.
12	Schmetterschlag aus dem Anlauf über das Netz nach Anwerfen/Zuspiel	G	Anlaufen bei Anwerfen/Zuspiel

4.6 Block (Bewegungsrhythmus 1 — 2)

Übung			
0	Beschreibung der Kontaktfläche		beide Hände gespreizt nebeneinander
1	Blocken am Netz mit Partner auf der Gegenseite	G	Serie: "und-1" usw. "und" = Absprung "1" = Kontakt (Gegner) später Ball
2	Blocken am Netz mit Partner auf der Gegenseite mit verschiededenen Konzentrationen (BV)	G	zunächst Klappbewegungen "hoch - tief - hoch" später reduzierte Ausholbewegung (Arme am Körper): "hoch - tief"

3	Blocken am Netz nach Zuwerfen durch den Partner -Bogenball -Schlagwurf	G	Ansaugbewegung während des Sprunges. Zeitpunkt des Absprungs abhängig von Ballhöhe: - BV: "hoch - tief - hoch" - BV: "hoch - tief"
4	Blocken am Netz nach Seitwärtsbewegung (ohne/mit Ball)	G	G ohne Ball: Kontaktaufnahme zum Partner (Laufschritte) gleichzeitiges Abspringen Mitsprechen ("und-1" usw.) mit Ball: Kontaktaufnahme durch Prellbewegung des Partners (verstärkt durch Federn)
5	Blocken am Netz nach Seitwärtsbewegung (mit Ball/Zuspiel auf gegnerischer Seite)	G	G Dreiergruppe Bogenball Schmetterschlag Block Zuspiel (Pritschen (Anwerfen) Kontaktaufnahme Bogenball
6	Blocken am Netz in der Zweiergruppe (Doppelblock)	G	Stand:Zeitgleiches Abspringen und Sprechen nach Bewegung: Pos.II Abwehr Angriff (Doppelblock) Pos.III Kontaktaufnahme Ballkurve auf gegnerischer Seite Sprache: "hoch-tief-hoch"(Ballkurve) und (Absprung) "1"= Kontakt(Block)

LITERATUR

BUYTENDIJK, F.J.J.: Das Menschliche. Wege zu seinem Verständnis. Stuttgart 1958, 170-188.

BUYTENDIJK, F.J.J./CHRISTIAN, P./PLÜGGE, H.: Über die menschliche Bewegung als Einheit von Natur und Geist. In: ADL (Hrsg.): Die menschliche Bewegung als Einheit von Natur und Geist (= Beiträge zur Lehre und Forschung der Leibeserziehung, Bd. 14). Schorndorf: Hofmann 1963.

CHRISTIAN, P.: Kybernetik und Gestaltkreis als Erklärungsweisen des Verhaltens. In: WIESENHÜTTER, E. (Hrsg.): Werden und Handeln. Stuttgart: Hippokrates 1962.

CHRISTIAN, P.: Vom Wertbewußtsein im Tun. Ein Beitrag zur Psychophysik der Willkürbewegung. In: ADL (Hrsg.): Die menschliche Bewegung als Einheit von Natur und Geist (= Beiträge zur Lehre und Forschung der Leibeserziehung, Bd. 14). Schorndorf: Hofmann 1963.

DERWORT, A.: Über die Formen unserer Bewegung gegen verschiedene Widerstände und ihre Bedeutung für die Wahrnehmung von Kräften. In: Sinnesphysiologie 70 (1943), 3-6.

RUDEL, H.-U.: Technik-Vermittlung aus der Sicht der Timing- Problematik. In: DANNENMANN, F.(Red.): Training und Methodik des Volleyballspiels (= Sportwissenschaft und Sportpraxis, 70). Ahrensburg: Czwalina 1988, 140-163.

RUDEL, H.-U./RUDEL, S.: Unveröff. Unterlagen. Tennis-Schule Düsseldorf 1968-1974.

RUDEL, H.-U./RUDEL, S.: Die Bedeutung des Timings für die Sportspiele. In: Leistungssport 17. Jg. (1987 a) H. 5, 38-43.

RUDEL, S.: Unveröff. Manuskripte aus den Jahren 1974-1977.

RUDEL, S.: Die Gravitation als möglicher verknüpfender Faktor von Wahrnehmung und Bewegung - Ihre Bedeutung für Lehren und Lernen. In: ADL (Hrsg.): Sport - Lehren und Lernen. Schorndorf: Hofmann 1976 a,361-362.

RUDEL, S.: Definiertes Timing - Revolution im Tennis! In: Tennis- Revue 17. Jg. (1976 b) H. 7/8.

RUDEL, S.: Unveröff. Buch-Manuskript 1976 c.

RUDEL, S.: Lehrfilm (10.). Beitrag für die BRD. Sportfilmtage Oberhausen 1977a.

RUDEL, S.: Das "Definierte Timing" - eine neue Methode. Tennis- Suggestion. In: Tennis-Revue 18. Jg. (1977 b) H. 5.

RUDEL, S.: "Definiertes Timing". Die Gravitation als verknüpfender Faktor von Wahrnehmung und Bewegung. In: DVS (Hrsg.): Bewegungswahrnehmung und Bewegungsvermittlung im Tennis. Bd. 13/14. Clausthal-Zellerfeld: Greinert 1984, 72-93.

RUDEL, S.: Tennis-Methode Definiertes Timing. Einheit von Wahrnehmung und Bewegung. Ahrensburg: Czwalina 1987 b.

WEIZSÄCKER, C.F.v.: Wahrnehmung der Neuzeit. München/Wien: Hanser 1983.

WEIZSÄCKER, V.v.: Der Gestaltkreis. Theorie der Einheit von Wahrnehmen und Bewegen. Stuttgart 2 1947, 4 1950, Baden-Baden: Suhrkamp 1973.

FRITJOF WERNER

LERNEN DURCH BEOBACHTEN

Verbesserung der Grundfertigkeiten im Volleyball durch Spielerbeobachtung

1 EINLEITUNG

Von methodischen Maßnahmen, die kognitive Prozesse nutzen, verspricht man sich auch im Sport ein effektiveres Lernen. Trotzdem sind praktikable Verfahren dieser Art in Unterricht oder Training nicht allzu häufig.

Ein solches Vorgehen schildert dieser Bericht eines Unterrichtsversuchs, der in einem Leistungskurs Sport, Jahrgangsstufe 13, durchgeführt wurde (WERNER 1988). Dabei sollte ein in der Praxis entstandenes Verfahren zur Verbesserung von Fertigkeiten im Volleyball hinsichtlich seiner Anwendungsmöglichkeiten im Unterricht überprüft werden. Dieses Verfahren wurde in zwei Situationen mit unterschiedlicher Zielsetzung eingesetzt, zum Üben der Grundfertigkeiten Baggern, Pritschen und Angriff.

Auslöser für die Überlegungen war die Unzufriedenheit mit den vorhandenen Möglichkeiten zur Analyse von sensomotorischen Fertigkeiten. Hier fehlt ein einfaches Instrument zur Beurteilung und Verbesserung der Ausführungsgüte, mit dem zur Unterstützung des Lernprozesses direkt, gezielt, eingehend und differenziert eine Bewegung erfasst werden kann. Dies soll das hier geschilderte Modell leisten. Es erzielt seine Wirkung auf zwei Ebenen:
- es erlaubt die Aussage darüber, wie oft ein bestimmtes Element der Fertigkeit bei einer begrenzten Anzahl von Ausführungen sichtbar vorhanden ist,
- vom intensiven, gezielten Beobachten wird eine deutliche Komplettierung und Differenzierung der Bewegungsvorstellung erwartet.

Damit schafft es eine verbesserte Basis für das spätere Üben, dessen Ziel eine komplette, willkürliche und konstante Anwendung der für die Bewegung wesentlichen Elemente ist.

Unter schulischen Bedingungen lassen sich empirisch oder statistisch exakte Ergebnisse nur schwer erzielen. Die Realität der Schule entspricht in den seltensten

Fällen exakt definierbaren, nachvollziehbaren Bedingungen, die Interessen der Schüler lassen eine Änderung dieser Gegebenheiten häufig nicht zu. Deshalb liegen die Ergebnisse dieses Versuchs besonders in den Erfahrungen, die bei der Anwendung des Verfahrens in der Schule in einem bestimmten Kurs in einer bestimmten Situation gemacht wurden. Da diese jedoch durchaus nicht untypisch für Schule erscheinen, ist ihre partielle Übertragung auf andere Gruppen in Schule und Verein wohl zulässig.

2 DIE KATEGORIEN

Voraussetzung für eine genaue Beurteilung einer Bewegungsausführung ist das Operationalisieren der Technik in Form einer detaillierten Bewegungsbeschreibung. Diese sollte die bestmöglichen Informationen zu der betreffenden Fertigkeit enthalten. Eine ihr entsprechende "korrekte" Ausführung kann beschränkt sein auf das Notwendige einer einfachen, effektiven Form der Technik. Sie muß jedoch eine korrekte und ausreichende Basis für individuelle Abweichungen oder auch höhere Anforderungen bilden. Diese reduzierte Form sollte Grundlage der Technikvermittlung zu Beginn der Volleyballausbildung sein, sowohl im Verein als auch in der Schule.

In der vorliegenden Arbeit besteht diese "operationalisierte Bewegungsbeschreibung" aus einer Gruppe von "Kategorien" genannten lernrelevanten Hauptelementen der Bewegung. Sie wurden ausgewählt auf der Grundlage der Darstellungen in DRAUSCHKE u.a. (1987), unter Berücksichtigung von IWOILOW (1984) und VOIGT/NAUL (1982). Kriterium für ihre Auswahl war vor allem, daß sie für den Erfolg der Bewegung ursächlich sein sollten. Außerdem mußten sie von außen beobachtbar sein und durften möglichst keine Aussagen zu dynamischen Merkmalen enthalten.

Diese Kategorien sollten als Anweisungen während des Übens verwendbar sein, außerdem mußte mit ihrer Hilfe die Ausführungsgüte einer Technik beurteilt werden können. Wichtigstes Ziel bei ihrer Verbalisierung war es deshalb, sie so zu beschreiben, daß ihr Vorhandensein von den Beobachtern mit ja/nein-Entscheidungen belegt werden konnte. Daneben wurde vor allem Wert gelegt auf Eindeutigkeit, Verständlichkeit, Prägnanz und Kürze. So ergaben sich die folgenden Kategorien in den für den Unterrichtsversuch relevanten Grundfertigkeiten:

Kategorien Baggern

1 vor dem Baggern stehen

2 sichtbare Ausholbewegung (Knie)

3 Arme vorgestreckt

4 Daumen zusammen

5 Beine strecken sich gegen den Ball

6 Arme sind in Schulter fixiert

7 Ballkontakt mit gespannten Unterarmen

8 Bewegung wird fortgesetzt (Schritt)

Kategorien Pritschen

1 vor dem Pritschen stehen

2 sichtbare Ausholbewegung (Knie)

3 Hände gewölbt in Stirnhöhe

4 Handgelenke (daumenwärts) zurückgeklappt

5 Beine und Arme strecken gleichzeitig

6 Armstreckung nur nach oben

7 Finger sind gespreizt und gewölbt

8 Bewegung wird nach vorne fortgesetzt

Kategorien Angriff

1 Schrittfolge links, rechts, links

2 verzögerter Stemmschritt

3 beide Hacken setzen auf

4 linker Fuß dichter an Mittellinie

5 Arme hinten beim Stemmen

6 beide Arme ziehen nach oben

7 Ellenbogen kommt über Schulterhöhe

8 Oberkörper klappt vor

9 Handgelenk schlägt

10 Ballkontakt mit gestrecktem Arm

3 DAS BEOBACHTUNGSVERFAHREN

Auf der Grundlage der oben geschilderten Kategorien konnte dann ein Instrument zum Messen der Qualität von Bewegungsausführung entwickelt werden. In der Literatur werden dazu überwiegend Verfahren wie z.b. bei HARTMANN (1973) angeführt, die "Technik" über das Ergebnis ihrer Anwendung messen. Zielgenauigkeit oder deren Wiederholungshäufigkeit erscheinen jedoch als Indikator für "richtige" Ausführung zu diesem Zeitpunkt des Lernprozesses nicht ausreichend differenzierend. Deshalb wurde hier ein Vorgehen gewählt, bei dem eine quantitative Erfassung der Fertigkeit erfolgt, die Aussagen zur "Richtigkeit" der Technik erlauben soll.

Das Verfahren besteht im Grundsatz aus einer organisierten Form der gezielten gegenseitigen Spielerbeobachtung. Dabei beobachten sich Spieler beim Üben und beurteilen, wie häufig bestimmte Elemente in einer bestimmten Anzahl von Bewegungsausführungen enthalten sind. Konkret verläuft dies in einer Art Kreisbetrieb wie folgt:
- Eine Gruppe von Spielern beobachtet und protokolliert die zehnmalige Ausführung einer bestimmten Bewegung. Auf jeder Position wird **eine einzige** Kategorie beobachtet.
- Ein zu beobachtender Spieler übt.
- Ein Spieler spielt zu.
- Damit jeder mit jeder Kategorie arbeitet, werden alle Positionen ringförmig regelmäßig gewechselt.

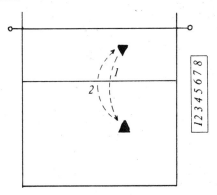

Abb. 1: Organisationsform Beobachtung Baggern

Die beobachtenden Spieler beurteilen mit einer ja/nein Entscheidung jeweils das Vorhandensein einer Kategorie (nicht deren Qualität), nach einer bestimmten Anzahl von Ereignissen wechseln sie das zu beobachtende Element oder werden selbst beobachtet. Protokolliert wird mit Hilfe eines Beobachtungsbogens, der die zu protokollierende Kategorie benennt und Zeilen für die einzelnen Spieler enthält:

Sichtbare Ausholbewegung mit den Knien	I = ja	O = nein
Name:	Anzahl	Beobachter
AAA		
BBB		
CCC		

Abb. 2: Beispiel Beobachtungsbogen Baggern
Kat. 1: Sichtbare Ausholbewegung mit
den Knien

Die Technikanalyse ergibt sich aus den bei der Beobachtung festgestellten Werten. Zusammengefaßt in einer Tabelle sagen sie aus, wie oft eine bestimmte Kategorie in z.B. 10 Ausführungen sichtbar vorhanden war. Diese Aussage scheint für das Üben einer Fertigkeit von größerer Bedeutung zu sein als die Feststellung, ob ein Spieler eine Bewegung "kann" cder auch "in der Grobform" beherrscht!

	max	10	10	10	10	10	10	10	10	80
NAME										
	Kat	1	2	3	4	5	6	7	8	GESAMT
AAA		5	4	8	3	2	10	9	7	48
BBB		10	10	5	0	6	8	10	6	55
CCC		7	10	8	8	9	9	5	8	64

Abb. 3: Beispiel Ergebnisse Beobachtung Pritschen
(Lesebeispiel: Schüler A hat Kat. 1
in 5 von 10 Versuchen erfüllt.)

Diese Art der Analyse erklärt sich vor allem aus dem an der Sensomotorik von UNGERER (1973) und an VOLPERT (1971) orientierten Verständnis der Begriffe "Lernen" und "Üben". Auch wenn sich die Sprachregelung von UNGERER allgemein wohl nicht durchgesetzt hat, erscheinen beider Lerndefinitionen hilfreicher als andere Vorstellungen zu diesem Bereich. Bei jedem Anfänger sind einzelne Teile der Bewegung in richtiger Ausführung nachweisbar, allerdings häufig in unterschiedlichen und wechselnden Ausprägungen:

Beispiel: Ein Anfänger klappt beim Pritschen manchmal die Handgelenke zurück, führt aber die Arme von hinten nach vorne. Das nächste Mal ist die Armführung richtig, dafür wurde das Beugen und Strecken der Knie "vergessen".

Deshalb erscheint besonders das Bild von "Ergänzen" notwendiger Bewegungselemente beim Erlernen komplexerer Fertigkeiten zutreffend zu sein.

Das hier vorgestellte Verfahren wurde erstmalig 1974 in einer Untersuchung zur Effektivität von Lernmethoden eingesetzt, mit dem Versuchsleiter als Beobachter (WERNER, 1974). Als ein Fazit der Arbeit wurde festgestellt, daß der Effekt des "observativen Trainings" auch zu erreichen wäre, indem die Spieler selbst die Beobachtung durchführten. Damit ließe sich gleichzeitig eine gute individuelle Bestandsaufnahme von Technikausführungen erstellen und eine genaue Bewegungsvorstellung erzeugen, die auch sprachlich leicht reproduzierbar sein müßte. Dieses Verfahren wurde im Laufe der Jahre häufig in Schule und Verein angewandt und dabei fortlaufend verändert und standardisiert. In dem hier beschriebenen Unterrichtsversuch sollte seine Anwendung einmal in kontrollierter Form erfolgen, um Aussagen über die Durchführbarkeit und den tatsächlichen Erfolg machen zu können, soweit dies ein im regulären Unterricht durchzuführender Versuch erlaubt.

4 DER UNTERRICHTSVERSUCH

Ziel der Unterrichtseinheit war, daß die Schüler neue Elemente von Bewegungen "lernen" oder bereits "gelernte" Elemente häufiger anwenden sollten. Speziell im Anfänger-Volleyball scheint es das Problem zu sein, eine korrekte und ausreichende Form der Technik zu finden, die unter den herrschenden erleichterten Bedingungen regelmäßig angewandt werden kann. Dazu müssen sich die Spieler vor allem häufiger an die geforderten Elemente der Bewegung erinnern. Eine gute Basis dafür ist eine Vermehrung ihres Wissens, um die Bewegungsvorstellungen zu präzisieren und zu verbessern. Dafür erscheint es sinnvoll, methodische Maßnahmen zu wählen, die auch kognitive Prozesse einsetzen. Sie fordern vom Schüler mehr "geistige" Teilnahme am Unterricht, er muß zumindest kurzzeitig mehr "wissens-" als "ausführungsbetont" mitarbeiten. Dies scheint mir im Sportunterricht keineswegs selbstverständlich, ist aber meiner Erfahrung nach durchaus erfolgreich.

Daneben sollte untersucht werden, ob sich das geschilderte Verfahren auch unter schulischen Bedingungen sinnvoll einsetzen läßt. Sein erwarteter Effekt ergibt sich vor allem aus dem Beobachten, aber auch aus seiner direkten Verbindung mit dem Üben. Wenn ein Schüler zehnmal beurteilen muß, ob jemand z.B. vor dem Baggern mit den Knien ausholt oder nicht, dann sollte danach auch in seiner Vorstellung dieses Element eindeutig und deutlich vorhanden sein. Wenn jeder Schüler alle Kategorien lange genug beobachtet hat, sollte zumindestens seine Bewegungsvorstellung komplett sein. Vorausgesetzt, die Kategorien sind richtig gewählt, hätte er dann eine optimale Basis, um seine Bewegungsvorstellung entsprechend zu gestalten. Findet dann praktisches Üben direkt nach der Beobachtung statt, so sollte es ihm möglich sein, das neu systematisierte Wissen direkt anzuwenden und in Können umzusetzen.

Der Unterrichtsversuch fand in einem Leistungskurs Sport mit Schwerpunktfach Volleyball der Jahrgangsstufe 13 statt, ca. 1/2 Jahr vor dem Abitur. Die fünfzehn Schüler waren in der Mehrzahl Handballer, nur eine Schülerin spielte im Verein

Volleyball. Das Spielniveau war unbefriedigend, nicht so sehr wegen fehlender Bewegungsbereitschaft, sondern wegen der Mängel in der Beherrschung der Fertigkeiten. Ziel der Unterrichtseinheit war es daher, die für die Schüler wesentlichen Grundfertigkeiten Baggern, Pritschen und Angriff zu verbessern.

Es handelte sich um den ersten Versuch dieser Art für die Schüler. Deshalb sollten sie anhand der besser bekannten Grundtechniken Baggern und Pritschen mit dem Verfahren vertraut gemacht werden, um dann damit den Leistungsstand im weniger beherrschten Angriff zu verbessern. Gleichzeitig sollten so zwei verschiedene Formen der Anwendung des Verfahrens erprobt werden:

- **Vor** den praktischen Übungen zum Verbessern von Baggern und Pritschen (die Ergebnisse unterstützen die folgenden Übungen).

- **Nach** den praktischen Übungen zum Verbessern des Angriffs (die Kategorien dienen als Grundlage für die Vermittlung der Fertigkeiten, das Beobachten als Lernzielkontrolle.)

Zusätzlich sollte eine Befragung den Wissensstand der Schüler ermitteln und ein Nachtest die Veränderungen im Baggern und Pritschen messen. Für den Versuch standen 6 + 1 Doppelstunden zur Verfügung, wobei der Nachtest ungefähr einen Monat nach Abschluß des Unterrichts durchgeführt wurde. Der sprachlichen Einfachheit halber wird für die Bezeichnung der Datenerhebungen der Begriff "Test" gewählt, obwohl es sich nicht um "Tests" im wissenschaftlichen oder statistischen Sinne handelt.

Die praktischen Übungen während der Unterrichtseinheit wurden in Form von bewährten und erfahrungsgemäß sehr erfolgreichen Übungsreihen durchgeführt. Ihre Art spielt für das Vorgehen nur eine untergeordnete Rolle, wichtig war nur, zu hohe konditionelle Belastungen zu vermeiden, um eine Konzentration auf die Technik zu erlauben.

5 ERGEBNISSE

Die konkreten Ergebnisse der Unterrichtseinheit sollen hier nicht eingehend diskutiert werden. Die vier dazu durchgeführten Datenerhebungen sind unter schulischen Bedingungen entstanden, sie genügen nicht wissenschaftlichen Kriterien. Es erscheint jedoch legitim, sich zur Bewertung des Unterrichtserfolges an diesen Werten zu orientieren und ihre generelle Aussage in der Tendenz zu übernehmen.

Die durch den Unterrichtsversuch erreichten Veränderungen lassen sich gut an den nach Kategorien geordneten Ergebnissen der Vor- und Nachuntersuchungen zeigen, die für das Baggern und Pritschen durchgeführt und von 12 der 15 Schüler absolviert wurden. Sie machen sichtbar, daß besonders im Bereich der Handhaltung, Armführung sowie deren Koordination Verbesserungen erzielt wurden (Kat.B4 und B6; P3 bis P6), während in den anderen Bereichen die erzielten Steigerungen kleiner waren.

Tab. 1: **Ergebnisse Test 4 (Nachtest Baggern und Pritschen)**
(geordnet nach Kategorien, Vergleich mit Test 1)
(Lesebeispiel: Kategorie 1 wurde von den Schülern in durchschnittlich 8 von 10 Versuchen erfüllt.)

Kat	1	2	3	4	5	6	7	8
Baggern	8,0	8,2	8,5	8,9	7,1	6,6	8,8	6,4
Diff.zu T1	+0,1	+0,3	–	+3,3	+0,2	+0,9	+0,1	+0,3
Pritschen	8,0	7,8	8,8	7,3	6,4	8,1	7,9	6,8
Diff.zu T1	–	+0,3	+1,6	+2,3	+1,2	+1,1	+0,4	+0,2

Insgesamt haben sich alle beobachteten Schüler verbessert, im Schnitt um 9 von 80 Punkten sowohl beim Baggern als auch beim Pritschen. Diese Verbesserung ist natürlich auf die gesamte Unterrichtseinwirkung zurückzuführen, nicht nur auf den Einsatz des Beobachtungsverfahrens. Dennoch läßt die Höhe der Veränderungen die angewandte Methodenkombination durchaus als erfolgreich erscheinen. Dies spricht zumindest für eine weitere Untersuchung des Verfahrens.

Die Tabelle mit den detaillierten Ergebnissen der Beobachtung des Angriffsschlages zeigt deutlich den Wert des Verfahrens als Medium zur Technikbeurteilung:

Tab. 2: Ergebnisse Test 2 (Beobachtung Angriff)
(Lesebeispiel: Schüler A hat Kat. 1
in 9 von 9 Versuchen erfüllt.)

Versuche	9	9	9	9	12	12	12	12	12	12	108		36	36	36
Schül/Kat	1	2	3	4	5	6	7	8	9	10	ges	%	Anl	Abs	Sch
A	9	9	8	9	12	12	11	9	12	5	96	89	35	35	26
B	8	6	7	9	10	9	12	5	9	7	82	76	30	31	21
C	3	6	5	9	12	10	9	11	11	6	82	76	23	31	28
D	6	3	9	3	12	12	10	5	10	6	76	70	21	34	21
E	6	4	6	1	12	12	10	1	9	9	71	66	17	35	19
F	8	5	7	5	5	10	12	3	8	6	69	64	25	27	17
gesamt	40	33	42	36	63	65	65	34	59	39			151	193	132
0	7	6	7	6	10	11	11	6	10	6	79	73			

Anl = Anlauf   Abs = Absprung   Sch = Schlag

Jede Kategorie, die unter leichten, gleichbleibenden Bedingungen nicht mindestens acht- von zehnmal erfüllt wird, kann als instabil bezeichnet werden. Sie sollte gezielt geübt werden, nachdem man sich davon überzeugt hat, daß bei dem Spieler die Bewegungsvorstellung zu diesem Punkt eindeutig und richtig vorhanden ist. Auch deshalb erscheint es wichtig, daß das Instrument auch bei durchschnittlich hoher Punktzahl noch differenziert.

Individuelle Fehlerquellen lassen sich in der Tabelle leicht lokalisieren, gleichzeitig wird aber auch deutlich, welche Schwerpunkte beim weiteren Üben für die ganze Gruppe gesetzt werden sollten. In dieser Unterrichtseinheit wurden nach der allgemeinen Diskussion der Ergebnisse den Schülern auf Arbeitsbögen die Kategorien ausgedruckt, die zu weniger als 80% erfüllt worden waren. Für die ganze Gruppe folgte eine Übungsstunde mit dem Schwerpunkt "Treffen des Balles mit gestrecktem Arm".

Um Informationen über das "Wissen" der Schüler zu erhalten, wurde in der letzten Stunde der Unterrichtseinheit noch eine Befragung durchgeführt. Damit sollte ermittelt werden, wie häufig die einzelnen Kategorien von den Schülern verständlich verbalisiert werden konnten. Sie erhielten zu zweit einen Arbeitsbogen mit Stichworten, in den die ausführliche Bewegungsanweisung eingetragen werden mußte. Das Ergebnis zeigt (logischerweise) viele Übereinstimmungen mit den Zahlen der Praxistests, es zeigt aber auch, daß in einigen Bereichen die Vorstellungen noch nicht deutlich genug sind:

Tab. 3: Ergebnisse Test 3 (Befragung Baggern und Pritschen)
(geordnet nach Kategorien; Lesebeispiel: Kat. 1
wurde von 7 der 7 Gruppen richtig beschrieben.)

max.	7	7	7	7	7	7	7	7	56
Kat.	1	2	3	4	5	6	7	8	ges.
Baggern	7	5	7	7	7	4	6	5	48
Pritschen	6	4	5	7	7	7	6	5	47

Wenn man davon ausgeht, daß sprachliche Differenzierung ein Indiz für die Genauigkeit der Bewegungsvorstellung ist, bietet auch das Ergebnis dieser Befragung wieder eine gute Basis für gezieltes Lernen. Sicher wäre es auch interessant, zu untersuchen, ob diejenigen Schüler, die eine Kategorie richtig beschreiben können, sie auch häufiger ausführen als andere und umgekehrt. Dies wurde wegen der ungesicherten Datenerhebung aber nicht versucht.

6 ERFAHRUNGEN

6.1 Zum Einsatz des Verfahrens

Die Spielerbeobachtung nach dem geschilderten Verfahren bildet eine hervorragende Basis für die Fehleranalyse und das Üben von sensomotorischen Fertigkeiten. Sie verspricht dann viel Erfolg, wenn auch eine gute und genaue Bewegungsvorstellung von einer Technik erreicht werden soll. Im Unterricht ist die Methode sinnvoll einzusetzen, besonders wenn die folgenden Bedingungen berücksichtigt werden:

- Nur eine Technik pro Übungsstunde beobachten.
- Nur ein bis zwei Techniken pro Unterrichtseinheit verbessern.
- Eine Technik muß wiederholt angewendet werden können, bevor sie beobachtet wird.
- Eine Technik sollte vor der Beobachtung nach den Kategorien geübt worden sein, sonst müssen diese erläutert werden.
- Der Verlauf sollte sein: Eingangsbeobachtung, Üben, Ausgangsbeobachtung mit dem gleichen Verfahren.

Auch wenn der direkte Einfluß der Beobachtung auf die Verbesserung in der Ausführung unter den gegebenen Bedingungen nicht meßbar war, haben sich im Verlauf dieser Unterrichtseinheit vor allem in zwei Bereichen die Erwartungen in vollem Umfang erfüllt:

- Für die Fehleranalyse kann es kaum einen Weg geben, der bei vertretbarem organisatorischem Aufwand eindeutiger und genauer Mängel in einer Bewegungsausführung aufdeckt.
- Das schülerzentrierte Vorgehen bei der Beobachtung versetzt diese in die Lage, selbst die Qualität einer Bewegungsausführung fundiert beurteilen zu können.

Für den Lernprozeß der Schüler hat dies mehrere Konsequenzen, die sich sowohl auf die Eigenrealisation der Technik als auch auf das Lernverhalten direkt auswirken:

- Die Schüler wußten bei den Übungen zur Technik jederzeit genau, was sie zu tun und zu verbessern hatten.
- Bei freierem Üben waren sie in der Lage, ihre Übungsschwerpunkte sinnvoll und individuell zu wählen.

- Das Wissen um die richtige Ausführung ist für die Schüler frei verfügbar, sie waren dadurch weniger auf den Lehrer angewiesen, der es ihnen sonst oft nur punktuell und zum Teil unsystematisch zuführt.

- Das Wissen um die Erkennbarkeit von Fehlern in der eigenen Bewegungsausführung hat die Akzeptanz von Kritik deutlich erhöht.

Deshalb kann von einer positiven neuen Erfahrung für die Schüler gesprochen werden, die im Gegensatz zum normalen Sportunterricht auch ihr Wissen vermehrt hat, die Grundlagen für Differenzierungen sowie selbstständiges Lernen schafft und damit die Abhängigkeit vom Lehrer etwas reduziert.

6.2 Zur Organisation

Die Organisation der Beobachtung erwies sich insgesamt als problemlos und ließ sich mit einem vertretbaren zeitlichen Aufwand und wenig Geräteaufbau durchführen. Der optimale Ablauf ergab sich erst im Laufe der Unterrichtseinheit. Beabsichtigt war ursprünglich Einzelbeobachtung (um jede Kategorie beobachten zu können.) Sinnvoller ist aber eine alternierende Beobachtung von zwei Spielern. Sie bringt bei Baggern und Pritschen mehr Bewegung, bei Angriff, Block und Angabe eine große Zeitersparnis. Sie läßt sich durchführen, wenn auch in Zweiergruppen beobachtet wird, d.h., die Nachbarn nach 10 Beobachtungen ihre Bögen untereinander tauschen und dann bei Wechsel um zwei Positionen weiterrücken. Der benötigte Zeitaufwand beträgt dann, je nach zu beobachtender Fertigkeit, bei zwölf Spielern zwischen 20 und 35 Minuten.

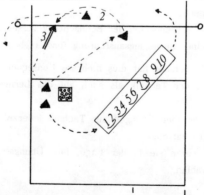

Abb. 4: Organisationsform Beobachtung Angriff, Zweierbeobachtung

Die Übungsform ist von sekundärer Bedeutung, ihre Wahl richtet sich nach dem Techikniveau der Gruppe oder dem Beobachtungsziel. Grundsätzlich kommen jedoch nur Übungen in Frage, bei denen die Technik leicht anwendbar und beobachtbar ist und schnell hintereinander häufig eingesetzt werden kann.

6.3 Probleme

Einschränkungen aus den Erfahrungen mit dem Beobachten in diesem Kurs beziehen sich vor allem auf die folgenden Aspekte:
- Die Schüler haben Abneigungen gegen jede Aktion im Sport, die nicht nur mit Handeln, sondern z.B. auch mit Schreiben verbunden ist. Fraglich ist, ob dies trotz oder wegen ihrer Erfahrungen im Leistungskurs ist, also obwohl oder weil sie bewußtes Lernen häufig praktizieren und auch sehr viel "über" Sport lernen mußten. Schüler der Sek. I sind da erfahrungsgemäß unbefangener, Vereinsspieler erfolgsorientierter. Bei entsprechenden Erklärungen läßt sich das Verfahren jedoch sicherlich auch in der Sek. II durchführen, ohne daß große Fehler aufgrund von Desinteresse oder Unlust zu erwarten sind.
- Die Verknüpfung von Spielerbeobachtung und Zensurengebung scheint problematisch und wurde in diesem Unterrichtsversuch vermieden. Grundsätzlich wäre dies anders, wenn der "normale" Lehrer, von dem die Schüler Zensurengebung erwarten, diese in Form von Spielerbeobachtung absichern läßt. Trotzdem sollte hier eher Zurückhaltung geübt werden, um die negative Einstellung der Schüler gegenüber der Zensierung nicht auf das Beobachtungsverfahren zu übertragen.
- Zu Beginn war den Schülern das von den eigenen Mitschülern Beobachtet-werden sichtlich unangenehm. Als jedoch alle die Erfahrung gemacht hatten, daß Fehler tatsächlich sichtbar und beschreibbar sind, sowohl bei anderen als auch bei sich selbst, zeigten sich hier keine Probleme mehr.

7 ZUSAMMENFASSUNG UND FAZIT

Vorgestellt wurde ein Verfahren zur Verbesserung sensomotorischer Fertigkeiten, das in einem Leistungskurs 13 im Rahmen einer Unterrichtseinheit zur Schulung der Grundfertigkeiten Baggern, Pritschen und Angriff eingesetzt wurde. Die damit erzielten Veränderungen sprechen für eine positive Auswirkung des Verfahrens. Besonders unter dem Aspekt des Einsatzes kognitiver Prozesse beim Lernen sowie als Grundlage für mehr selbstgesteuertes Lernen scheint das Verfahren auch in der Schule erfolgreich anwendbar zu sein.

LITERATURVERZEICHNIS

DRAUSCHKE, K. u.a.: Der Volleyballtrainer. München: BLV 1987.

HARTMANN, H.: Untersuchung zur Lernplanung und Lernkontrolle... Schorndorf: Hofmann 1973.

IWOILOW, A.W.: Volleyball. Berlin (DDR): Sportverlag 1984.

UNGERER, D.: Zur Theorie des sensomotorischen Lernens. Schorndorf: Hofmann 1973.

VOIGT, H./NAUL, R.: Volleyball. Düsseldorf: Bagel 1982.

VOLPERT, W.: Sensumotorisches Lernen. Frankfurt: Limpert 1971.

WERNER, F.: Effektiveres Üben sensomotorischer Abläufe... Arbeit zum 1. Staatsexamen (unv.) Bremen 1974.

WERNER, F.: Lernen durch Beobachten. Arbeit zum 2. Staatsexamen (unv.) Bremen 1988.

HANS-JÜRGEN WAGNER

FEHLERKORREKTUR IM VOLLEYBALL

Ein handlungsdiagnostischer Ansatz zur Fehlerkorrektur von volleyballspezifischen Bewegungsabläufen

Das Volleyballspiel sei, so wird in der einschlägigen Fachliteratur immer wieder betont, ein "technisch-taktisch anspruchsvolles Spiel", und es wird zu Recht gefordert, daß z.B. dem Erlernen der Grundelemente besondere Aufmerksamkeit zu widmen sei.

Es scheint deshalb völlig natürlich zu sein, daß beim Erlernen der Grundtechniken Fehler gemacht werden, die der geschulte Übungsleiter mehr oder weniger erfolgreich zu überwinden hilft. Für ihn sind gezielte Korrekturmaßnahmen offensichtlich immanente Bestandteile seiner pädagogischen Arbeit, und wenn man andere Lehr- und Lernsituationen betrachtet, so scheinen "Korrekturmaßnahmen" notwendige Bestandteile jedweder Lehr- und Lernprozesse zu sein.

Analysiert man nun das Phänomen "Fehlerkorrektur", so stellt man fest, daß es sich dabei um einen überaus komplexen Sachverhalt handelt:
- Wann kann man in welcher Situation von Fehlern sprechen?
- Ist es sinnvoll, "Fehler" und "Mängel" zu unterscheiden?
- Wie kommt der- oder diejenige zu seinem/ihrem Fehlerbegriff?
- Wie kann man Fehler erkennen?
- Welche Informationen sind beim Korrigieren unbedingt notwendig?
- Gibt es standardisierte Vorgehensweisen beim Korrigieren?
- Welche Rolle spielt der/die zu Korrigierende innerhalb der Korrekturprozedur?

Die Liste der Fragen, die man zum Thema "Fehlerkorrektur" stellen könnte, wäre beliebig zu erweitern und hätte sicherlich keinen geringen Umfang. Deshalb kann dieser Beitrag keinen Anspruch auf vollständige Auflistung entsprechender Fragen erheben, schon gar nicht den Anspruch, auf detaillierte Beantwortung derselben. Dieser Beitrag soll aber zum einen Denkanstöße zu prinzipiellen Überlegungen geben, zum anderen eine Handlungsstruktur vorstellen, mit der man allzu unsystematisches Handeln innerhalb von Korrekturmaßnahmen ordnen kann.

Der vorliegende Ansatz zur "Fehlerkorrektur von sportlichen Bewegungsabläufen" ist sicherlich nur bedingt übertragbar auf die meisten sportlichen "Techniken", erprobt wurde er allerdings beim Pritschen und Baggern, so daß der Leser beim

Studieren der folgenden Zeilen diese beiden Techniken im "Hinterkopf" haben möge.

Spricht man von "Fehlern". und "Mängeln", so verbergen sich dahinter im allgemeinen mehr oder weniger klare Vorstellungen von dem, was "richtig" ist, bzw. "richtig" zu sein hat: Das "Richtige", das "Gute", das "Schöne", etc. ist zum Maßstab geworden und je nachdem, wie die Abweichung "aussieht", kommen Zuschreibungen wie "fehlerhaft", "mangelhaft", etc. zustande. Dabei stellt sich die Frage, wie der Maßstab, mit dem die Abweichung gemessen wird, aussieht, wie er aussehen kann oder wie er auszusehen hat.

Für die Herleitung eines Fehler- und Mängelbegriffes gibt es meines Erachtens zwei prinzipielle Ansätze, die sich zunächst zu widersprechen scheinen:

Die Bezugsnorm ist entweder das Ziel eines Bewegungsablaufes, oder die gängige, in der Fachliteratur publizierte Mustertechnik (vgl. Abb. 1).

1) Zum Ziel als Bezugsnorm

Will man unter einem volleyballspezifischen Bewegungsablauf einen Spezialfall von einer sportlichen Handlung verstehen, dann hat z.B. ein Bagger die allgemeinen Kennzeichen einer Handlung [1] zu tragen:

- Handeln ist als ein Prozeß zu verstehen, wobei sich dieser Prozeß aus den Koordinaten "Raum" und "Zeit" konstituiert.
- Handeln ist eine Einheit von Aktivitäten.
- Handeln spielt sich beim Individuum ab.
- Handeln ist zielgerichtet.
- Handeln ist im Verlauf zielorientiert.

Handeln ist somit ein zeitlich und räumlich begrenzter Prozeß, in dem sich ein Individuum bewußt und zielgerichtet verhält. Mit anderen Worten: Die Aktivität, Maßnahme, "Technik" hat sich dem Ziel unterzuordnen, hat sozusagen Vehikelfunktion. Es soll eine anstehende Aufgabe gelöst, ein bestimmtes Ziel erreicht werden. Die volleyballspezifischen Bewegungsabläufe haben in diesem Sinne keinen Selbstzweck. So dient das obere und untere Zuspiel dazu, den Ball auf einen be-

---

[1] Die fünf im Text verwendeten Hochzahlen beziehen sich auf die ersten fünf Literaturbereiche

stimmten Punkt zu spielen; der Aufschlag und Schmetterschlag ist so zu plazie-
ren, daß kaum oder keine Abwehrchancen bestehen, der Block hat sowohl die
Aufgabe, Bälle "abzuwehren", als auch als Orientierung für die Feldabwehr zu
dienen:

> Der Annahmespieler beobachtet, wie der Aufschläger die für ihn rich-
> tige Aufgabeposition sucht. Der ausgeglichene Spielstand jetzt am Ende
> des 5. Satzes verdeutlicht, wie wichtig es nun ist, den Ball exakt zum
> Zuspieler zu bringen. Sein Blick sucht nochmals die Position, zu der
> der Aufbauspieler laufen wird, genau dort muß der Ball ankommen. In-
> zwischen hat der Ball die Hand des Aufschlägers verlassen. Es ist eine
> leicht ansteigende Flugbahn zu beobachten, selbst über der Netzkante
> verläuft sie noch ansteigend. Der Ball fliegt lang und länger, und fällt
> plötzlich, als ob ihn jemand nach unten gedrückt hätte. Die anfänglich
> antizipierte Flugbahn hat sich nicht bestätigt, der Ball hat sich nicht
> an den Antizipationsprozessen orientiert. Einen großen Schritt nach
> vorne, ein Knie ist schon fast auf dem Boden, ein leichtes Ziehen in
> den Schultern, der Ball schlägt auf einem der Unterarme auf, die
> Arme sind dabei leicht angewinkelt. Dennoch findet der Ball sicher
> seinen Weg zum Zuspieler. Die Aufgabe ist gelöst, es steht die nächste
> an.

Wenige Trainer würden in diesem Augenblick diesen Bagger als mangelhaft oder
gar als fehlerhaft bezeichnen. Es ist sogar fraglich, ob dabei jemand an eine solche Fragestellung denken würde. Denn das Ziel, den Ball exakt zum Zuspieler abzuwehren, wurde erreicht.

Demnach kann man dann von einem Fehler und Mangel[2] sprechen, wenn das Ziel,
das mit einer Handlung erreicht werden soll, nicht erreicht wurde. Bezugsnorm
ist somit das Ziel, und der Fehler- bzw. Mangelbegriff ist resultatsorientiert, wobei zwischen "Fehler" und "Mangel" insofern unterschieden werden kann, als von
einem Fehler dann gesprochen wird, wenn die gewünschte Handlungskette unterbrochen ist (z. B. Ball fliegt nach der Annahme an die Decke oder auf den An-
schreibertisch), von einem Mangel dann, wenn zwar die gewünschte Handlungskette (z.B. Annahme - Zuspiel - Angriff) nicht unterbrochen ist, doch diese nur
mit erheblicher Mühe aufrecht erhalten werden kann (z.B. Zuspieler muß von
außerhalb des Spielfeldes stellen).

2) Zur Mustertechnik als Bezugsnorm

Analysiert man die gängige Volleyballiteratur beispielsweise zum Thema "Pritsch-
und Baggertechnik", so fällt auf, daß dort weniger etwas zum Ziel einer Technik
ausgesagt wird, als vielmehr über ihren wünschenswerten Verlauf. Man ist sich im
allgemeinen einig, wie z.B. der "idealtypische"[3] Bagger auszusehen hat, mit dem
es wohl am wahrscheinlichsten sein soll, daß der Ball dort ankommt, wo er auch
immmer anzukommen hat. Die tatsächlich benutzte und beobachtbare Technik
wird mit der Mustertechnik verglichen und bei mehr oder weniger großer Abweichung wird sie dann als "fehlerhaft" oder "mangelhaft" bezeichnet. Deshalb kann
dieser Zugang zu einem Fehlerbegriff als "verlaufsorientiert" bezeichnet werden.

In Anlehnung an CZABANSKI (1987) kann man dann von einem Fehler sprechen,
wenn im Vergleich zum Musterbild ein neuer Algorithmus (= aufeinanderfolgende
Reihe von Einzelbewegungen) entsteht. Es finden sich solche Elemente und Verknüpfungen, die im "idealtypischen" Bewegungsalgorithmus nicht vorhanden sind.
Beispielsweise kann beim Baggern der Teil "durchgestreckte Arme" durch "ange-
winkelte Arme" ersetzt werden. "Mängel" unterscheiden sich nun von "Fehlern"
dadurch, daß ein Element sozusagen ersatzlos gestrichen wird. Beispielsweise wird
nur mit den Armen gepritscht, es fehlt die Körperstreckung.

Benutzt man für ein und denselben beobachteten Sachverhalt beide Zugänge, so
können sich Widersprüche ergeben. Zum einen ist es möglich, mit einer mangelhaften Technik (im Sinne einer Verlaufsorientierung) den Ball dorthin zu spielen,
wo er hingespielt werden soll, zum anderen kann eine (fast) idealtypische Technik
beobachtet werden, durch die der Ball nicht das gewünschte Ziel erreicht. (Beispielsweise ist es denkbar und beobachtbar, daß Spieler zwar die in der Literatur
vorgeschlagene Baggertechnik benutzen, der Impuls jedoch innerhalb der Streckung
zu gering ist, so daß der Ball nicht genau zum Ziel kommen kann).

Gibt es nun Möglichkeiten, solche Widersprüche zu überwinden oder muß sich der
Lehrer und Übungsleiter für einen der beiden Zugänge entscheiden und den anderen kategorisch ablehnen?

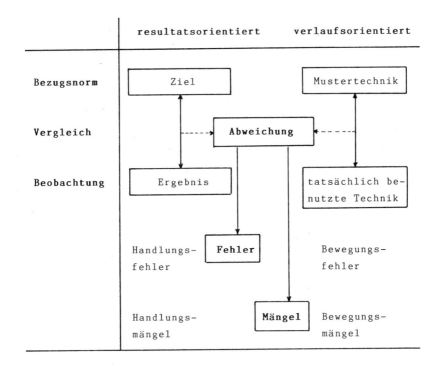

Abb. 1: Ziel bzw. Mustertechnik als Ausgangspunkt zur Bestimmung von Fehlern und Mängeln

Unter dem Gesichtspunkt der Korrektur von unterem und oberem Zuspiel interessieren die Ursachen, die für die Entstehung der Fehler und Mängel verantwortlich zu machen sind. Dabei ist das "Prinzip der Ursachenketten" (HACKER 1986, 425) von außerordentlicher Bedeutung, jedoch nicht ganz unproblematisch. Denn es läßt sich für jede Ursache eine weitere Ursache finden. Es ist deshalb sinnvoll, eine solche Ursachenkette so lange zurückzuverfolgen, bis ein beeinflußbares Glied gefunden ist, wobei "das Prinzip der multiplen Determination" (HACKER 1986, 425) nicht übersehen werden darf: Für einen Fehler bzw. Mangel sind im Regelfall mehrere Ursachen verantwortlich zu machen. Eine der wichtigsten und wohl auch schwierigsten Aufgaben des Trainers und Sportlehrers ist es deshalb, die Zusammenhänge des Ursachenkomplexes zu ergründen und ausgehend davon, didaktisch sinnvoll zu innovieren.

Bis zu welchem Punkt ist es nun aber sinnvoll, eine Ursachenkette zurückzuverfolgen?

Sicherlich kann man davon ausgehen, daß jeder gesunde und normal entwickelte Mensch die körperlichen Voraussetzungen mitbringt, ein oberes und unteres Zuspiel prinzipiell durchführen zu können. Wenn der Körper also "recht wenig" beansprucht wird, die Technik aber im allgemeinen als schwierig bezeichnet wird, müssen es wohl die psychischen Anforderungen sein, die für den hohen Schwierigkeitsgrad verantwortlich zu machen sind.

Anscheinend sind die Ursachen der Fehler und Mängel fast ausschließlich innerhalb der Handlungsregulation zu suchen. Mit anderen Worten: "Ausgangsursache" der Fehler und Mängel beim oberen und unteren Zuspiel ist das falsche Nutzen von vorhandenen Informationen.

Meines Erachtens sind folgende fünf hierarchisch geordneten Bereiche zu nennen, die als Grundlage von Fehlern und Mängeln in Frage kommen (in Anlehnung an HACKER, 1986): .

1. fehlende Motivation
2. unzureichende Orientierungsgrundlage
3. Entwicklung falscher Handlungsprogramme
4. falsche zeitliche Organisation der Ausführung
5. falsche örtliche Organisation der Ausführung

Ein Beispiel aus der Literatur soll die Problematik der Ursachenverkettung verdeutlichen und aufzeigen, wie äußerst kritisch es ist, von gleichen Fehlerbildern, die bei verschiedenen Spielern beobachtet werden, auf eine gleiche Ursache bzw. Ursachenverkettung zu schließen und "standardisierte Korrekturmaßnahmen" für die entsprechenden Fehlerbilder[4] zu entwickeln.

In VOIGT/NAUL (1982, 40) ist ein Spieler abgebildet, der, verglichen mit der "Mustertechnik" fehlerhaft baggert; ein Beispiel eines "Fehlerbildes", das meines Erachtens repräsentativ für die Praxis ist.

Die Bildreihe besteht aus drei Bildern, wobei der Spieler in Grätschstellung und mit angewinkelten Armen, die Ellbogen nach außen zeigend, den Ball erwartet (1. Bild). Auf den beiden nächsten Bildern ist dann deutlich zu erkennen, daß der Körper zu dicht am Ball ist, die Arme angewinkelt bleiben und die Körperstreckung nach oben, mit Tendenz nach hinten oben, verläuft.

In der Originalbeschriftung heißt es unter der Überschrift "Beobachtung/Ursachen/Folgen": "Auf Grund der fehlenden Spielstellung fehlen Hauptmerkmale der Bewegung (Knie und Ellbogen), der Ball prallt lediglich von den Armen ab und verursacht einen Doppelschlag" (VOIGT/NAUL, 1982, 40). Wo der Ball allerdings hinzuspielen ist, und inwieweit er sein Ziel erreicht hat, ist nicht zu erkennen bzw. ist nicht beschrieben.

Als Korrekturmaßnahme wird dann unter der Überschrift "Korrektur" vorgeschlagen: "Einnahme der Spielstellung ohne und mit Ball üben, Timing mit Hilfe zwischengeprellter Bälle erlernen; Hilfsübung mit Stuhl, Übungsformen: 63, 64, 67". (VOIGT/NAUL, 1982, 40).

Wie oben bereits erwähnt, können verschiedene Ursachen für die Entstehung eines solchen Fehlerbildes verantwortlich gemacht werden:
- Ist dem Spieler überhaupt klar, wie die Bewegung "idealtypisch" aussieht? (unzureichende Orientierungsgrundlage)
- Wenn das nicht der Fall ist, wie soll er dann "situative Handlungsmuster" entwickeln?
- Eine falsche zeitliche und räumliche Organisation seiner Bewegungen (auch seiner "geistigen Bewegungen") ist die unmittelbare Folge.

Es kann sein, daß
- er zunächst einmal zu einer "besseren" Technik zu motivieren ist,
- noch Beschreibungen des "idealtypischen" Bewegungsablaufes notwendig sind,
- der Spieler Rückmeldungen über seinen Bewegungsablauf braucht,
- es ihm überhaupt nicht bewußt ist, wie mehr oder weniger dicht sich sein Körper zum Ball befindet,
- es sinnvoll ist, zunächst noch Teilsequenzen zu automatisieren etc.

Ausgehend von solchen Überlegungen erscheint ein "standardisiertes Korrekturprogramm" (= wenn dieser Fehler beobachtet wird, gibt es diese Übungsform als Korrekturmaßnahme) als wenig hilfreich. Soll nun deshalb der Trainer und Sportlehrer vollkommen "frei und unstrukturiert" Korrekturmaßnahmen vornehmen, oder gibt es eine strukturierte Alternative zu "standardisierten" Korrekturmaßnahmen?

Im folgenden soll nun eine "Handlungsmatrix" (vgl. Abb. 3) vorgestellt werden, die dem Trainer und Sportlehrer bei aktuellen Korrekturmaßnahmen eine Strukturierungshilfe sein soll. Ein Vorgehen, das sich an dieser Matrix orientiert, soll "Handlungsdiagnostik" heißen.

Im Kern geht es darum, den individuellen Ausprägungsgrad der Bewegungshandlung und die (inneren) intraindividuellen Zusammenhänge zu erfassen, durch welche die individuelle Einmaligkeit der Persönlichkeit bei der Bewältigung bestimmter Anforderungen repräsentiert ist. Mit anderen Worten: Für ein fehlerhaftes und mangelhaftes Resultat (z.B. kam der Ball dort nicht an, wo er hätte ankommen sollen) gibt es eine äußere, direkt wahrnehmbare Bewegungsstruktur, die eine oder mehrere "Fehlersequenzen" beinhalten kann und eine sie "begleitende" innere Struktur, die sogenannte Regulationsstruktur mit ihren drei Regulationsebenen (vgl. z.B. HACKER, 1986 oder WEINBERG 1978, 150-154), wobei sich beide, äußere und innere Struktur, dialektisch bedingen.

Wenn nun der Fehler für das fehlerhafte Resultat in der inneren Struktur zu suchen ist, muß natürlich diese Struktur verbessert werden, in der Hoffnung, daß sich dadurch die äußere Struktur verändert und somit ein Resultat erzielt werden kann, das eher dem intendierten Ziel entspricht.

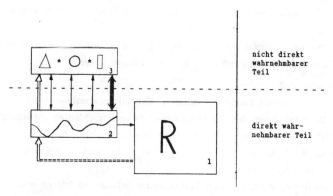

Abb. 2: **Hierarchisch geordnete Ebenen beim Diagnostizieren von fehlerhaften und mangelhaften Handlungen**
1= fehlerhaftes und mangelhaftes Resultat
2= äußere und direkt beobachtbare Bewegungsstruktur
3= innere und nicht direkt beobachtbare "Bewegungsstruktur" (=Regulationsstruktur)
↕= dialektisches Verhältnis von innerer und äußerer Struktur
◁····=Richtung des Diagnostizierungsprozesses (Ausgangspunkt ist das Resultat)

Das Ziel, "intraindividuelle Zusammenhänge erfassen", kann aber meines Erachtens nicht durch eine strikte Trennung von Analyseprozessen und didaktischen Maßnahmen erreicht werden, (so wie es oft von Testautoren gefordert wird[5]), sondern Analyse und Didaktik verschmelzen sozusagen zu einer funktionalen Einheit: Denn analytische Handlungen sind insofern didaktische Maßnahmen, als sie notwendig sind für die folgende Maßnahme. Didaktische Maßnahmen sind insofern analytische Handlungen, als sie Voraussetzung sind für weitere analytische Maßnahmen.

Unter Handlungsdiagnostik soll deshalb ein Prozeß verstanden werden, bei dem analytische und didaktische Tätigkeiten funktional solange zu einer Einheit verschmelzen, bis die Beteiligten der Meinung sind, den Prozeß beenden zu müssen: Das ist der Fall, wenn ein gewünschtes Ziel erreicht ist oder festgestellt wurde, daß das angestrebte Ziel/die angestrebten Ziele nicht erreicht werden kann/erreicht werden können.

Ein solcher Prozeß kann wenige Minuten dauern, er kann sich aber auch über einen ganzen Zyklus erstrecken, ja sogar über eine ganze Periode. Er kann sich beziehen auf einen Einzelnen, auf eine Gruppe innerhalb der Mannschaft oder auf die Mannschaft selbst.

Der Ausgangspunkt eines Diagnostikprozesses ist "eine zu lösende Aufgabe", die entweder im "intendierten Sinne" oder "fehlerhaft bzw. mangelhaft" gelöst wurde, wobei sich die Beurteilung des Resultates an dem intendierten Ziele orientiert. Es wird also hier zunächst ein resultatsorientierter Fehlerbegriff benutzt (vgl. Abb. 1). Entspricht das Handlungsresultat (fast) dem des vorgegebenen Zieles, (auch wenn die benutzte Technik im Sinne eines verlaufsorientierten Fehlerbegiffes fehlerhaft wäre!!!), ist keine Korrektur notwendig und die Anforderungen an den Spieler/die Spieler könnten erhöht werden.

Für einen baggernden Spieler beispielsweise heißt "Anforderung erhöhen", daß z.B. fester geschlagen oder kürzer gespielt wird. Dieser steht dann natürlich wieder einer neuen "zu lösenden Aufgabe" gegenüber, die, wie gehabt, fehlerhaft, mangelhaft oder im gewünschten Sinne gelöst werden kann.

Ist die Lösung allerdings nun mangelhaft oder fehlerhaft, und es fällt die Entscheidung für eine Korrekturmaßnahme, so folgt eine direkte, systematische und subjektive Beobachtung der Bewegungsstruktur in Verbindung mit dem Handlungsresultat, wobei sich die Bewertung der Bewegungsstruktur an der "idealtypischen" Struktur der entsprechenden Technik orientiert. An dieser Stelle wird also der verlaufsorientierte Fehlerbegriff mit benutzt, und es wird deutlich, daß dieser dem resultatsorientierten Fehlerbegriff untergeordnet ist.

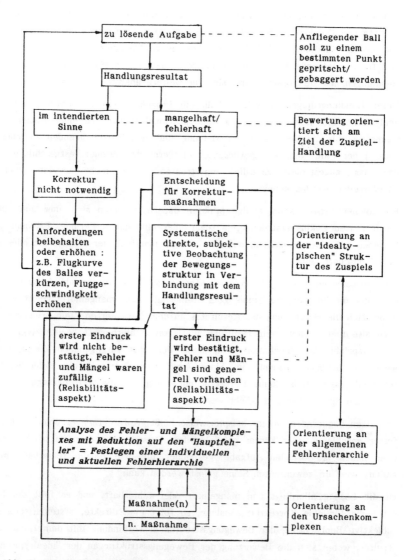

Abb. 3 : Handlungsdiagnostik als Synthese von analytischen und didaktischen Handlungen (Aufgezeigt am Beispiel der Korrektur von oberem und unterem Zuspiel beim Volleyball).

Wird nun der erste Eindruck nicht bestätigt, d.h., Fehler und Mängel waren zufällig, so sind die Anforderungen zu erhöhen, waren sie jedoch nicht zufällig, d.h., "Fehler und Mängel sind generell vorhanden", so erfolgt eine "Analyse des Fehler- bzw. Mängelkomplexes mit Reduktion auf den Hauptfehler", wobei der "Hauptfehler" ausgehend von der "idealtypischen" Struktur festzulegen ist. Welche Ursachen nun für ihn verantwortlich zu machen sind, kann eine "erste Maßnahme" aufzeigen.

So kann beispielsweise die Reduktion der Anforderungen (den Ball höher werfen, nicht so fest schlagen), oder eine gezielte Frage an den Spieler, hierüber erste Informationen geben. (Zuhören ist dabei oft besser als Erkenntnisprozeß geeignet als Zuschauen...). Ausgehend von neuen Erkenntnissen kann nun eine weitere Maßnahme ergriffen werden.

Grundvoraussetzung für ein solches, doch recht "intensives" Vorgehen ist eine positive Einstellung gegenüber den eigenen Fähigkeiten und dem zu betreuenden Spieler:

Wenn man bedenkt,
- daß es ein breites Spektrum an Fehler- und Mängelursachen gibt,
- daß das, was ein Beobachter registriert, das oberflächliche Output tiefenstruktureller Prozesse und Entscheidungen ist und diese der Beobachtung kaum zugänglich sind,
- daß Individuen Fehler und Mängel auf der Grundlage eigener Beobachtung und Wahrnehmung sehen, und
- daß die Bewertung vor dem Hintergrund eigener Vorstellungen, Anschauungen und Überzeugungen stattfindet,

ist jeder Trainer und Sportlehrer bei Korrekturen notwendigerweise auf die Hilfe seiner Schützlinge angewiesen: Pädagogische Kommunikation wird zur entscheidenden Voraussetzung für Korrekturmaßnahmen.

LITERATUR

(sehr begrenzte Auswahl)

1. Literatur zum Handlungsbegriff

HACKER, W.: Arbeitspsychologie. Bern, Stuttgart, Toronto 1986.

KAMINSKI, G.: Die Bedeutung von Handlungskonzepten für die Interpretation sportpädagogischer Prozesse. In: Sportwissenschaft 9 (1979), 9-28.

SCHAPKEN, K./WEINBERG, P. (Hrsg.): Bewegung, Spiel und Lernen im Sport. Köln 1981.

VOLPERT, W.: Handlungsstrukturanalyse. Köln 1974.

WEINBERG, P.: Handlungstheorie und Sportwissenschaft. Köln 1978.

WEINBERG, P.: Bewegung, Handlung, Sport. Köln 1985.

WEINBERG, P. (Hrsg.): Lernen von Sporthandlungen. Köln 1981.

WOPP, Chr.: Volleyball spielen und lernen. Wuppertal 1980.

2. Literatur zum Fehlerbegriff

BREMER, D.: Fehler sehen und Fehlerkorrektur im Hochschulsport. In: Hochschulsport 1 (1982) 8-12.

BREMER, D., SPERLE, N.: Fehler, Mängel, Abweichungen im Sport. Darmstadt 1984.

CZABANSKI, B.: Die Sporttechnik, technische Fehler und Fehlerkorrektur. In: Hochschulsport 1 (1982) 12-16.

HAMSEN, G.: Informationsgewinnung über den kinästhetischen Analysator: selbsttätige Fehlerkorrektur der Sporttreibenden. In: Hochschulsport 1 (1982) 16-21.

SPERLE, N.: Fehler sehen, Fehleranalyse und Fehlerkorrektur beim Bewegungslernen. In: Hochschulsport 1 (1982) 6-8.

3. Literatur zur "idealistischen" Bewegungsvorstellung

FIEDLER, M: Volleyball. Berlin DDR, 1985.

HERZOG, K.: Volleyball - Bewegungsabläufe in Bildern. Everswinkel 1977.

VOIGT, H./ NAUL, R.: Volleyball - Sportsekundarstufe II. Düsseldorf 1982.

4. Literatur zu Fehlerbildern und entsprechenden Korrekturmaßnahmen

BLUME, G.: Volleyball-Training-Technik-Taktik. Hamburg 1977, 70- 71, 77, 85, 94, 102, 114.

DRAUSCHKE, K. u.a.: Der Volleyballtrainer. München 1987, 32, 39, 42, 55, 63.

GORSKI, J., KRIETER, U.: Volleyball-Technik-Taktik-Training- Kondition. München 1982, 56-57, 65-66, 74, 82-83, 87, 91.

VOIGT, H./ NAUL, R.: Volleyball - Sportsekundarstufe II. Düsseldorf 1982, 25-26, 40-41, 52, 76-78, 88.

5. Literatur zu "Techniktests"

BRACK, R.: Trainingswissenschaftliche Leistungsdiagnostik im Volleyball. Ahrensburg 1983.

KNEYER, W./ KNEYER, I.: Texte zur Theorie der Sportarten: Volleyball. Wuppertal 1985, 137-140.

LETZELTER, H./ ENGEL, K.: Gütekriterium sportartspezifischer Tätigkeitstests im Volleyball. In: Leistungssport 8 (1979) 211- 218.

6. Weitere Literatur

FACHSCHAFTSINITIATIVE SONDERPÄDAGOGIK WÜRZBURG, ARBEITSGRUPPE FÖRDERDIAGNOSTIK: Diagnostik im Interesse der Betroffenen. Würzburg 1982.

FARFEL, W.S.: Bewegungssteuerung im Sport. Berlin DDR, 1985.

KLAUER, K.J.: Kriteriumsorientierte Tests. In: Feger, H. u. Bredenkamp, I. (Hrsg.): Messen und Testen. Göttingen 1983, 693- 726.

KORNMANN, R./MEISTER, H./SCHLEE, J.: Förderungsdiagnostik - Konzepte und Realisierungsmöglichkeiten. Heidelberg 1986.

LEONTJEW, A.: Tätigkeit, Bewußtsein, Persönlichkeit. Berlin DDR, 1987.

LOMPSCHER, J.: Persönlichkeitsentwicklung in der Lerntätigkeit. Berlin DDR, 1987.

PETERSEN, T.: Aspekte qualitativer Bewegungsforschung. In: Sportunterricht 1 (1982) 12-19.

RUBINSTEIN, S.L.: Grundlagen der allgemeinen Psychologie. Berlin DDR, 1984.

SCHNABEL, G. :Bewegungslehre - Sportmotorik. Berlin DDR, 1987.

WAGNER, H.J.: Ein handlungsdiagnostischer Ansatz zur Fehlerkorrektur von sportlichen Bewegungsabläufen, aufgezeigt am Beispiel des oberen und unteren Zuspiels beim Volleyball. unveröffentlichte Diplomarbeit, Heidelberg 1988.

WITZLACK, G.: Grundlagen der Psychodiagnostik. Berlin DDR, 1977.

WITZLACK, G.: Einführung in die Psychodiagnostik in der Schule. Berlin DDR, 1987.

WYGOTSKI, L.S.: Denken und Sprechen. Frankfurt 1981 (Original 1934).

GERD WESTPHAL

ZUR FELDVERTEIDIGUNG AUF UNTEREM UND MITTLEREM NIVEAU

1 VORAUSSETZUNGEN

Ein wesentliches Ziel des Volleyballspiels ist es, das "Feld zu verteidigen", d.h. ich muß verhindern, daß der Ball auf die Erde fällt. Gelingt mir das, kann ich einen Angriff aufbauen, angreifen und wiederum den Gegner zur Feldverteidigung zwingen. Besonders für Anfänger ist eine erfolgreiche Feldverteidigung (und damit Verlängerung der Ballwechsel) eine wichtige Grundlage der Motivation.

Volleyball ist aber auch ein Spiel, in dem alle taktischen Handlungen unter Zeitdruck ausgeführt werden müssen. Dabei bedeutet taktisches Handeln:
- Ich muß eine Spielaufgabe lösen.
- Ich muß mich für eine Handlung entscheiden.
- Diese Entscheidung beruht auf einer Wahrnehmung/Beobachtung.
- Die Entscheidung muß unter Zeitdruck getroffen werden.

2 DAS PROBLEM ZEITDRUCK

Die Struktur des Spieles sowie die Spielregeln ergeben den Zeitdruck, der sich mit konkreten Zahlen belegen läßt (vgl. WESTPHAL/GASSE/RICHTERING 1987). Es stellt sich jetzt die Frage, wie ich dem Spieler helfen kann. Es bieten sich verschiedene Lösungsmöglichkeiten an:

1. Ballflugzeiten verlängern

Die vor allem in der Anfängermethodik häufig diskutierten Lösungen (z.B. Netzhöhe, Zeitlupenball) sollen hier nicht weiter ausgeführt werden.

2. Laufwege zum Ball verkürzen

Neben der Verkleinerung der Spielfelder kann vor allem das **"Finden einer optimalen Ausgangsposition"** in Verbindung mit einer guten Aufgabenverteilung innerhalb einer Mannschaft (Grundlage der Mannschaftstaktik) weiterhelfen. Die folgenden Ausführungen werden sich im wesentlichen auf dieses Problem konzentrieren. Damit soll nicht die Bedeutung der weiteren - anschließend genannten - Lösungsmöglichkeiten herabgesetzt werden. Im Gegenteil wird sich zeigen, daß besonders die Punkte 4 und 5 unverzichtbare Bestandteile bzw. Voraussetzungen zur Lösung dieses Problems sind.

Weitere Möglichkeiten mit sicherlich unterschiedlicher Bedeutung für die Spielfähigkeit des Spielers sind:

3. Schnelligkeit verbessern

4. Entscheidungszeiten verkürzen

5. Reaktionszeitpunkte vorverlagern (Antizipation)

6. Hilfstechniken vermitteln

An dieser Stelle soll auf eine Diskussion dieser Punkte verzichtet werden, zumal wir an anderer Stelle schon ausführlich dazu Stellung genommen haben (vgl. u.a. WESTPHAL/GASSE/RICHTERING 1987, WESTPHAL 1987).

Es geht also im folgenden um Mannschaftstaktik, d.h. um die Fragen "Welche Aufstellung in der Feldabwehr ist für meine Mannschaft richtig?" und "Welche Hinweise kann ich den Spielern geben?".

Wie löse ich nun mein Problem bzw. das Problem der Spieler?

3 ANALYSEN ZUR PROBLEMLÖSUNG

3.1 Analyse der Fachliteratur

Der erforderliche Blick in die Fachliteratur zeigt, daß in vielen Fällen die Taktik für den Anfängerbereich nur äußerst knapp und vielfach unzureichend behandelt wird. In etwas älteren Werken (u.a. FIEDLER 1978, BRETTSCHNEIDER/WEST-PHAL 1976) findet man nur vereinzelt Hinweise für die Situationen Feldverteidigung ohne Block und Feldverteidigung bei Einerblock, während für die Situation Feldverteidigung bei Zweierblock im Normalfall sogar die beiden Systeme "VI vorn" und "VI hinten" erwähnt werden.

Auch die Analyse der "neuen" Literatur ist enttäuschend. DRAUSCHKE u.a. (1987) verzichten auf die Situationen Feldverteidigung ohne Block und Feldverteidigung bei Einerblock und geben nur knappe Hinweise auf die "Abwehrformation mit vorgezogener Position VI" (69 f.). Das offizielle Trainer-Handbuch des DVV (CHRISTMANN/FAGO/DVV 1987) empfiehlt für den Anfängerbereich den Einerblock und die Abwehr "noch als 5er- Riegel-Formation (kein beständiger Blockschatten vorhanden)" (S. 437). Wie immer das gemeint ist, eine konkrete Hilfe für den Trainer/Lehrer ist das nicht. Auch die (sehr undeutlichen) Fotos helfen nicht weiter, da weder Gegner noch Ball vorhanden sind, die erlauben, die Situation zunächst erst einmal zu identifizieren.

Um weiterzukommen, versuchen wir im nächsten Schritt eine Analyse der Spielwirklichkeit, der Praxis.

3.2 Analyse der Spielpraxis

Die oben angesprochenen Hinweise der Fachliteratur ermöglichen zwar eine Mannschaftstaktik, offen bleibt jedoch die Frage, ob nicht ein anderes, mehr der Situation angepaßtes Verhalten erfolgreicher sein kann. Die Spielaufgabe der Spieler in der Abwehrsituation ist die Abwehr aller Angriffe. Was muß nun ein Spieler wissen, um seine Spielaufgabe erfolgreich zu lösen?

1. WIE greift der Gegner an?
   - Pritschen
   - Baggern
   - Schmettern
   - Finte
2. WOHIN kommen die Angriffe?
3. WO greift der Gegner an?
   - Position (II, III, IV)
   - Entfernung vom Netz
4. Mit oder ohne Block?
   - ohne Block
   - Einerblock
   - Zweierblock
   - Dreierblock

Offensichtlich hat die Beantwortung dieser Fragen Konsequenzen nicht nur für die Wahl der Ausgangsposition, sondern auch für die Abwehrtechnik. Eine spezifische Angriffsausführung erfordert eine entsprechend spezifische Abwehr. Neben subjektiven Erfahrungen können uns Untersuchungen und Beobachtungen der Spielpraxis weiterhelfen.

Das folgende Datenmaterial stammt aus Untersuchungen von verschiedenen Autoren. Dabei sind im wesentlichen Gruppen herausgesucht worden, die man dem unteren und mittleren Leistungsbereich zuordnen kann.

3.2.1 Wie erfolgt der Angriff?

Im Anfängerbereich erfolgen offensichtlich nicht alle Angriffe als Schmetterschläge, so daß häufig die Möglichkeit zur Abwehr von sogenannten "leichten Bällen" (Danke-Bällen) bleibt. Tabelle 1 gibt einen Überblick über die prozentuale Aufteilung der Angriffstechnik und Angriffssituationen bei den verschiedenen Gruppen.

Tab. 1: Technik der Angriffe und Angriffssituationen

Angriffe	STRAND	MIXED	STI/STU	wJg C
Pritschen/ Baggern/ Finte	64	74	66	59
Schmettern	36	26	34	41
ohne Block		61	59	42
mit Block		39	41	58
Einerblock		26	30	36
Zweierblock		13	11	22

Die Tabelle 1 zeigt, daß auf unterem und mittlerem Niveau deutlich weniger als die Hälfte der Angriffe durch Schmettern erfolgt. Auch wenn bei den Untersuchungen ein nicht in allen Punkten vergleichbares Instrumentarium benutzt wurde, kann außerdem abgelesen werden, daß die Situation "Feldverteidigung mit Zweierblock" relativ selten vorkommt und erst bei eindeutig leistungsorientierten Gruppen an Bedeutung gewinnt.

3.2.2 Wohin kommen die Angriffe?

Inzwischen gibt es schon einige Untersuchungen, in denen die Zielfelder von Aufschlägen und Angriffen festgehalten wurden. Dabei sind Ergebnisse für den Anfängerbereich noch relativ selten. Ausgewählte Ergebnisse (vgl. Abb. 1-3) zeigen, daß einerseits die Hauptbelastungsfelder vom Niveau der beobachteten Spiele abhängen. Andererseits ist schon jetzt festzustellen, daß im unteren Bereich die Feldmitte am meisten getroffen wird.

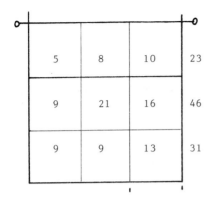

5	8	10	23
9	21	16	46
9	9	13	31

Abb. 1: **Zielfelder Freizeit-Volleyball** *(%)*

9	13	11	33
16	22	12	50
7	7	3	17

Abb. 2: **Zielfelder Stu/Sti Universität Münster**

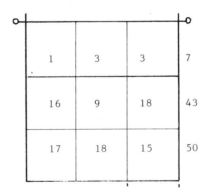

1	3	3	7
16	9	18	43
17	18	15	50

Abb. 3: Zielfelder Regionalliga Herren (VOIGT 1985)

Damit haben wir zwar eine erste Aussage, müssen aber fragen, ob die Zielfelder für jede Angriffstechnik gleich sind. Auf allen untersuchten Niveaustufen kann festgestellt werden, daß hier eindeutige Unterschiede zwischen den Angriffstechniken Schmettern (einschließlich Schmettern im Stand) und

Pritschen/Baggern/Finte erkennbar sind. Exemplarisch verdeutlichen dies die Abbildungen 4a-b und 5a-b.

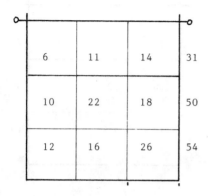

6	11	14	31
10	22	18	50
12	16	26	54

2	–	1	3
9	20	14	43
12	16	26	54

Abb.4a: **Zielfelder Freizeit-Vb für Pritschen/Baggern**

Abb.4b: **Zielfelder Freizeit-Vb für Schmettern**

13	19	17	49
11	19	13	43
4	2	2	8

1	1	–	2
27	27	10	64
12	15	7	34

Abb.5a: **Zielfelder Stu/Sti für Pritschen/Baggern**

Abb.5b: **Zielfelder Stu/Sti für Schmettern**

3.2.3 Wo greift der Gegner an?

An weiteren Abbildungen soll gezeigt werden, daß die bisherigen Ergebnisse weiter differenziert werden müssen. Denn offensichtlich hat die Angriffsposition (in Verbindung mit der Angriffstechnik) Einfluß auf die Zielfelder und damit auf die erforderliche Abwehrposition. Die Ergebnisse der weiblichen Jugend C zeigen unterschiedliche Belastungsfelder für die verschiedenen Angriffspositionen (vgl. Abb. 6a-c; zusätzlich ist hier die Angriffshäufigkeit in Prozent angegeben).

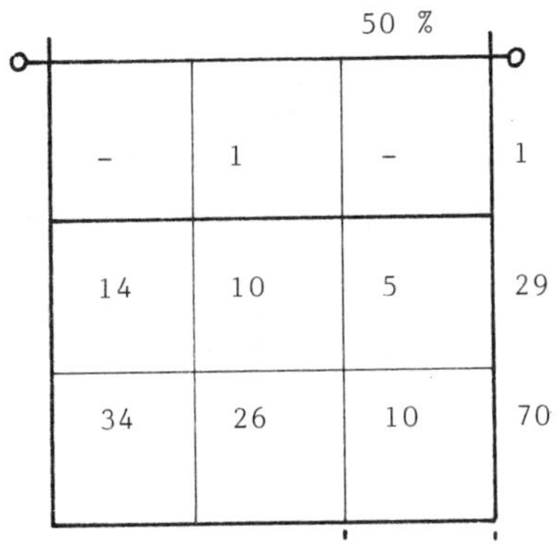

50 %

–	1	–	1
14	10	5	29
34	26	10	70

27 %

1	1	1	3
6	11	4	21
38	23	15	76

Abb.6a: **Zielfelder bei Angriffen von Pos. II** **KLEINE HOLTHAUS 1985**

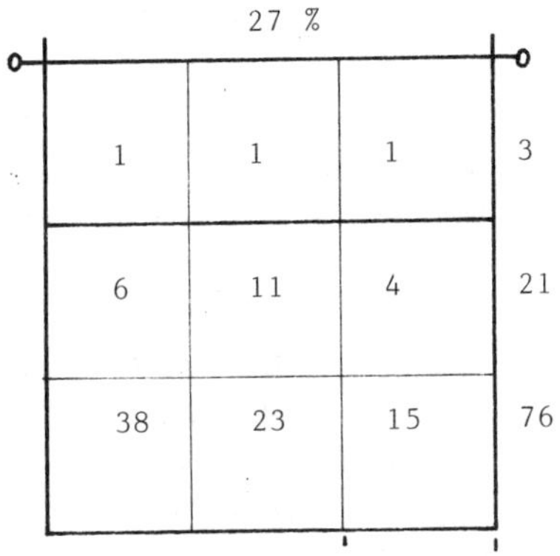

Abb.6b: **Zielfelder bei Angriffen von Pos. III** **KLEINE HOLTHAUS 1985**

23 %

1	–	1	2
2	12	15	29
15	29	25	69

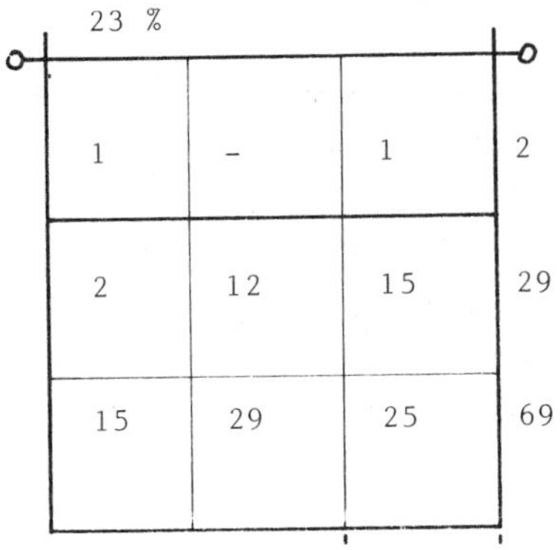

Abb. 6c: Zielfelder bei Angriffen von Pos. IV (KLEINE HOLTHAUS 1985)

4 ZWISCHENBILANZ

In einer Zwischenbilanz können wir die bisherigen Ergebnisse wie folgt zusammenfassen:

a Die Aufstellung in der Feldverteidigung kann nicht losgelöst von den verschiedenen Situationen bestimmt werden.

b Die Situationen "Feldverteidigung ohne Block" und "Feldverteidigung mit Einerblock" haben im unteren und mittleren Leistungsbereich eine große Bedeutung. Die Häufigkeit der Standardsituation "Feldverteidigung mit Zweierblock" ist noch sehr gering.

c Auf unterem und mittlerem Niveau wird noch relativ wenig geschmettert. Dagegen erfolgt der Angriff häufig mit "leichten Bällen", die erfolgreich abgewehrt werden könnten.

d Für die Wahl der Ausgangsposition der abwehrenden Spieler ist die Angriffstechnik von entscheidender Bedeutung.

e Die Feldmitte (Position VI) wird am häufigsten angespielt; auf dieser Position werden hohe Anforderungen an die Spieler gestellt.

Somit ergibt sich:

Die Ausgangsposition eines Spielers in der FELDVERTEIDIGUNG ist abhängig von verschiedenen Merkmalen:

- Block - kein Block
- Angriffstechnik (Pritschen oder Schmettern, Schmettern oder Finte)
- Spielniveau (Anfänger oder Regionalliga)
- Besonderheiten der Mannschaft
- Besonderheiten von einzelnen Spielern (z.B. Körperlänge)

Während die ersten Merkmale aktuell und teilweise auch in zeitlich anderer Reihenfolge beobachtet werden müssen, können die Informationen über das Spielniveau und die Besonderheiten rechtzeitig in den Handlungsplan eingearbeitet werden.

5 KONSEQUENZEN

Aus unseren Überlegungen und Ergebnissen ergeben sich Hinweise auf die Mannschaftstaktik bei Anfängern und ihre Vermittlung.

Offensichtlich ist eine überwiegende Bevorzugung der Abwehrformation "Feldverteidigung mit vorgezogener Position VI" in undifferenzierter Form nicht angemessen. Besonders wird die vorgezogene Position VI im Hinblick auf ihre Aufgaben in der Situation "Feldverteidigung mit Zweierblock" von vielen Spielern und Mannschaften zu schematisch gespielt. **Für die am meisten auftretenden Situationen "Feldverteidigung ohne Block" und "Feldverteidigung mit Einerblock" ist die Orientierung an die Feldmitte (als "VI Mitte") und eine den oben genannten Merkmalen situativ angepaßte Ausgangsposition zu empfehlen.**

Auch für die Vermittlung ist zu beachten, daß mehr Wert auf eine den jeweiligen Situationen entsprechende Verhaltensweise gelegt werden muß. Unter Berücksichtigung der im jeweiligen Niveau vorkommenden Häufigkeiten können für diese Positionen Empfehlungen ausgesprochen werden, so daß der Einzelspieler die Möglichkeit hat, eine Situationsanalyse vorzunehmen und seine Handlungen darauf abzustimmen. Die Vorgehensweise eines Spielers (und die Unterstützung durch den Trainer/Lehrer) könnte dann wie folgt aussehen:

> **Wie geht der Spieler vor?**
>
> --> Situation beschreiben
>   (Was ist los?)
> --> Eigene Spielaufgabe formulieren
> --> Möglichkeiten des Angreifers bestimmen
> --> Beobachtungsmerkmale bestimmen
>   (Worauf muß ich achten?)
> --> Beobachtungsfolge festlegen
> --> Situationsangemessene Handlung vorbereiten
>   (Was muß ich tun?)
> ==> Richtige Ausgangsposition einnehmen
>   und situativ verändern!

Offensichtlich ist hier eine verstärkte Ausbildung der **individuellen Taktik** erforderlich, die eine solide Grundlage einer erfolgreichen Feldverteidigung werden kann (vgl. u.a. WESTPHAL/GASSE/RICHTERING 1987).

LITERATURAUSWAHL

BRETTSCHNEIDER, W.D./WESTPHAL, G. u. U.: Das Volleyballspiel. Ahrensburg 1976.

CHRISTMANN, E./FAGO, K./DVV (Hrsg.): Volleyball-Handbuch. Reinbek 1987.

DRAUSCHKE, K. u.a.: Der Volleyballtrainer. München 1987.

FIEDLER, M. (Red.): Volleyball. Berlin-O. 1978.

HERZOG, K./VOIGT, H.F./WESTPHAL, G.: Volleyballtraining - Grundlagen und Arbeitshilfen für das Training und die Betreuung von Volleyballmannschaften. Schorndorf 1985 (Band 182 der Schriftenreihe zur Praxis der Leibeserziehung).

KLEINE HOLTHAUS, T.: Angriff und Abwehr im Volleyballspiel der weiblichen Jugend. unveröff. Examensarbeit Münster 1985.

VOIGT, H.F.: Empfehlungen für Ausbildung und Training gruppentaktischer Verhaltensweisen - Beispiele aus dem Leistungsvolleyball auf internationalem Niveau und der Regionalliga sowie für die Sportlehrerausbildung und die Sekundarstufe II. In: CHRISTMANN, E./LETZELTER, H. (Red.): Volleyball optimieren und variieren. Ahrensburg 1985, 91-121.

WESTPHAL, G./GASSE, M./RICHTERING, G.: Entscheiden und Handeln im Sportspiel. Bd. 25 Trainerbibliothek des DSB. Münster 1987.

WESTPHAL, G.: Volleyball-Kartothek 3: Aktionsschnelligkeit optimieren. Philippka-Verlag Münster 1987.

V. VOLLEYBALLSPIEL IM INTERNATIONALEN VERGLEICH

ATHANASIOS PAPAGEORGIOU/JÖRG-PETER SCHNIEWIND

VOLLEYBALLAUSBILDUNG IM INTERNATIONALEN VERGLEICH [1]

1 EINLEITUNG

Nachdem SCHNIEWIND 1985 erstmals eine repräsentative Auswahl der englischsprachigen Volleyball-Literatur für den deutschsprachigen Raum erschloß und mit den entsprechenden deutschen Lehrbüchern verglich, unterzogen entsprechend BEULKE (1987) die italienische und französische sowie RAMPF (1987) die niederländische Volleyball-Literatur einer vergleichenden Analyse. Um einen internationalen Vergleich mit den Ergebnissen der Pilotstudie zu gewährleisten, folgten die beiden neueren vergleichenden Literaturstudien , deren wichtigsten Ergebnisse im folgenden vorgestellt werden sollen, dem methodischen Aufbau von SCHNIEWIND (1985).

2 UNTERSUCHUNGSGEGENSTAND UND -METHODIK

Die umfassende Themenstellung sowie der Rahmen der beiden Diplomarbeiten machten die im folgenden aufgeführten Beschränkungen erforderlich.

Die Vielfalt der deutschen, italienischen, französischen und niederländischen Volleyball-Literatur machte zunächst eine repräsentative nationale Literaturauswahl notwendig. Aus diesem Grund wurden der Deutsche (**DVV**), Italienische (**FI-PAV**), Französische (**FFVB**) und Niederländische (**NeVoBo**) Volleyballverband gebeten, eine ausgewählte Bibliographie zu erstellen, die je 3-5 Lehrbücher zur Anfänger- und Fortgeschrittenenausbildung umfassen sollte. Die im Vergleich berücksichtigten Lehrbücher stellen somit eine jeweils repräsentative Literaturauswahl seitens der nationalen Volleyballverbände dar, die auch vom Umfang her vergleichbar ist (vgl. Tab.1).

---

[1] Der vorliegende Beitrag versteht sich als Zusammenfassung der wichtigsten Ergebnisse zweier Diplomarbeiten von BEULKE (1987) und RAMPF (1987)

Tab.1: Umfang des Analysematerials

VERBAND	GESAMT	ANFÄNGER-AUSBILDUNG	FORTGESCHRITTENEN-AUSBILDUNG
DVV	12 Lehrbücher (2144 Seiten)	6 (950 Seiten)	6 (1194 Seiten)
FIPAV	10 Lehrbücher (1816 Seiten)	7 (909 Seiten)	3 (907 Seiten)
FFVB	6 Lehrbücher (754 Seiten)	3 (130 Seiten)	3 (624 Seiten)
NeVoBo	7 Lehrbücher (1300 Seiten)	4 (820 Seiten)	3 (480 Seiten)
GESAMT	35 Lehrbücher	20 (2809 Seiten)	15 (3205 Seiten)

Im folgenden sollen die Literaturempfehlungen kurz vorgestellt und besprochen werden, um dem Leser eine Einordnung der Ergebnisse im Gesamtkontext des jeweiligen Buches bzw. der jeweiligen nationalen Literatur zu ermöglichen. Hierbei wird bewußt auf eine Darstellung der deutschen Literatur zugunsten einer stichwortartigen Besprechung der italienischen, französischen und niederländischen Lehrbücher verzichtet.

Die gegenüber der Pilotstudie (SCHNIEWIND 1985) erweiterte und aktualisierte Literaturauswahl des **DVV** umfaßte folgende Lehrbücher zur <u>Anfängerausbildung</u>:

1. BAACKE (1977)
2. BRETTSCHNEIDER/WESTPHAL (1978)
3. DÜRRWÄCHTER (1976)
4. FRÖHNER/RADDE/DÖRING (1982)
5. GÖTSCH/PAPAGEORGIOU/TIEGEL (1980)
6. PAPAGEORGIOU/SPITZLEY (1984)

zur Fortgeschrittenenausbildung:

1. DÜRRWÄCHTER (1978)
2. FIEDLER (1985)
3. GORSKI/KRIETER (1982)
4. HERZOG/VOIGT/WESTPHAL (1985)
5. KOBRLE/NEUBERG (1977)
6. KOBRLE/NEUBERG/OLIVIER (1985)

Auffallend an dieser durch den Verband empfohlenen aktualisierten Bibliographie ist neben dem starken Einfluß der DDR-Literatur die Tatsache, daß trotz desselben Erscheinungsjahrs der beiden Diplomarbeiten (1987) unterschiedliche Auswahlbibliographien zugrundegelegt wurden. Bei RAMPF (1987) finden die Bücher von GÖTSCH/PAPAGEORGIOU/TIEGEL (1980) und PAPAGEORGIOU/SPITZLEY (1984) im Vergleich der Anfängerausbildung gegenüber BEULKE (1987) keine Berücksichtigung, wohingegen KOBRLE/NEUBERG/OLIVIER (1985) im Rahmen des Vergleichs der Fortgeschrittenenausbildung bei RAMPF (1987), nicht aber bei BEULKE (1987) miteinbezogen wurden. Ferner wird das Buch von GORSKI/KRIETER (1982) bei RAMPF der Anfänger- und bei BEULKE der Fortgeschrittenenausbildung zugeordnet. Die Ursachen für diese Differenzen sind nicht eindeutig auszumachen. Gegenüber den anderen Verbandsbibliographien fällt ferner auf, daß keine verbandseigenen Publikationen empfohlen wurden.

Der **Italienische Volleyballverband** (**FIPAV**) empfahl folgende Lehrbücher zur Anfängerausbildung:

1. **BAACKE, H.: L'ABC della pallavolo.** Roma 1977 (156 Seiten)
   (italienische Übersetzung von BAACKE (1977))

2. **COMITATIO MINIVOLLEY: Miniguida al minivolley.** Roma o.J.
   (24 Seiten)

   (kindgemäßes, mit zahlreichen Comics illustriertes Heft für 9-12jährige Schüler / beinhaltet grobe Bewegungsbeschreibungen der Grundtechniken sowie zahlreiche Spiel- und Übungsbeispiele / besonders geeignet für die Hand des Schülers)

3. FIPAV: Minivolley - sillabario motorio. Roma o.J. (50 Seiten)

(kindgemäße motorische Grundschule für das 3.-5.Grundschuljahr zur Vorbereitung auf das Minivolleyballspiel / Vermittlungsschwerpunkte: koordinative Fähigkeiten mit Blick auf Volleyball / späte Einführung der Volleyball-Grund-
techniken erst im 3. Lernjahr / lustige Comic-Illustrationen für Schüler und
Lehrer)

**4. FIPAV: WALT DISNEY: Topolino - Una storia tutta Minivolley! Roma o.J. (62
Seiten)**

(kein Lehrbuch, sondern originelles Comic-Heft mit Donald Duck und seinen
drei Neffen, die auf der Suche nach der schönsten Sportart von Erfinder
Daniel Düsentrieb auf das Minivolleyballspiel aufmerksam gemacht werden und
von Goofy entsprechend kindgemäß und motivierend vorbereitet und trainiert
werden. Keine Frage, daß die drei Neffen nach bestandenen Abenteuern den
Demonstrationswettbewerb gewinnen und alle das Minivolleyballspiel hochle-
ben lassen / einzigartiger origineller "Interesse-Wecker" mit hohem motivatio-
nalen Potential)

5. PAGANO, B.: Dai giochi con la palla al minivolley. Roma o.J. (109 Seiten)

(Teil 1: zahlreiche vorbereitende Spielformen zur Sensibilisierung, Entwicklung und Verbesserung der Koordinativen Fähigkeiten, Schulung der Aufmerksamkeit, Reaktionsfähigkeit , Beweglichkeit, Gewandtheit etc./ Teil 2: Vermittlungsmodell zur Einführung des Minivolleyballspiels, wobei der Übergang
von Teil 1 (Spielen mit dem Ball) zum Minivolleyball unklar bleibt)

**6. PITTERA, C./RIVA VIOLETTA, D: Pallavolo dentro il movimento. Turin 1982
(238 Seiten)**

(offizielles Lehrbuch für die Trainerausbildung der FIPAV/ sehr umfassender,
wissenschaftlich fundierter und gut strukturierter Theorieteil / der Titel ver-
rät ein neuartiges Vermittlungskonzept zur Einführung des Volleyballspiels
über zunehmend komplexere Kleinfeldspiele unter Betonung des Aspekts der
Bewegung auf dem Spielfeld. Dabei räumen die Autoren den "symmetrischen"
Grundtechniken (Oberes Zuspiel, Unteres Zuspiel, Block, Feldabwehr) absoluten
Vorrang gegenüber Aufgabe und Angriffsschlag ein / Betonung individual- und
gruppentaktischen Verhaltens insbes. bei der Block- und Feldabwehr/insgesamt
eine bemerkenswerte Bereicherung der internationalen Volleyball-Literatur)

7. GORI, M.: La grammatica del giochi della pallavolo.Roma 1981 (270 Seiten)

(nützliche Handreichung für die Anfängerausbildung, auch wenn das Buch z.T.
die im Titel geweckte Erwartung nicht erfüllt/ nur knapper Technikteil ohne
Illustrationen, Fehleranalysen und -korrekturen/ zahlreiche, kindgemäß
illustrierte Spiel- und Übungsformen für Anfänger)

zur Fortgeschrittenenausbildung:

1. BARBAGALLO, F.: Principi fondamentali per una pallavolo agonistica. Roma 1985 (159 Seiten)

(Lehrbuch für den Übergang vom Minivolleyballspiel zum Spiel 6:6 /fundierter Abriß leistungsphysiologischer und trainings-theoretischer Grundlagen / umfassende, gut illustrierte Abhandlung der gebräuchlichsten mannschaftstaktischen Inhalte sowie entsprechende Schulungsbeispiele / kurze Behandlung der psychologischen Grundlagen der Mannschaftsführung / keine Technikbeschreibungen).

2. BAZAN, E.: Motricità, tecnica, tattica della pallavolo. Arese 1984 (200 Seiten)

(Gesamtüberblick über Technik, Individual- und Mannschaftstak-tik ohne nennenswerte Neuerungen)

3. GUIDETTI, A.: Pallavolo - scolastica, agonistica e spettacolare Modena 1983 (556 Seiten)

(umfassendes Lehrbuch für jede Trainerbibliothek / außergewöhnlich umfangreicher Technikteil einschließlich (fast) aller Varianten, ebenso zahreiche Fotos und Skizzen / ausführlicher Taktikteil incl. der psychologischen Aspekte bei der Spielvorbereitung / Grundsätze der Trainingsplanung mit Beispielen)

Auffallend an der italienischen Verbandsbibliographie ist neben der Vielzahl von Empfehlungen für die Anfängerausbildung das Bemühen um eine alters- und entwicklungsgemäße Einführung. Im Rahmen der o.a. Bücher verdient das von der FIPAV herausgegebene WALT DISNEY-Comic aufgrund seiner Einzigartigkeit eine besondere Erwähnung. Diese originelle Idee erscheint hervorragend dazu geeignet, Kinder und Schüler für das Volleyballspiel zu interessieren und zu begeistern, was angesichts der Konkurrenz anderer Sportarten nicht unterschätzt werden darf. Für die Fortgeschrittenenausbildung wurden ausschließlich Bücher von Hochschuldozenten, die in der Trainerausbildung der FIPAV mitwirken, empfohlen.

* Der Französische Volleyballverband (FFVB) erstellt folgende ausgewählte Bibliographie zur Anfängerausbildung:

1. FFVB: A la découverte du volley-ball. Paris o.J. (27 Arbeitskarten)

(Arbeitskartensammlung mit entsprechender Gebrauchsanweisung /Zielgruppe: Sportlehrer, Übungsleiter, 8-12 jährige Schüler /Ziel: Einführung des Volleyballspiels / 3 Kategorien von Arbeitskarten: 1. Technikübungen, 2. Übungen, die die sozialen Aspekte des Spiels berücksichtigen, 3. Übungen zum mannschaftstaktischen Zusammenspiel/ Aufteilung der Arbeitskarten: Vorderseite: Anleitung für Ü-leiter (Organisation,Bewegungsbeschreibung, Beobachtungsschwerpunkte, ansatzweise Fehlerkorrekturhinweise, mögliche Variationen);

Rückseite: Foto mit Sprechblasen zur Verdeutlichung für die Schüler / kein Vermittlungskonzept)

2. **FFVB: L'entrainement des jeunes joueurs - la formation initiale. Paris o.J. (58 Seiten)**

(offizielles Lehrheft zur Übungsleiterausbildung / beinhaltet lückenhafte Hinweise zum Training von jungen Spielern (organisatorische, pädagogische und methodische Aspekte sowie Grundtechniken, Kleinfeldspiele und eine Übungsformenauswahl), jedoch nicht zur Anfängerausbildung (Einführung) / kein methodisches Gesamtkonzept)

3. **FFVB: Volley-ball chez les jeunes enfants - "Envolley-vous avec nous".** Narbonne 1986 (45 Seiten)

(Zielgruppe: Sportlehrer der Grundschulen / beinhaltet schwerpunktmäßig Hinweise und Beispiele zur Gestaltung von Unterricht im Volleyball (Kleinfeldspiele zur Spielschulung, Übungen und Spielformen zur Technikverbesserung) / aus pädagogischer Sicht nützliche Hilfe, jedoch nur unter Zuhilfenahme eines traditionellen Lehrbuchs (Einführung technischer und taktischer Grundelemente), da keine Fehleranalysen und Korrekturhinweise)

zur Fortgeschrittenenausbildung:

1. **FFVB: L'entrainement en volley-ball. Paris 1982 (293 Seiten)**

(offizielles Lehrbuch der FFVB zur Trainerausbildung / beinhaltet folgende Aspekte: Aufbau und Trainerprüfungsordnung der FFVB, Fachterminologie, Spielregeln, Grundtechniken, psychologische und physiologische Aspekte, Grundlagen einer volléyballspezifischen Trainingslehre, individual- und mannschaftstaktische Übungssammlung, Hinweise zum Coaching, Aufwärmen, Wettkampfvorbereitung etc./ größtes Manko: es fehlt ein methodisches Gesamtkonzept und der Gesamtbereich der Mannschaftstaktik wird vernachlässigt)

2. **CLOITRE, Y.: Les fondements pédagogiques et techniques du volley-ball. Paris 1985 (140 Seiten)**

(Zielgruppe: Ü-leiter, Sportlehrer, Trainer / nach Ansicht des Autors existieren 4 fundamentale Kategorien von Relationen:1. Spieler/Ball ; 2. Spieler/Spieler ; 3. Spieler/Mannschaft ;4. Spieler/Gegner/ nach einer umfassenden theoretischen Einleitung (pädagogische, biomechanische und trainingswissenschaftliche Aspekte) konzentriert sich das vorliegende Buch auf die Relation: Spieler/Ball, d.h. auf die Schulung und Vervollkommnung der technischen Grundelemente / die Erarbeitung der einzelnen Grundtechniken erfolgt über Teillernziele, denen jeweils geeignete Übungen zugeordnet sind. Dabei stellt CLOITRE den räumlich-zeitlichen Aspekt der Bewegung stark in den Vordergrund und erfaßt damit einen wesentlichen, in vielen Lehrbüchern weitgehend vernachlässigten Aspekt der Technik, der auf allen Leistungsstufen relevant ist / aufgrund der o.a. Beschränkungen werden die anderen Relationen vernachlässigt und im folgenden Buch behandelt)

3. **CLOITRE, Y.: Volley-ball - tome 2: progression tactique. Paris 1986 (191 Seiten)**

(Fortsetzung von CLOITRE 1985 / umfaßt die verbleibenden Relationen: 1. Spieler/Mannschaft (umfassende übersichtliche Darstellung aller mannschaftstaktischen Formationen mit Schulungsbeispielen); 2. Spieler/Spieler (Darstellung von Übungsformen zur Verbesserung des Zusammenspiels verschiedener Spieler oder Mannschaftsteile); 3. Spieler/Gegner (Kriterien für die Spielbeobachtung) / nützliche Handreichung für den Trainer)

Ursprünglich bestand die französische Auswahlbibliographie ausschließlich aus verbandseigenen Publikationen. Da nur ein Buch zur Fortgeschrittenenausbildung empfohlen wurde, bezog BEULKE (1987) die beiden neueren Lehrbücher von CLOITRE mit in den Vergleich ein. In der Literatur zur Anfängerausbildung findet sich kein methodisches Gesamtkonzept, wobei im Gegensatz zur englischsprachigen und italienischen Literatur keine Rezeption von BAACKE (1977) erfolgt. Auffällig ist ferner die weitgehende Vernachlässigung mannschaftstaktischer Aspekte (Ausnahme: CLOITRE 1986).

* Der **Niederländische Volleyballverband** (NeVoBo) empfahl folgende Lehrbücher zur Anfängerausbildung:

1. **AKKERHUIS, J.: Volleyball trainings-methodiek. s'Gravenzande 1976 (147 Seiten)**

(Zielgruppe: Trainer, Spieler, Sportlehrer / kein methodisches Gesamtkonzept, Titel irreführend / unsystematischer Aufbau /unsystematische und lückenhafte Technikbeschreibungen mit z.T. fehlerhaftem Bildmaterial (Skizzen) / mannschaftstaktische Inhalte z.T. im Technikkapitel integriert / nur knappe Ausführungen zum Aufwärmen, Konditions- und Circuittraining)

2. **BLOK, H.: Volleyball. Zeist 1977 (202 Seiten)**

(Standardwerk der niederländischen Volleyball-Literatur für die Anfängerausbildung / Schwerpunkte: Vermittlung des Volleyballspiels im Schulsport ; Methodik der Grundtechniken/ der unübersichtliche Aufbau erschwert die Orientierung innerhalb des Buches / trotz dieses Mankos bietet das Lehrbuch eine sehr umfassende Darstellung aller relevanten Aspekte der Anfängerausbildung und stellt ein entwicklungsgemäßes, an den Spielbedürfnissen orientiertes Vermittlungsmodell für 9-12 jährige Schüler vor (spielend lernen über zunehmend komplexere Kleinfeldspiele mit dem Schwerpunkt des Miteinander-Spielens /der Autor bemüht sich um ein Gleichgewicht von notwendigem Üben und dem Anpassen der Technik an das Spielgeschehen)

3. **DUYFF, P.: Minivolleyball in Nederland. Woerden 1984 (189 Seiten)**

(verbandseigene Veröffentlichung / praxisorientiertes Lehrbuch für Jugendtrainer, als Hilfsmittel zur Gestaltung des Trainings/ neben einer Sammlung von "unentbehrlichen" Übungs-und Spielformen (Stundenbeispiele) werden zudem Referate über pädagogische, methodische u.a. Aspekte des Minivolleyballspiels vorgestellt / weitere Inhalte: praxisorientierte Verfahren der Leistungsmessung mit Auswertungstabellen / Buchbesprechungen von Volleyball-Anfängerliteratur)

4. FRIEDERICHS, T.: Werkboek Volleyball - Deel 1. Woerden 1987 (250 Seiten)

(verbandseigene Veröffentlichung / sehr praxisorientiertes komplexes Nachschlagewerk und Arbeitsbuch für die A-Trainer-Ausbildung des NeVoBo und für Trainer aller Leistungsstufen /Gliederung in 5 umfangreiche Teile: Teil A beinhaltet Ziele und Ablauf der A-Trainer-Ausbildung / Teil B trainingswissenschaftliche und -praktische sowie sportmedizinische Grundlagen des Volleyballspiels / Teil C beinhaltet unter dem Titel "Technik und Taktik" u.a. auch die Bereiche Komplextraining, Coaching, Spielanalyse, Jugendvolleyball (mit umfangreicher Sammlung von Bewegungsspielen), alternative Volleyballformen etc.; sehr systematische Technikbeschreibungen und Schulungsbeispiele; umfangreiche Ausführungen zu Individual- und Mannschaftstaktik mit Schulungsbeispielen / Teil D und E enthalten Hinweise zum Trainer- und Coachverhalten u.v.a.m. / am Ende eines jeden Kapitels befinden sich zahlreiche Fragen, die zur Auseinandersetzung mit dem Lehrstoff anregen und schriftlich beantwortet werden sollen (Arbeitsbuch))

und zur Fortgeschrittenenausbildung:

1. AKKERHUIS, J.: Volleybal aksent-trainingen. s'Gravenzande 1977 (166 Seiten)

(Buch für die Trainingspraxis / Pflichtliteratur im Rahmen der Trainerausbildung des NeVoBo / sehr umfangreiche Sammlung von Trainingseinheiten mit unterschiedlichen technischen und taktischen Schwerpunkten (vorwiegend zu den Bereichen: Aufgabe - Annahme, Block, Varianten des Angriffsschlags und Angriffskombinationen, Angriffssicherung und Feldabwehrformationen); einheitlicher Aufbau der Trainingseinheiten,/ Grundtechniken werden als bekannt vorausgesetzt, vereinzelt werden Varianten beschrieben / abschließende Ausführungen zu Spielbeobachtungs- und analyseverfahren bleiben sehr lückenhaft)

2. T'HART, A./ MURPHY, P.: Speciale bewegingsaspecten in volleybal. Haarlem 1982 (172 Seiten)

(Ausgangspunkt: anatomische, physiologische und biomechanische Gesetzmäßigkeiten von volleyballspezifischen Bewegungen / unter Berücksichtigung der individuellen Eigenarten kann eine individuell effektive Technik abgeleitet werden, die Ansatzpunkt der Auswahl des "richtigen" Übungsstoffes im Training ist / ausgezeichnete Fotoserien zu den technischen Bewegungsabläufen, stroboskopische Zeichnungen und Diagramme zur Analyse der Bewegungsstrukturen / sehr gute Bewegungsanalysen / trainingspraktische Konsequenzen nur stichpunktartig)

3. ZWARTS, G.: Volleybal. Haarlem o.J. (145 Seiten)

(lückenhaftes Lehrbuch / unter dem Titel "Medizinische Einführung" allgemeiner grober Streifzug durch diverse trainingswissenschaftliche und physiologische Grundlagen / Teil II beinhaltet lernpsychologisch begründete Aussagen zur Didaktik und Methodik des Lehrprozesses und bevorzugt eine Kombination von Übungs- und Spielformen bei der Vermittlung technisch-taktischer Fähigkeiten / Teil III widmet sich der Technikschulung (Bewegungsbeschreibung mit Fotoserien, Fehleranalysen, Methodik) und behandelt mannschaftstaktische Inhalte nur lückenhaft am Rand)

Diese Auswahlbibliographie des NeVoBo wurde von RAMPF (1987) in ihrer Arbeit um einige in den Niederlanden benutzte Schul-Lehrbücher ergänzt, wobei neben den o.g. Lehrbüchern zur Anfängerausbildung eine Rezeption dreier deutscher Lehrbücher erfolgt (DÜRRWÄCHTER 1977 ; DÜRRWÄCHTER 1978 ; GÖTSCH / PAPAGEORGIOU / TIEGEL 1980). Ansonsten verfügen die Niederlande über eine vielseitige eigenständige Literatur ohne Rezeption ausländischer Bücher (keine Rezeption von BAACKE 1977). Als besonders lesenswert können die Bücher von FRIEDERICHS (1987) aufgrund seiner Komplexität sowie von T'HART / MURPHY (1982) aufgrund der ausgezeichneten Bewegungsanalysen positiv hervorgehoben werden.

Die Bearbeitung der Thematik machte ferner - neben der erforderlichen Literaturauswahl - aufgrund des umfangreichen Analysematerials (vgl. Tab.1) weitere Beschränkungen notwendig. So liegen der vorliegenden und der ersten Untersuchung identische Vergleichskriterien zugrunde (Beschränkung auf das Problem der Vermittlung des Volleyballspiels, sowie auf die technischen und mannschaftstaktischen Inhalte und Methoden der Anfänger- und Fortgeschrittenenausbildung). Da die identische Methodik einen Vergleich mit der Erstuntersuchung ermöglicht, werden die wichtigsten Ergebnisse der Analyse der englischsprachigen Literatur mitberücksichtigt und zusammenfassend vergleichend dargestellt. Die für die Vergleichszwecke dieser Arbeit notwendige terminologische Vereinheitlichung richtet sich nach der von SCHNIEWIND (1985) entwickelten Systematik der Technik und Mannschaftstaktik.

Der Vergleich erfolgt anhand der einzelnen technischen und mannschaftstaktischen Kriterien und erfaßt primär deren nationale und internationale Gemeinsamkeiten und Unterschiede hinsichtlich ihrer Ausführung und Methodik. Aus Gründen der Übersichtlichkeit erfolgt der Vergleich getrennt für die Anfänger- und Fortgeschrittenenausbildung. Dabei wurden beide Ausbildungsstufen nach inhaltlichen Kriterien wie folgt definiert:

Die **Anfängerausbildung** beinhaltet - ungeachtet ihrer Dauer und ihres Umfangs - die Schulung der Grundtechniken und deren Anwendung in taktischen Situationen von Kleinfeld-, Minivolleyballspiel und unspezialisierten Formen des Spiels 6:6.

Basierend auf dieser breiten universellen Grundlage baut die **Fortgeschrittenenaus-bildung** auf. Diese nach oben hin offene Ausbildungsstufe ist durch die Verfeine-rung und Vervollkommnung der Grundtechniken und Schulung ihrer Varianten ge-kennzeichnet. Im taktischen Bereich erfolgt mit dem Beginn der Spezialisierung im Spiel 6:6 der Übergang zur Fortgeschrittenenausbildung.

Eine derartige inhaltliche Abgrenzung wird zwar in der Literatur nicht einheitlich vollzogen, bietet jedoch für den Vergleich den Vorteil einer eindeutigen Zuord-nung aller relevanten Inhalte zu einer der beiden Ausbildungsstufen. Da sich die Lehrbücher in den seltensten Fällen auf eine der beiden so definierten Ausbil-dungsstufen beschränken, erfaßt der Vergleich alle Lehrbücher, die Aussagen zu einem Vergleichskriterium machen, und zwar unabhängig davon, ob das Buch für die Anfänger- oder für die Fortgeschrittenenausbildung empfohlen wurde. Die un-terschiedlichen Umfänge, Zielsetzungen und Adressatenkreise der einzelnen Lehr-bücher und der damit verbundene z.T. stark variierende Präzisionsgrad der Be-schreibung technisch-taktischer Inhalte ließ an vielen Stellen nur einen relativ groben Vergleich zu.

3 ZUSAMMENFASSUNG UND DISKUSSION DER WICHTIGSTEN ERGEBNISSE

Im folgenden sollen die Ergebnisse der beiden Literaturstudien von BEULKE (1987) und RAMPF (1987) zusammengefaßt und diskutiert sowie mit den wichtig-sten Ergebnissen der Erstuntersuchung (SCHNIEWIND 1985) verglichen werden. Dabei wird versucht, die jeweiligen nationalen Besonderheiten herauszuarbeiten, wodurch der Eindruck einer de facto kaum bestehenden Homogenität der jeweili-gen Literatur entstehen könnte. Wird also von einem nationalen oder internatio-nalen Konsens hinsichtlich eines Vergleichskriteriums gesprochen, so bezieht sich dies lediglich auf die Mehrheit der Lehrbücher eines Landes und läßt anderslau-tende Einzelmeinungen unberücksichtigt. Diese werden nur dann dargestellt, wenn sie interessante, bisher unbeachtete Alternativen darstellen. Der Vergleich kon-zentriert sich insbesondere auf jene Aspekte, in denen sich Unterschiede zur deutschsprachigen Literatur ergeben. Liegt ein weitgehender internationaler Kon-sens vor, wird auf eine Darstellung unter Hinweis auf die deutsche Literatur ver-zichtet.

3.1 Vermittlung des Volleyballspiels

Die Untersuchung beschränkt sich hinsichtlich des genannten Kriteriums auf einen internationalen Vergleich
- der Altersempfehlungen und der Dauer der Anfängerausbildung,
- der Elementarisierung und Hierarchisierung (NIEDLICH 1978,12) der technischen und mannschaftstaktischen Inhalte der Anfängerausbildung,
- der den einzelnen Konzepten zugrundeliegenden spielmethodischen Verfahrensweisen.

Hinsichtlich des geeigneten **Alters** zur Einführung des Volleyballspiels sowie der **Dauer** der Anfängerausbildung liegt international eine gewisse Streuungsbreite vor (vgl. Tab.2). Während in allen Verbänden häufig der Beginn der Anfängerausbildung um das 9. Lebensjahr und das Ende um das 12. Lebensjahr herum erfolgt, postulieren einige amerikanische Lehrbücher sowie in der italienischen Literatur GORI (1981) einen frühzeitigen Beginn im 7. Lebensjahr und eine Verlängerung der Anfängerausbildung auf 7. Jahre (14. Lebensjahr). Einige kanadische Autoren sowie auf niederländischer Seite FRIEDERICHS (1987,190) fordern einen noch frühzeitigeren Beginn bereits im 5.-7. Lebensjahr. In der italienischen Literatur erscheint ferner häufig eine der Einführung des Volleyballspiels vorgeschaltete zielgerichtete motorische Grundschule (FIPAV: Minivolley - sillabario motorio. o.J. / PAGANO o.J.) bemerkenswert.

Tab.2: Beginn und zeitlicher Umfang der Anfängerausbildung im internationalen Vergleich (vgl. BEULKE (1987,87) und RAMPF (1987,71)

DVV

BAACKE (1977)	8.-13. Lebensjahr	= 5 Jahre
FRÖHNER/RADDE/DÖRING (1982)	10.-14. Lebensjahr	= 4 Jahre
DÜRRWÄCHTER (1976)	11.-14. Lebensjahr	= 3 Jahre
GORSKI/KRIETER (1982)	9.-13. Lebensjahr	= 4 Jahre
FIEDLER (1985)	9.-12. Lebensjahr	= 3 Jahre
GÖTSCH/PAPAGEORGIOU/TIEGEL (1980)	9.-12. Lebensjahr	= 3 Jahre

FIPAV

COMITATIO MINIVOLLEY (o.J.)	9.-12. Lebensjahr	= 3 Jahre
GORI (1981)	7.-14. Lebensjahr	= 7 Jahre
FIPAV: Guida al attivita... (o.J.)	9.-12. Lebensjahr	= 3 Jahre
PAGANO (o.J.)	9.-12. Lebensjahr	= 3 Jahre

FFVB

FFVB: A la découverte...(o.J.)	8.-12. Lebensjahr	= 4 Jahre
FFVB: L'entrainement.en.(o.J.)	9.-12. Lebensjahr	= 3 Jahre
FFVB: Volley-ball-chez..(o.J.)	8.-12. Lebensjahr	= 4 Jahre

NeVoBo

AKKERHUIS (1976)	?	= 3 Jahre
BLOK (1977)	9.-12. Lebensjahr	= 3 Jahre
DUYFF (1982)	8.-12. Lebensjahr	= 4 Jahre
FRIEDERICHS (1987)	5.- 7. Lebensjahr	
	8.-12. Lebensjahr	= 7 Jahre

International einheitlich ziehen alle Autoren mit unterschiedlicher Schwerpunkt-
setzung eine rückläufige Vereinfachung des Zielspiels (Kleinfeldspiele 1:1, 2:2, 3:3,
4:4) und eine Kombination von Spiel- und Übungsreihen mit unterschiedlicher Gewichtung vor. Dabei erscheinen in der französischen Literatur zu Beginn der
Technikschulung dem Üben und Spielen vorausgehende Experimentierphasen auffällig. International nahezu einheitlich setzen fast alle Lehrbücher vorbereitende
Fang- und Wurfspiele als Ausgangspunkt der Einführung des Volleyballspiels ein.
Ebenso einheitlich erfolgt unter sukzessiver Einführung der Grundtechniken deren
Anwendung in zunehmend komplexeren Kleinfeldspielen.

Während die **Elementarisierung** und **Hierarchisierung** der taktischen und konditionellen Anforderungen des Zielspiels (mit Ausnahme von PAPAGEOR-
GIOU/SPITZLEY (1984) und dem Entwicklungsmodell des kanadischen Volleyballverbandes (VALERIOTE o.J.)) in allen in den Vergleich einbezogenen Verbänden
praktisch vernachlässigt wird (es sei denn, man schließt von der Reihenfolge der
Darstellung auf die intendierte Einführungsreihenfolge), kommt es bei den vergleichsweise zahlreichen Hierarchisierungsvorschlägen zur Technik zu folgenden
Divergenzen: In der deutschen, italienischen, niederländischen und englischsprachigen Literatur wird übereinstimmend das Obere Zuspiel als erste Technik eingeführt. Während die italienischen Lehrbücher einheitlich das Untere Zuspiel als
zweite Technik angeben, konkurrieren in der deutschen, niederländischen und englischsprachigen Literatur die Aufgabe von unten und das Untere Zuspiel als
zweite Technik, in der Regel gefolgt von Angriffsschlag, Block (und Feldabwehr).
Demgegenüber erscheinen die Darstellungen in der französischen Literatur diffus
und lassen den Schluß zu, daß nach den bereits erwähnten Experimentierphasen
für das Obere und Untere Zuspiel zunächst mit der Schulung der Aufgabe von unten begonnen wird, bevor Oberes und Unteres Zuspiel, Angriff und Block eingeführt werden. Grob vereinfacht lassen sich also drei Hierarchisierungsalternativen
unterscheiden, von denen sich letztere auf die französische Literatur beschränkt
und die ersteren in allen Verbänden vertreten sind. Diese unterscheiden sich lediglich hinsichtlich des Zeitpunkts der Einführung des Unteren Zuspiels und der
Aufgabe von unten, wobei u.E. denjenigen Alternativen der Vorzug gewährt werden sollte, die eine Einführung des Unteren Zuspiels vor der Aufgabe empfehlen,
da die Aufgabe im Anfängerbereich häufig ein zu starkes Angriffsmittel darstellt.
Daher sollte diese erst eingeführt werden, wenn der Spielanfänger über eine adäquate Abwehrtechnik zur Annahme der Aufgabe verfügt (vgl. BRETTSCHNEI-
DER/WESTPAHL 1978,63).

Erwähnenswert erscheint uns eine in der italienischen Literatur vorgefundene Hierarchisierungsalternative. PITTERA /RIVA VIOLETTAs Vermittlungsmodell beschränkt sich auf die Einführung der 4 symmetrischen Grundtechniken (in der Reihenfolge: Oberes Zuspiel, Unteres Zuspiel, Block und Feldabwehr), wobei zum einen die frühe Einführung des Blocks (in vielen Lehrbüchern Stiefkind der Technikschulung) und die Nichtberücksichtigung der Aufgabe und des Angriffsschlags im Rahmen der Anfängerausbildung bemerkenswert erscheint. Der Angriffsschlag wird in der italienischen und französischen Literatur weitgehend aus der Anfängerausbildung verbannt. Die dargestellten Hierarchisierungsalternativen werden bis auf wenige Ausnahmen (BRETTSCHNEIDER/WESTHAL 1978; PAPAGEORGIOU/ SPITZLEY 1984; PITTERA/RIVA VIOLETTA 1982) kaum hinreichend begründet, was als Defizit fast aller Lehrbücher angesehen werden muß.

Desgleichen machen viele Vermittlungskonzepte allenfalls Andeutungen über die Gewichtung **spielmethodischer Verfahrensweisen.** Alle Lehrbücher verzichten anfänglich einheitlich auf jegliche Spezialisierung zugunsten einer universellen Grundausbildung. Im Bereich der Spiel- und Technikschulung kommt es zu unterschiedlichen Gewichtungen des Übens und Spielens in Form eines Primats des Übens oder in Form einer relativen Gleichberechtigung von Üben und Spielen. Hierbei muß international eine häufig fehlende Begründung der vorgeschlagenen Gewichtung festgestellt werden. Hinsichtlich der einzelnen Gewichtungsvorschläge lassen sich keine nationalen Schwerpunkte oder Präferenzen herausarbeiten. Vielmehr variieren die Lehrmeinungen innerhalb der einzelnen Verbände derart, daß alle skizzierten Gewichtungsvorschläge vertreten sind. Als Besonderheit ist jedoch, die in der italienischen Literatur häufig geforderte vorbereitende und spielerisch gestaltete motorische Grundschule hervorzuheben.

3.2 Die Technik in der Anfängerausbildung

Für dieses Kriterium wurde zwischen Grundtechniken und deren Varianten unterschieden. Dabei wurde als Grundtechnik die bei der ersten Einführung einer Spielhandlung international häufig bevorzugte Grundform der Technik definiert. Da der unterschiedliche Umfang und Präzisionsgrad der Technikbeschreibungen keinen detaillierten Vergleich zuläßt, konzentriert sich der Vergleich im wesentlichen auf markante Unterschiede hinsichtlich der Ausführung und Methodik der einzelnen Grundtechniken und läßt graduelle Unterschiede weitgehend außer acht.

Bei der **Frontalaufgabe von unten** beschränken sich die Ausführungsunterschiede im wesentlichen auf 3 alternative Treffflächen (Handfläche, offene Faust, Handkante). Dabei bevorzugen deutsche und niederländische Autoren meist die Aufgabe mit leicht gewölbter Handfläche, während in der französischen Literatur alle 3 Alternativen vertreten sind. Demgegenüber beschränken sich italienische Lehrbücher auf die Erwähnung der Hand, ohne die Trefffläche näher zu spezifizieren. Ein internationaler Konsens besteht hinsichtlich eines gestreckten Schlagarms im Moment der Ballberührung. Lediglich DÜRRWÄCHTER (1976,55) plädiert für einen leicht angewinkelten Schlagarm.

Hinsichtlich der **Frontalaufgabe von oben mit Effet** (Tennisaufgabe) gibt es bei den in den den Vergleich einbezogenen Lehrbüchern kaum wesentliche Unterschiede. Der einzige Unterschied besteht im alternativ einhändigen bzw. beidhändigen Anwerfen des Balles. In der niederländischen Literatur stellen zudem zwei Autoren eine Ausholbewegung dar, wonach nach beidhändigem Anwurf der Schlagarm wieder gesenkt und dann gebeugt seitlich am Körper nach hinten-oben geführt wird (T'HART/MURPHY 1982,65 ; ZWARTS o.J.,56).

Bei der Schulung der Aufgaben dominieren international ganzheitliche Übungsmethoden, wonach nach anfänglich isoliertem Üben der Schlagbewegung zunächst gegen die glatte Wand und mit dem Partner geübt wird. Anschließende Aufgaben über das Netz, aus zunehmender Distanz, später auf Ziele, bilden dann in Verbindung mit Komplexübungen unter Einbeziehung der Annahme die dominierenden Schulungsmaßnahmen. Spielerisch eingekleidete Übungsformen finden sich nur sporadisch (DÜRRWÄCHTER 1976 ; FRIEDERICHS 1987).

Beim **Unteren Zuspiel** fällt auf, daß in der italienischen und französischen Literatur zunächst keine Differenzierung in Annahme- und Abwehrbagger erfolgt, da in beiden Verbänden auf eine Schulung des Angriffsschlages in der Anfängerausbildung verzichtet wird, folglich auch kein Abwehrbagger notwendig ist.

Die Ausführung des Annahmebaggers läßt international z.T. nur graduell verschiedene Schulter-, Arm- und Handhaltung erkennen, wobei sich kaum nationale Präferenzen herausarbeiten lassen. Hinsichtlich der Handhaltung werden zwei Ausführungsalternativen am häufigsten erwähnt:

1. ineinandergelegte, nach oben zeigende, gewölbte Handflächen mit parallel oben aufliegenden Daumen,
2. umschlossene Faust mit oben parallel aufliegenden Daumen.

Mit Ausnahme von T'HART/MURPHY (1982), die den Treffpunkt im Bereich der Hände (!) beschreiben, wird international ein Spielen des Balles mit den Innenseiten der Unterarme empfohlen. Auf niederländischer Seite fallen noch zwei weitere Besonderheiten auf. FRIEDERICHS (1987,91) betont ein Spielen des Balles links von der Körpermitte, T'HART/MURPHY (1982,77) differenzieren die Spielhaltung entsprechend der Hüftwinkel.

Der Abwehrbagger zeichnet sich durch passives bzw. nachgebendes Körperverhalten im Moment der Ballberührung aus.

Bezüglich der Schulung des Unteren Zuspiels dominieren international ganzheitliche Methoden, wohingegen eine analytische Vorgehensweise nur vereinzelt (DVV: GORSKI/KRIETER 1982,67 ; NeVoBo: DUYFF 1984,94ff.; FIPAV: PITTERA/RIVA VIOLETTA 1982,33) anzutreffen ist. Die in der italienischen Literatur gefundene Schulung des Unteren Zuspiels über das Fangen und Werfen mit ausgestreckten Armen (FIPAV: Sillabario motorio. o.J.,45) erscheint u.E. insofern problematisch, als daß hier die Auge-Hand-Koordination statt der geforderten Auge-Unterarm-Koordination geschult wird.

Das **Obere Zuspiel** ist sowohl hinsichtlich seiner Ausführung als auch hinsichtlich seiner Vermittlungsmethoden durch einen weitgehenden internationalen Konsens gekennzeichnet. Die Ausführungsunterschiede sind allenfalls gradueller Natur, wobei FRÖHNER u.a. (1982,40) und auf niederländischer Seite AKKERHUIS (1976,9) ein ausgeprägtes Abklappen der Hände nach dem Ballkontakt fordern.

Das Erlernen der Grundtechnik konzentriert sich - mit Ausnahme der französischen Literatur (Experimentierphasen) - international einheitlich zunächst auf die charakteristische Hand- und Fingerhaltung. Durch Imitation der Gesamtbewegung und durch die zeitliche Verkürzung von Fangen und Werfen wird zum Oberen Zuspiel übergeleitet und anschließend in unterschiedlichen Übungs- bzw. Spielformen angewendet.

Bei der Beschreibung des **Angriffsschlags** herrscht ein weitgehender internationaler Konsens. Lediglich GORSKI/KRIETER (1982,70) vertreten statt des ansonsten einheitlich postulierten Stemmschrittanlaufs einen "Absprung nach Ansprung", eine Technik, die hinsichtlich ihrer Vor- und Nachteile nicht eindeutig beurteilt werden kann, u. E. jedoch nur im Rahmen der Fortgeschrittenenausbildung für Schnellangreifer relevant erscheint. In einigen niederländischen Lehrbüchern (z.B. T'HART/MURPHY 1982,92f.) wird besonders auf die je nach Angriffsposition unterschiedliche Fußstellung beim Absprung hingewiesen.

Der Driveschlag als anfängerrelevante Variante wird nur sporadisch in der deutschen, niederländischen und italienischen Literatur dargestellt.

Die Vermittlung des Angriffsschlags ist durch einen Methodenpluralismus gekennzeichnet. Dabei überwiegen analytische Methoden. Der Hauptunterschied liegt in der alternativ mit der Anlauf- bzw. mit der Schlagschulung beginnenden Methode. Der international häufig bevorzugten anfänglichen Schulung der Schlagbewegung im Stand und im Sprung ohne Anlauf und anschließendem Hinzufügen des Anlaufs steht ein seltener geforderter umgekehrter Lernverlauf entgegen, wonach zunächst die Schulung des Anlaufs und Absprungs erfolgt, bevor die Gesamtbewegung mit Schlag koordiniert wird (BAACKE 1977,21 ; DUYFF 1984,123f.). Der Lernweg vollzieht sich jeweils in den Schritten : Bewegung ohne Ball - mit ruhendem - zugeworfenem - und herausgestelltem Ball.

Beim (passiven) **Einerblock** lassen sich - abgesehen von graduellen Unterschieden des Armschwungs in der Ausholphase - keine markanten Ausführungsunterschiede feststellen. Erwähnenswert erscheint eine in der deutschen und niederländischen Literatur nur selten dargestellte Ausführungsalternative, die durch ein starkes Abklappen der Hände nach hinten zwecks Ablenkung des Balles ins eigene Feld gekennzeichnet ist. (FIEDLER 1985,55; AKKERHUIS 1976,78). Diese zur Entschärfung harter gegnerischer Angriffe einzusetzende Variante wird derzeit auch im Spitzenvolleyball in einigen Notsituationen angewendet und ist auch im Bereich der Fortgeschrittenenausbildung noch zu berücksichtigen.

Die Bewegung entlang des Netzes zum Blockort wird im Vergleich der Fortgeschrittenenausbildung berücksichtigt.

Hinsichtlich der Schulungsmethodik lassen sich im internationalen Vergleich keine gravierenden Unterschiede herausarbeiten.

Als ein weiteres Defizit muß die international weitgehende Vernachlässigung systematischer **Fehleranalysen** und **Korrekturmaßnahmen** angesehen werden. Diesbezüglich positive Ansätze finden sich in der deutschen Literatur bei PAPAGEORGIOU/SPITZLEY (1984) ; GORSKI/KRIETER (1982) ; FRÖHNER u.a. (1982) ; FIEDLER (1985) sowie bei vereinzelten englischen Autoren.

Zusammenfassend kann festgestellt werden, daß - sofern überhaupt gravierende methodische und Ausführungsunterschiede in den Grundtechniken auftreten - sich kaum nationale Präferenzen herauskristallisieren.

3.3 Die Technik in der Fortgeschrittenenausbildung

Der Vergleich konzentriert sich auf die jeweils in der Literatur häufigsten Technikvarianten und deren Ausführungsunterschiede. Hinsichtlich der Methodik beschränkt sich der Vergleich auf diejenigen Technikvarianten, die einen geringen Verwandtschaftsgrad zur Grundtechnik aufweisen, da bei näherer Verwandtschaft eine Schulung analog der Grundtechnik erfolgt.

Als **Varianten der Aufgabe** werden in der untersuchten Literatur einheitlich die frontale Flatteraufgabe von oben, die Hakenaufgabe und die seitliche Flatteraufgabe von oben am häufigsten dargestellt, ohne daß wesentliche Ausführungsunterschiede konstatiert werden können. Hervorzuheben ist die große Vielfalt der in der niederländischen Literatur beschriebenen Aufgabevarianten (T'HART/MURPHY 1982 ; ZWARTS o.J.). Die in jüngster Zeit zunehmend an Bedeutung gewinnende Sprungaufgabe wird nur von vereinzelten Autoren der italienischen (GORI 1981,30 ; BARBAGALLO 1985,147) und niederländischen Literatur (ZWARTS o.J.,51) dargestellt. Der einhändige Pritschaufschlag wird nur in der niederländischen und englischen Literatur erwähnt.

Bei den **Varianten des Unteren Zuspiels** können insbesondere beim Hechtbagger gravierende Unterschiede in Ausführung und Schulungsmethodik konstatiert werden. Während in der deutschen Literatur ein Konsens zugunsten einer "gleitenden" und der englischen zugunsten einer "abfangenden" Hechtbaggerlandung besteht, sind in der Literatur der verbleibenden Verbände sowohl die "gleitende" als auch die "abfangende" Hechtbaggerlandung vertreten. Aufgrund der Verletzungsgefahr erscheint die abfangende Landung ohne jede Gleitphase gegenüber der gleitenden Landung als unvorteilhaft. Demgegenüber führt ein frühzeitiges Abstoppen der Gleitphase zu einer schnelleren Spielbereitschaft und wird auch international praktiziert.

Analog den verschiedenen Landetechniken kommt es zu divergierenden Methoden, denen jedoch die anfängliche Kräftigung der Schulter- und Armmuskulatur sowie eine Landungsschulung ohne Ball gemeinsam ist. Auffällig ist, daß die meisten Vertreter der Gleitlandetechnik mit Übungen zum Abfangen des fallenden Körpers beginnen, obwohl sie auf eine gleitende Landung hinarbeiten. Lediglich DÜRR-WÄCHTER (1978,165) und GORSKI/KRIETER (1982,91) schulen von Anfang an die Gleitbewegung aus der Schubkarre. Die in einigen deutschen Lehrbüchern postulierte anfängliche Verwendung weicher Landeflächen findet sich in den anderen Nationen nicht. Einziger Vertreter einer Hechtbaggerschulung, bei der von Beginn an mit Ball gearbeitet wird, ist mit BAZAN (1984,63) ein Vertreter der italienischen Literatur.

Beim Unteren Zuspiel im Fallen seitwärts (Japanrolle) findet sich in der niederländischen Literatur eine alternative Methode, in der der auf dem Boden liegende Ball "hochgeschöpft" werden soll.

Das im Frauenvolleyball zunehmend an Bedeutung gewinnende beid- und einarmige Untere Zuspiel im Fallen vor- bzw. seitwärts mit gleitender Landung und gleichzeitiger Rotation um die Längsachse wird lediglich in der niederländischen Literatur bei FRIEDERICHS (1987,116) dargestellt.

Bei den **Varianten des Oberen Zuspiels** besteht hinsichtlich deren Ausführung ein weitgehender internationaler Konsens, d.h. Ausführungsdivergenzen sind allenfalls gradueller Natur. Bemerkenswert erscheint die in allen Verbänden nur sehr seltene Darstellung des im Spitzenvolleyball sehr bedeutsamen lateralen Zuspiels.

Die in der deutschen, italienischen und niederländischen Literatur häufig dargestellten **Varianten des Angriffsschlags** (Drehschlag, Finte/Lob, Handgelenkschlag, Hakenschlag) lassen weder nationale Präferenzen noch gravierende Ausführungsunterschiede erkennen. Demgegenüber muß bei der französischen Literatur eine defizitäre Darstellung von Angriffsschlagvarianten beklagt werden. GORSKI/KRIETER (1982,70) vertreten hinsichtlich der Anlaufgestaltung gegenüber dem ansonsten einheitlich postulierten Stemmschrittanlauf einen "Absprung nach Ansprung", der im Rahmen der Fortgeschrittenenausbildung u.E. allenfalls für Schnellangreifer unter Zeitdruck relevant erscheint. Der im Spitzenvolleyball bei Frauen und Männern fest etablierte einbeinige Absprung (meist bei Angriffen über Position II) wird nur in der italienischen Literatur bei GUIDETTI (1983,196) dargestellt.

Bei den **Varianten des Blocks** (aktiver Block) konnten nur graduelle Ausführungsunterschiede hinsichtlich des Armschwungs herausgearbeitet werden. Bei der Gruppenblockbildung bestehen bezüglich der Bewegung entlang des Netzes mit Kreuzschritten, Seitsteps und geradem Lauf international mehrere Alternativen, ohne daß sich nationale Präferenzen feststellen lassen. In der niederländischen Literatur wird zudem zwischen Zonenblock (Abdeckung eines bestimmten Spielfeldbereichs) und beweglichem Block (Abdecken der Schlagrichtung), sowie zwischen japanischer (Spieler springen dicht nebeneinander ab) und russischer Doppelblockbildung (Abstand zwischen den Blockspielern, Arme schwenken zueinander) differenziert, in allen übrigen Verbänden erfolgt keine derartige Unterscheidung.

3.4 Die Taktik in der Anfängerausbildung

Der Vergleich beschränkt sich auf die Darstellung mannschaftstaktischer Formationen der Spiele 3:3, 4:4 sowie auf unspezialisierte Formen des Spiels 6:6 und
deren Schulung. Da im Rahmen der Anfängerausbildung international einheitlich
auf eine Spezialisierung zugunsten einer universellen Grundausbildung verzichtet
wird, reduzieren sich die mannschaftstaktischen Möglichkeiten unabhängig vom
jeweiligen Spiel grundsätzlich auf unspezialisierte Spielsysteme sowie positions-
und situationsgebundene Formen des Angriffsaufbaus.

Sowohl das **Minivolleyballspiel** (3:3) als auch das **Spiel 4:4** (letzteres wird nur bei
einigen kanadischen Autoren sowie von BRETTSCHNEIDER/WESTPHAL (1978,150)
berücksichtigt, ebenso bei GÖTSCH/PAPÀGEORGIOU/TIEGEL (1980,69) als Zwi-
schenschritt eingesetzt) werden hinsichtlich ihrer mannschaftstaktischen Aspekte
von französischen Lehrbüchern nicht berücksichtigt. Die ausführlichsten Darstellungen finden sich bei BAACKE (1977).

Das Minivolleyballspiel ist durch einen dahingehenden internationalen Konsens gekennzeichnet, daß mit zwei Netz- und einem Grundspieler gespielt wird. Trotz internationaler Minivolleyball-Spielregeln besteht jedoch kein Konsens hinsichtlich
der Spielfeldmaße. Auffällig hierbei sind die vergleichsweise sehr kleinen in der
englischen sowie die je nach Intention flexiblen Spielfeldmaße in der niederländischen Literatur.

Im international nur selten dargestellten Spiel 4:4 bevorzugen deutsche und kanadische Autoren das Spiel mit 2 Netz- und 2 Grundspielern, wohingegen alle englischen Lehrbücher eine Grundaufstellung mit 3 Netz- und einem Grundspieler empfehlen. Während beim Spiel mit 2 Netz- und 2 Grundspielern somit der Angriffsabschluß beim Angriffsaufbau über einen der beiden Netzspieler von vornherein
festgelegt ist, ermöglicht die Grundaufstellung mit 3 Netz- und einem Grundspieler einen alternativen Angriffsabschluß und stellt somit vergleichsweise höhere
technisch-taktische Anforderungen und ist methodisch gesehen, als eine Komplika-
tion des Angriffsaufbaus zu sehen.

In der Literatur stellen im Minivolleyballspiel der 2er- bzw. im Spiel 4:4 der 3er-
Riegel mit positionsgebundenem Angriffsaufbau über den rechten Vorderspieler die
häufigsten **Riegelformationen** dar, wohingegen der 3er- bzw. 4er-Riegel mit situa-
tionsgebundenem Angriffsaufbau (offenes Laufen) vergleichsweise seltener
empfohlen wird.

Bei den nur von BAACKE (1977,94f.) dargestellten **Angriffssicherungsformationen** werden die 2-0 und die 1-1-Sicherung für das Minivolleyballspiel dargestellt.

Die **Block- und Feldabwehrformationen** erfolgen bei Abwehr ohne Block analog den Riegelformationen und bei Einerblockbildung im Minivolleyballspiel mit 2 bzw. im Spiel 4:4 mit 3 Feldabwehrspielern.

Auch das **Spiel 6:6** ließ aufgrund der nur spärlichen und lückenhaften Informationen der französischen Literatur nicht in allen Punkten einen internationalen Vergleich zu.

In den verbleibenden Verbänden wird der positionsgebundene **Angriffsaufbau** (in der Anfängerausbildung vorwiegend über Position III) aus dem 5er-**Riegel** dem situationsgebundenen Angriffsaufbau aus dem 6er-Riegel vorgezogen. Die vergleichsweise spärlichen Ausführungen zum 6er-Riegel und dem damit verbundenen Angriffsaufbau über das offene Laufen bleiben auf einzelne englische und deutsche Lehrbücher (insbes. PAPAGEORGIOU/SPITZLEY 1984) beschränkt, wohingegen er in allen anderen Verbänden nicht einmal erwähnt wird. Gegenüber der in allen Verbänden weitverbreiteten W-Formation des 5er-Riegels (mit unterschiedlicher Staffelung) stellt die sog. U-Formation eine vergleichsweise seltenere Variante dar, die nur in vereinzelten französischen und italienischen Lehrbüchern dargestellt wird. Dabei steht der Spieler auf der Position VI nicht vor, sondern etwas hinter oder auf gleicher Höhe zwischen Position I und V.

Hinsichtlich der **Angriffssicherungsformationen** in der Anfängerausbildung werden - meist in Abhängigkeit von der Feldabwehrformation (meist vorgezogene VI) - mit der 2-3- und 3-2-Sicherung zwei idealtypische Varianten dargestellt. Bei Angriff über die Außenpositionen dominiert in der italienischen Literatur eine 3-2-Sicherung, in allen übrigen Verbänden die 2-3-Sicherung. Beim in der Anfängerausbildung selteneren Angriff über die Mitte wird wiederum bei vorgezogener VI international einheitlich eine 3-2-Sicherung empfohlen. Einzige Alternative zu den o.g. Formationen bildet die 4-1-Sicherung bei vorgezogener VI (BRETTSCHNEIDER/WESTPHAL 1978,164f.; BLOK 1977,110).

Der Vergleich der **Block- und Feldabwehrformationen** beschränkt sich an dieser Stelle auf die im Rahmen der Anfängerausbildung international meist bevorzugte Formation mit vorgezogener VI. Der Vergleich beschränkt sich ferner auf die Formation mit Doppelblock, da die entsprechenden Formationen mit Einerblock international nur selten dargestellt werden. Während bei Doppelblock auf den Außenpositionen international ein weitgehender Konsens konstatiert werden kann (nur vorgezogene VI im Blockschatten), tritt bei Doppelblock auf Position III die VI aus dem Blockschatten heraus. Somit steht kein Spieler mehr im Blockschatten. Einige italienische und englische Autoren empfehlen in dieser Situation die Postierung des Spielers auf Pos. V im Blockschatten (vgl. Abb.1).

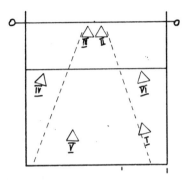

Abb.1: Block- und Feldabwehr mit vorgezogener VI bei Doppelblock auf Pos.III (nach BAZAN 1984,183; BARBAGALLO 1985,107)

In allen in den Vergleich einbezogenen Verbänden wird die vorgezogene VI als erste Block- und Feldabwehrformation eingeführt. Demgegenüber fordern alle amerikanischen Lehrbücher sowie auf deutscher Seite PAPAGEORGIOU/SPITZLEY (1984,138f.) die zurückgezogene VI als erste Formation. Eine diesbezügliche Entscheidung für die eine oder andere Formation kann nur nach Abwägung ihrer Vor- und Nachteile getroffen werden. In der Literatur werden die der betreffenden Entscheidung zugrundeliegenden Überlegungen jedoch kaum expliziert. Die Block- und Feldabwehr mit vorgezogener VI ist durch klar abgegrenzte Zuständigkeitsbereiche der einzelnen Spieler gekennzeichnet, weist jedoch bei Einerblock eine geschwächte Feldabwehr auf. Demgegenüber sind die Vorteile der zurückgezogenen VI bei Einerblockbildung und entsprechender Nahsicherung durch den nicht am Block beteiligten Netzspieler, in der verstärkten Feldabwehr zu sehen. Da jedoch im Anfängerbereich häufig und anfänglich fast ausschließlich nur mit Einerblock gespielt wird, ist in diesem Fall, die zurückgezogene VI der vorgezogenen VI vorzuziehen, da sie eine bessere Abdeckung des Hinterfeldes gewährleistet (vgl.PAPAGEORGIOU/SPITZLEY 1984,138f.). Beim Übergang zum Spiel mit Doppelblock bietet die vorgezogene VI eine leichtere Form der Nahsicherung, wohingegen mit der Grundform der zurückgezogenen VI höhere technisch-taktische Voraussetzungen an die Spieler gestellt werden.

Hinsichtlich der Schulung mannschaftstaktischer Formationen mußte ein weitgehender Mangel an diesbezüglich konkreten Beispielen für einzelne Formationen konstatiert werden. Positive Ansätze finden sich in der sehr praxisorientierten niederländischen Literatur.

3.5 Die Taktik in der Fortgeschrittenenausbildung

Ist die Anfängerausbildung durch einen Verzicht auf Spezialisierung gekennzeichnet und die Variationsbreite der mannschaftstaktischen Formationen relativ gering, so ist mit dem Einsetzen der Spezialisierung in der Fortgeschrittenenausbildung international ein breites mannschaftstaktisches Variationsspektrum gegeben.

Bei den **Spielsystemen** wird das 2:4 System international am häufigsten dargestellt. Die empfohlene Reihenfolge der Einführung der Spielsysteme folgt dem Prinzip zunehmender Spezialisierung vom 6:6 der Anfängerausbildung über das 2:4 (ohne und mit Läufersystem) zum 1:5 Spielsystem. Alle übrigen Spielsysteme können praktisch vernachlässigt werden. Das 3:3 sowie das unspezialisierte 6:6 Spielsystem werden nur in vereinzelten Lehrbüchern der deutschen, italienischen und kanadischen Literatur erwähnt, das gängige 1:5 Spielsystem bleibt in der französischen Literatur unerwähnt. Als eine Variante des 2:4 Spielsystems ist das von den niederländischen Autoren T`HART/MURPHY (1982,152) angeführte 2:6 Spielsystem zu betrachten. Es ist dadurch gekennzeichnet, daß wie im 2:4 Spielsystem zwei Zuspieler existieren, die aber einen sehr starken Angriffscharakter haben.

Die Vielzahl unterschiedlicher Möglichkeiten von **Positionswechseln** wird in der untersuchten Literatur nur exemplarisch und nicht erschöpfend behandelt. Es überwiegen Darstellungen von Positionswechseln zur Stärkung des Angriffs, obwohl die Positionswechsel zur Stärkung des Blocks und der Abwehr für den Punkterfolg noch entscheidender sind.

Bei den **Riegelformationen und** dem damit verbundenen **Angriffsaufbau** ist aufgrund der einsetzenden und zunehmenden Spezialisierung eine weitgehende Konzentration auf Formen des personengebundenen Angriffsaufbaus über den Zuspieler der Vorder- oder Hinterreihe aus dem 5er- bzw. 4er-Riegel feststellbar, ohne daß sich auffallende Unterschiede ergeben.

Demgegenüber beschränken sich die Darstellungen des 6er-Riegels auf vereinzelte Werke der deutschen (FIEDLER 1985,89f.; KOBRLE/NEUBERG/OLIVIER 1985,81; PAPAGEORGIOU/SPITZLEY 1984,51ff.), kanadischen und französischen Literatur (CLOITRE 1986,33).

Die mit zunehmender Spezialisierung in der Annahme an Bedeutung gewinnenden 3er- und 2er-Riegel werden nur sehr vereinzelt exemplarisch behandelt (DVV: HERZOG 1985,29ff.; FFVB: CLOITRE 1986,34; NeVoBo: BLOK 1977,100f.). Gleiches gilt für die Vielzahl unterschiedlicher Möglichkeiten von Täuschungsaufstellungen im Rahmen des 1:5 Spielsystems.

Das vergleichende Literaturstudium ergab in Bezug auf die **Angriffskombinationen** einen Mangel eines alle relevanten Faktoren berücksichtigenden Systematisierungsansatzes zur Beschreibung von Angriffskombinationen. Als diesbezüglich relevante Faktoren gelten:
- Art des Angriffsaufbaus,
- räumlich-zeitlicher Ablauf:
  * Zahl der Angreifer,
  * Laufwege der Angreifer,
  * Angriffsorte (Netzzonen),
- Paßhöhe,
- Entfernung der Pässe vom Netz.

Die häufigste Darstellung erfahren international Staffel- und Kreuzangriffe. Einen in der untersuchten Literatur einmaligen Kodierungsansatz findet man auf niederländischer Seite bei FRIEDERICHS (1987,125), wobei Angriffskombinationen durch standardisierte Netzzonen und Paßhöhen mit Zahlenkombinationen verschlüsselt werden können. Ein vergleichbarer Ansatz wurde bereits in der amerikanischen Literatur bei KELLER (1977,76ff.) gefunden. Zusammenfassend kann festgestellt werden, daß bzgl. einer Systematik nach Zahl, Laufwegen und Angriffsort der Angreifer sowie Paßhöhe in der Literatur weitgehende Übereinstimmung herrscht. In der italienischen Literatur erfolgt vereinzelt eine Unterteilung nach dem Gesichtspunkt, ob mit oder ohne Täuschungsanlauf kombiniert wird (GUIDETTI 1983,337ff.). Taktische Angaben zur räumlichen Gestaltung von Angriffskombinationen (Konzentration bzw. Verteilung der Angreifer) sowie zur Netzkodierung finden sich nur in der niederländischen, amerikanischen und kanadischen Literatur. Indes findet sich eine Orientierung an der Art des Angriffsaufbaus nur auf deutscher Seite (FIEDLER 1985). Die französische Literatur bietet keinen Systematisierungsansatz. Es werden lediglich von CLOITRE einige Formen des Staffelns und Kreuzens erwähnt. Ausführliche Darstellungen finden sich bei GORSKI/KRIETER (1982,105ff.) und GUIDETTI (1983,336-348).

In der Fortgeschrittenenausbildung wird international einheitlich so lange an den idealtypischen 2-3- und 3-2-Angriffssicherungsformationen festgehalten, bis die zunehmende Komplizierung des Angriffskombinationsspiels nur noch improvisierte Sicherungsformen zuläßt. Bei zurückgezogener VI und Angriff über die Außenpositionen bevorzugen italienische Autoren eine 3-2-Sicherung (wahrscheinlich aufgrund der frühen Einführung des Blocks und der damit verbundenen größeren Blockeffektivität), alle übrigen Verbände hingegen eine 2-3-Sicherung. Bei Angriff über die Mitte wird in Abhängigkeit vom Angriffsaufbau alternativ eine 2-3- (wenn der Zuspieler vorn ist) oder 3-2-Sicherung (wenn der Angriffsaufbau über den Läufer erfolgt) dargestellt.

Hinsichtlich der Block- und Feldabwehrformationen mit zurückgezogener VI kann international eine weitgehende Übereinstimmung hinsichtlich der Grundform konstatiert werden. In der niederländischen Literatur kommt es zu folgenden Abweichungen: ZWARTS (o.J.121) gibt bei Doppelblock auf den Außenpositionen eine "dynamische" Alternative zur "statischen" Grundform an, bei der die zurückgezogene VI aus dem Blockschatten tritt, um die Abwehr in der Diagonalen (Hauptschlagrichtung) zu verstärken. Bei Doppelblock auf Position III bevorzugen einige niederländische Autoren eine Postierung der zurückgezogenen VI im Blockschatten (BLOK 1977,166; FRIEDERICHS 1987,152), wohingegen in allen übrigen Verbänden ein Heraustreten der zurückgezogenen VI aus dem Blockschatten empfohlen wird.

Ausgehend von der Grundform lassen sich in allen Verbänden folgende zwei Varianten finden:

1. zurückgezogene VI mit Nahsicherung durch den blockfreien Netzspieler,
2. zurückgezogene VI mit Nahsicherung durch den Hinterspieler des Blocks, wobei verschiedene Möglichkeiten hinsichtlich der Postierung des letzten Abwehrspielers gegeben werden.

Nur in der italienischen Literatur wird eine weitere Variante vorgestellt (BARBAGALLO 1985,108; GUIDETTI 1983,443):

3. zurückgezogene VI mit Nahsicherung durch den blockfreien Netzspieler und den Hinterspieler des Blocks.

In der kanadischen Literatur findet sich folgende zusätzliche Variante:

4. **zurückgezogene VI mit alternativer Nahsicherung durch den blockfreien Netz-spieler oder den direkten Hinterspieler des Blocks in Abhängigkeit der Spiel-feldzone, die der Block abdeckt:**
   Deckt der Block die Diagonale ab, so übernimmt der blockfreie Netzspieler die Nahsicherung, wird hingegen longline abgedeckt, so übernimmt der direkte Hinterspieler die Nahsicherung des Blocks. Diese Variante erfolgt stets situa-tionsgebunden.

Erwähnenswert erscheint zudem eine letzte Variante der Block- und Feldabwehr, wie sie in der niederländischen Literatur von BLOK (1977,170) und FRIEDERICHS (1987,154) dargestellt wird:

5. **"3-3 Formation" mit linienförmiger Aufstellung der Grundspieler ungefähr auf Höhe einer gedachten 6m-Linie, wobei jeder Spieler für seinen "Spielfeldkorri-dor" verantwortlich ist und sowohl Abwehr- als auch Fernsicherungsaufgaben übernimmt (vgl. Abb.2).**

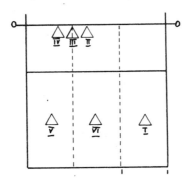

Abb. 2: "3-3 Formation" in der Block- und Feldabwehr (nach BLOK 1977,170; FRIEDERICHS 1987,154)

Entsprechende Formationen zur Block- und Feldabwehr mit 3er-Block auf Außen-und Mittelposition werden international nur selten dargestellt.

Die Formation mit VI im Mittelfeld wird nur in der deutschen und amerikani-schen Literatur mit dem Hinweis auf den ihr zugrundeliegenden situativen Wech-sel zwischen vor- und zurückgezogener VI erwähnt und wird kaum detailliert be-schrieben.

International sind **Schulungsbeispiele** für mannschaftstaktische Formationen und Kombinationen äußerst selten. Als grundlegendes Defizit der gesamten untersuchten Volleyball-Literatur muß ferner die häufig fehlende Verdeutlichung der Zusammenhänge zwischen Spielsystemen und Riegelformationen, Angriffsaufbau, Kombinationen, Angriffssicherungsformationen sowie Block- und Feldabwehrformationen herausgestellt werden. Vielmehr werden die einzelnen mannschaftstaktischen Formationen in der Literatur zu isoliert behandelt.

4 AUSBLICK

Ausgehend von den herausgestellten Defiziten der in den Vergleich einbezogenen Lehrbücher soll an dieser Stelle abschließend ansatzweise versucht werden, konstruktive Vorschläge zur Optimierung von Volleyball-Lehrbüchern zu geben (vgl. PAPAGEORGIOU/SCHNIEWIND 1986,104f). Die stichwortartig skizzierten Vorschläge beschränken sich dabei zum einen nur auf die im Vergleich berücksichtigten Aspekte und zum anderen nur auf die getroffene Literaturauswahl und erheben somit keinen Anspruch auf Vollständigkeit.

Im einzelnen erscheinen uns folgende Verbesserungen für künftige Lehrbücher empfehlenswert:

- Ein verstärktes Bemühen um eine nationale Vereinheitlichung der Terminologie;
- systematische Beschreibung aller technischen und taktischen Aspekte des Volleyballspiels;
- Hierarchisierungsvorschläge für die einzelnen technischen, taktischen und konditionellen Inhalte unter Berücksichtigung ihrer Wechselbeziehungen sowohl für die Anfänger- als auch für die Fortgeschrittenenausbildung;
- eine entsprechende theoretisch fundierte Begründung der vorgeschlagenen Hierarchisierung (Beispiel: BRETTSCHNEIDER/WESTPHAL 1978);
- Aufnahme positiver Beispiele der italienischen Literatur zur Anfängerausbildung (Comics);
- eine Erläuterung und Begründung des Einsatzes spielmethodischer Maßnahmen im Vermittlungsprozeß (Beispiel: DÜRRWÄCHTER 1976);
- systematische Fehleranalysen und -korrektur als unverzichtbarer Bestandteil eines jeden Volleyball-Lehrbuchs;
- Erstellung von Kriterien zur Beurteilung der Ausführungsgüte einzelner Spieltechniken (qualitative Lernerfolgskontrollen);

- Darstellung mannschaftstaktischer Inhalte in ihren Zusammenhängen und Implikationen von Spielsystemen und mannschaftstaktischen Formationen;
- Verdeutlichung der Abhängigkeiten von mannschaftstaktischen Formationen zu den Spieltechniken;
- Schulungsbeispiele für mannschaftstaktische Formationen;
- organisationstechnische Hinweise zur Gestaltung des Volleyballunterrichts und -trainings.

Die vorliegende Arbeit konnte trotz der vorgenommenen Beschränkungen aufgrund des umfangreichen Analysematerials an einigen Stellen nicht alle Aspekte gleichermaßen ausführlich behandeln. Insbesondere hinsichtlich der Technik bedürfen die vorgenommenen Verallgemeinerungen einer Überprüfung durch detaillierte Studien. Mit den im Vergleich ausgeklammerten Aspekten bieten sich weitere Möglichkeiten einer Vertiefung des Literaturvergleichs.

LITERATUR

AKKERHUIS, J.: Volleybal trainingsmethodiek. Woerden 1976.

AKKERHUIS, J.: Volleybal aksent-trainingen. S'Gravenzande 1977.

BAACKE, H.: L'ABC della pallavolo. Roma 1977.

BAACKE, H.: Wir spielen Mini-Volleyball. Berlin (Ost) 1977.

BARBAGALLO, F.: Principi fondamentali per una pallavolo agonistica. Roma 1985.

BAZAN, E.: Motricità tecnica, tattica della pallavolo. Arese 1984.

BEULKE, R.: Die Anfänger- und Fortgeschrittenenausbildung in der deutsch-, italienisch- und französischsprachigen Volleyball-Literatur - Eine vergleichende Analyse ausgewählter deutscher, italienischer und französischer Volleyball-Lehrbücher unter didaktisch-methodischen Aspekten. Diplomarbeit. Köln 1987.

BLOK, H.: Volleybal. Zeist 1977.

BRETTSCHNEIDER,W.-D./WESTPHAL, G.u.U.: Das Volleyballspiel - Unterricht im Sportspiel zwischen Zielsetzung, Methodenkonzeption und Erfolgskontrolle. Ahrensburg 1978.

CLOITRE, Y.: Les fondements pédagogiques et techniques du volley-ball. Paris 1985.

CLOITRE, Y.: Volley-ball - tome 2: progression tactique. Paris 1986.

COMITATIO MINIVOLLEY: Miniguida al minivolley. Roma o.J..

DÜRRWÄCHTER, G.: Volleyball - spielend lernen, spielend üben. Schorndorf 1976.

DÜRRWÄCHTER, G.: Volleyball - spielnah trainieren. Schorndorf 1978.

DUYFF, P.: Minivolleyball in Nederland. Woerden 1984.

FEDERATION FRANCAISE DE VOLLEY-BALL (FFVB): A la découverte du volley-ball. Paris o.J.

FFVB: L'entrainement des jeunes joueurs - "Envolley-vous avec nous". Paris o.J.

FFVB: Volley-ball - chez les jeunes enfants. Narbonne 1986.

FFVB: L'entrainement en volley-ball. Paris 1982.

FEDERAZIONE ITALIANA PALLAVOLO (FIPAV): Minivolley - sillabario motorio. Roma o.J.

FIPAV: WALT DISNEY: Topolino - una storia tutta ...minivolley. Roma o.J.

FIEDLER, M.: Volleyball. Berlin (Ost) 1985.

FRIEDERICHS, T.: Werkboek Volleyball - Deel 1. Woerden 1987.

FRÖHNER, B./RADDE, K./DÖRING, F.: Volleyball Schülersport. Berlin (Ost) 1982.

GORI, M.: La grammatica del gioco della pallavolo. Roma 1981.

GORSKI, J./KRIETER, U.: Volleyball - Technik, Taktik, Training, Kondition. München 1982.

GÖTSCH, W./PAPAGEORGIOU, A./TIEGEL, G.: Mini-Volleyball. Berlin 1980.

GUIDETTI, A.: Pallavolo - scolastica, agonistica e spettacolare. Modena 1983

HERZOG, K./VOIGT, H.-F./WESTPHAL, G.: Volleyball-Training - Grundlagen und Arbeitshilfen. Schorndorf 1985.

KELLER, V.: USVBA Technical Module - Level II. Huntington Beach 1977.

KOBRLE, J./NEUBERG, E.: Taktik des Volleyballspiels - Teil I: Allgemeine Grundlagen der Taktik und individuelle Volleyballtaktik. Schorndorf 1977.

KOBRLE, J./NEUBERG, E./OLIVIER, N.: Taktik des Volleyballspiels - Teil II: Spielkombinationen und Spielsysteme. Schorndorf 1985.

NIEDLICH, D: Zum Problem der Elementarisierung des Sportspiels - Ein Beitrag zur Methodik der Spielerziehung. Ahrensburg 1978.

PAGANO, B.: Dai giochi con la palla al minivolley. Roma o.J.

PAPAGEORGIOU, A./SCHNIEWIND, J.-P.: Vergleich der Anfänger- und Fortgeschrittenenausbildung in der deutsch- und englischsprachigen Volleyball-Literatur. In: CHRISTMANN, E./LETZELTER, H.(Red.): Spielanalysen und Trainingsmaßnahmen im Volleyball - 11. Symposium des DVV 1985. Ahrensburg
1986,87-107.

PAPAGEORGIOU, A./SPITZLEY, W.: Volleyball - Vom Mini-Volleyballspieler zum
Universalisten. Berlin 1984.

PITTERA, C./RIVA VIOLETTA, D.: Pallavolo dentro al movimento. Torino 1982.

RAMPF, P.: Die Anfänger und Fortgeschrittenenausbildung in der deutsch- und
niederländischen Volleyball-Literatur - Eine vergleichende Analyse deutscher
und niederländischer Volleyball-Lehrbücher unter didaktisch methodischem
Aspekt. Diplomarbeit. Köln 1987.

SCHNIEWIND, J.-P.: Die Anfänger- und Fortgeschrittenenausbildung in der
deutsch- und englischsprachigen Volleyball-Literatur - Eine vergleichende
Analyse ausgewählter deutscher, englischer, amerikanischer und kanadischer
Volleyball-Lehrbücher unter didaktisch-methodischen Aspekten. Diplomarbeit.
Köln 1985.

T'HART, A./MURPHY, P.: Speciale bewegingsaspecten in volleybal. Haarlem 1982.

VALERIOTE, T.: Volleyball Development Model. o.O. o.J. (nach 1979)

ZWARTS, G.: Volleybal. Haarlem o.J.

BARBARA BOUCHERIN

VOLLEYBALL - LEITER UND TRAINERAUSBILDUNG IN DER SCHWEIZ

1. STRUKTUR DER AUSBILDUNG

In der Schweiz werden die Trainer zum größten Teil durch die Institution Jugend + Sport (J+S) ausgebildet, in enger Zusammenarbeit mit dem Schweizerischen Volleyball Verband. In einer von J+S koordinierten Fachkommission können alle an der Ausbildung interessierten Institutionen, neben dem Fachverband auch polysportive Verbände, Inhalte und Tendenzen der Trainerausbildung mitbestimmen.

1. J+S ist ein Förderungswerk des Bundes und der Kantone. Es wird die sportliche Aktivität der Jugend von 14 bis 20 Jahren in Sportvereinen, Jugendorganisationen, Schulen und anderen Gruppen gefördert.

2. J+S möchte dazu beitragen, bei möglichst vielen Jugendlichen die Freude am Sporttreiben zu wecken, sie in Sportarten ihrer Wahl auszubilden, zu selbständigen Sportlern zu erziehen und Sport zur Lebensgewohnheit zu machen.
J+S will damit die Breitenentwicklung des Sportes fördern.

3. J+S lebt von der Initiative und den Fähigkeiten der Leiter, will deren Ausbildung an ihrer Tätigkeit mit Jugendlichen orientieren und ihnen dafür grösstmögliche Hilfe anbieten.

4. J+S bedarf des ständigen Bemühens um gute Zusammenarbeit zwischen Bund, Kantonen, Verbänden und Schulen und will allen Interessierten ermöglichen, in angemessener Weise auf die Entwicklung von J+S Einfluss zu nehmen.

5. J+S möchte ein gutes Gleichgewicht zwischen Konstanz und Erneuerung, Aufwand und Wirkung einhalten und für alle Fragen vernünftiger Weiterentwicklung offen bleiben.

Abb. 1: Leitbild Jugend und Sport

J+S umfaßt heute 30 Sportarten. 1987 wurden im Volleyball etwa 2100 Leiter aktiv: sie trainierten fast 15000 Jugendliche (2/3 Mädchen, 1/3 Jünglinge) in 940 Sportfachkursen. Den Vereinen flossen durch diese Tätigkeit rund 450000. -SF aus Staatsgeldern zu.

Die Volleyball-Trainerausbildung ist 3-stufig konzipiert. Die anschließende Kaderausbildung erfolgt sehr praxisorientiert. Nach einer 2-tägigen Vorbereitung führen die Kandidaten unter Aufsicht der Fachleitung selbständig einen Leiterkurs 1 durch.

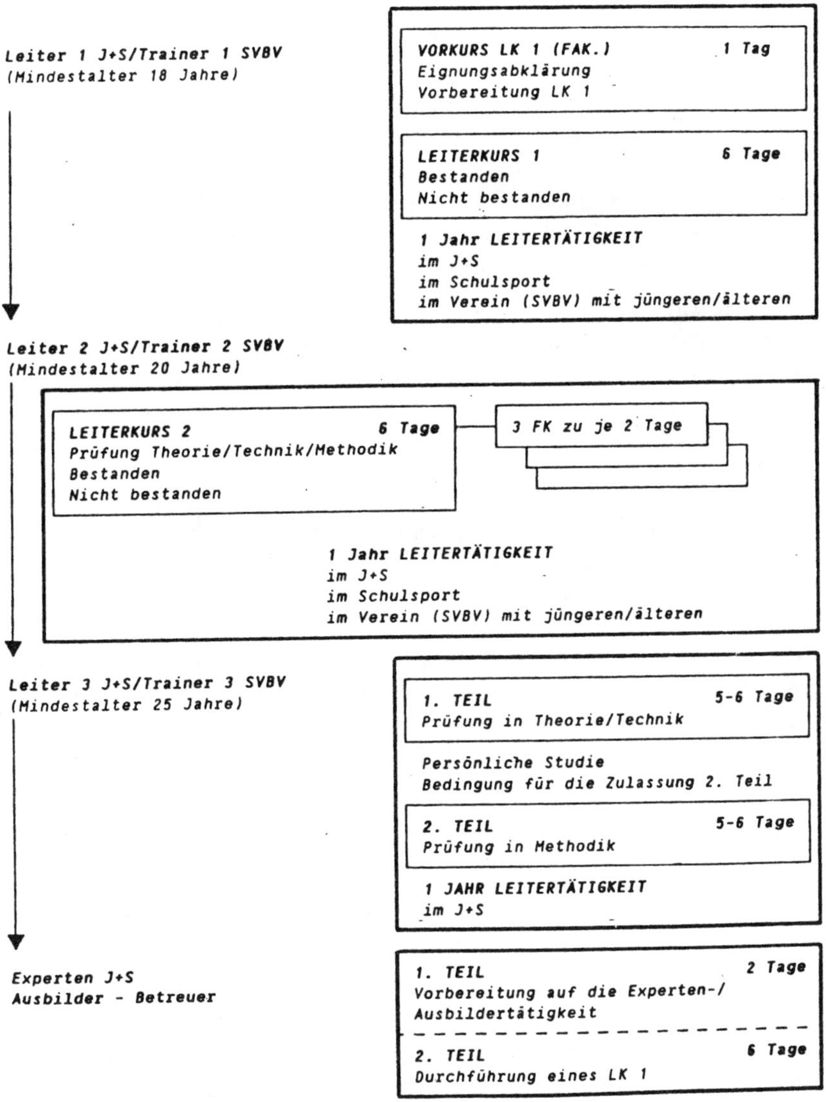

Leiter 1 J+S/Trainer 1 SVBV
(Mindestalter 18 Jahre)

> **VORKURS LK 1 (FAK.)**   1 Tag
> *Eignungsabklärung*
> *Vorbereitung LK 1*

> **LEITERKURS 1**   6 Tage
> *Bestanden*
> *Nicht bestanden*
>
> *1 Jahr LEITERTÄTIGKEIT*
> *im J+S*
> *im Schulsport*
> *im Verein (SVBV) mit jüngeren/älteren*

Leiter 2 J+S/Trainer 2 SVBV
(Mindestalter 20 Jahre)

> **LEITERKURS 2**   6 Tage | 3 FK zu je 2 Tage |
> *Prüfung Theorie/Technik/Methodik*
> *Bestanden*
> *Nicht bestanden*
>
> *1 Jahr LEITERTÄTIGKEIT*
> *im J+S*
> *im Schulsport*
> *im Verein (SVBV) mit jüngeren/älteren*

Leiter 3 J+S/Trainer 3 SVBV
(Mindestalter 25 Jahre)

> **1. TEIL**   5-6 Tage
> *Prüfung in Theorie/Technik*
>
> *Persönliche Studie*
> *Bedingung für die Zulassung 2. Teil*
>
> **2. TEIL**   5-6 Tage
> *Prüfung in Methodik*
>
> *1 JAHR LEITERTÄTIGKEIT*
> *im J+S*

Experten J+S
Ausbilder - Betreuer

> **1. TEIL**   2 Tage
> *Vorbereitung auf die Experten-/*
> *Ausbildertätigkeit*
> - - - - - - - - - - - - - - - -
> **2. TEIL**   6 Tage
> *Durchführung eines LK 1*

Abb. 2: Leiter und Trainerausbildungsstruktur

Interessenkreis

Jährlich werden ca. 430 Trainer 1 ausgebildet. Zum einen sind die Kandidaten Spieler, die ihre Aktivlaufbahn aufgegeben oder mindestens stark reduziert haben. Sehr viele rekrutieren sich aus Lehrer- oder Sportlehrerkreisen. Verschiedene Motive führen zu einem Kursbesuch:

- Persönliche Weiterbildung für den Schulunterricht
- Spezialisierung, um freiwilligen Schulsport unterrichten zu können
- Vertiefung vor allem im technisch/taktischen Bereich für diejenigen, die in ihrer Freizeit eine Klubmannschaft trainieren.

Eine dritte Gruppe konstituiert sich aus Personen, die in ihrem Verein Volleyball einführen möchten. Dies sind vor allem Interessenten aus polysportiven engagierten Vereinen und haben oft schon eine Leitertätigkeit außerhalb Volleyball ausgeübt. Für sie ist Volleyball erst noch eine Idee - sie möchten hauptsächlich große Fortschritte in der persönlichen Fertigkeit erzielen.

2 KONSEQUENZEN FÜR DIE INHALTLICHE GESTALTUNG DER TRAINER-AUSBILDUNG

Nur jeder 5. zum Trainer 1 ausgebildete besucht einen Kurs der 2. Stufe. Dies zwingt uns, eine umfassende Ausbildung schon auf der Einsteigerstufe anzubieten. Unser Ziel ist es, alle Bereiche der Trainerkompetenz anzusprechen, d.h. unsere Trainer müssen befähigt werden

- Ziele zu setzen
- Methoden und Inhalte auszuwählen
- Trainerverhalten zu reflektieren
- Theoretische Grundkenntnisse anzuwenden, umzusetzen.

Daneben müssen die technisch/taktischen Grundelemente sowie die Prinzipien eines einfachen Konditionstrainings beherrscht werden. Ebenso verlangen wir von den Kandidaten persönliche Fertigkeiten im Bereich der speziellen Trainertechnik.

Alle angesprochenen Kompetenzen werden jedoch, ohne allzu hohe Ansprüche zu stellen, vermittelt. Es geht uns um die Bewußtheit der Verantwortung, die jeder Trainer zu tragen hat. Wir versuchen die Grundlagen so vereinfacht zu vermitteln, daß sie anwendbar und übertragbar sind. Ein Beispiel dazu ist das Rezept: planen - durchführen - auswerten. Nach dieser Formel wird sowohl im praktischen wie auch theoretischen Unterricht gehandelt. Bei der ganzen Trainerausbildung spielt immer das Erleben eine stark prägende Rolle.

In Kenntnis der unterschiedlichsten Motivationen, die die Teilnehmer in unsere Kurse kommen lassen, versuchen wir das Gemeinsame der unterschiedlichen Zielsetzungen herauszukristallisieren. Unsere Leiter müssen lernen, je nach den Bedürfnissen ihrer Unterrichtsgruppen, Methoden und Inhalte auszuwählen, anzupassen.

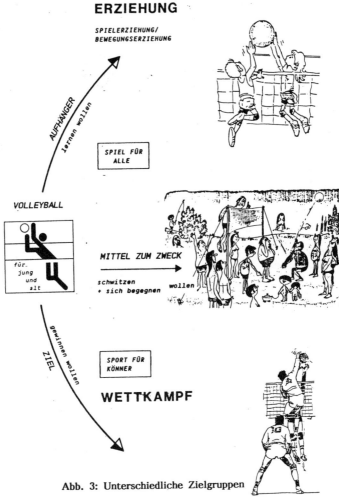

Abb. 3: Unterschiedliche Zielgruppen

Für jedes Volleyballtraining aber stellen wir das <u>bewußte Bewegungslernen</u> als anzustrebendes Ziel in den Vordergrund. Das Hinführen zum autonomen Spieler ist auch ein im Leitbild von J+S gefordertes Ziel.

Der Überblick über unser Ausbildungsprogramm zeigt einen weiteren Versuch der Vereinfachung und das Darstellen der komplexen Zusammenhänge.

AUSBILDUNGSPROGRAMM

BEWEGUNGSERZIEHUNG   -   SPIELERZIEHUNG

**Voraus-
setzungen:**
Faktoren der
Handlungs-
fähigkeit

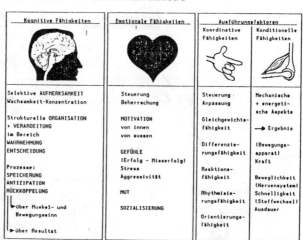

Kognitive Fähigkeiten	Emotionale Fähigkeiten	Ausführungsfaktoren	
		Koordinative Fähigkeiten	Konditionelle Fähigkeiten
Selektive AUFMERKSAMKEIT Wachsamkeit-Konzentration	Steuerung Beherrschung	Steuerung · Anpassung	Mechanische + energeti- sche Aspekte
Strukturelle ORGANISATION + VERARBEITUNG im Bereich WAHRNEHMUNG ENTSCHEIDUNG	MOTIVATION von innen von aussen GEFÜHLE (Erfolg - Misserfolg)	Gleichgewichts- fähigkeit Differenzie- rungsfähigkeit	⟶ Ergebnis (Bewegungs- apparat) Kraft
Prozesse: SPEICHERUNG ANTIZIPATION RÜCKKOPPELUNG	Stress Aggressivität MUT	Reaktions- fähigkeit Rhythmisie- rungsfähigkeit	Beweglichkeit (Nervensystem) Schnelligkeit (Stoffwechsel) Ausdauer
↳über Muskel- und Bewegungssinn ↳ über Resultat	SOZIALISIERUNG	Orientierungs- fähigkeit	

**Motorische
Fertigkeiten:** ·
Techniken

- Service (Aufschlag)
- Pass (Oberes Zuspiel)
- Manschette (Unteres Zuspiel)
- Smash/Finte (Angriff)
- Block

Anwendung:
Taktisches
Handeln

- Abnahme (Annahme)
- Aufbau
- Angriff
- Verteidigung
- Unterstützung
- Abdeckung

Spezialisierung

ÜBEN   -   SPIELEN

Abb. 4: Überblick über das Ausbildungsprogramm

Im methodischen Bereich schlagen wir unsern Laientrainern ein auf allen Stufen anzuwendendes Rezept vor:
- Vom globalen Vorgehen (Einführen, Einstimmen, Motivieren)
- zum analytischen Vorgehen (Verfeinern, Akzente verstärken)
- zur Anwendung im Minispiel (Vereinfachte Spielbedingungen zur Überprüfung des Lernerfolges)
- zur Anwendung im Spiel (Motivation, eigentliche Zielsetzung)

Um im Bereich des Techniklernens zu vereinfachen, bieten wir zwei Dimensionen des Beobachtens und Analysierens an:

a) Jede Spielhandlung kann in drei Phasen eingeteilt werden:
- Die Ausgangsstellung, das Verschieben zum Ball (VORHER)
- die eigentliche Ballberührung, Ballbehandlung (WÄHREND)
- Der Ausklang der Bewegung, die Folgehandlung (NACHHER)

a) vorher   b) während   c) nachher

Abb. 5: Phasen einer Spielhandlung

b) Die Handlungen des Volleyballers unterscheiden sich in solche ohne Ball und andere mit Ball. So raten wir unseren Trainern bei der Bewegungskorrektur denn auch sinnvollerweise von <u>unten nach oben</u> vorzugehen, wegzukommen vom zu Fehlüberlegungen verleitenden Beobachten der isolierten Ballbehandlung. Für viele junge Trainer ist diese Betrachtensweise noch neu!

Im Sinne einer kompletten Spielerziehung sind wir gegen eine frühe Spezialisierung im technischen Bereich. Wir empfehlen unsern Trainern jedoch, den Spielern die taktischen Spezialaufgaben auf jeder Position beizubringen, d.h. jeder ist Läufer, jeder verteidigt auf Position 3, jeder spielt am Netz auch in der Mitte.

Um die Charakteristik des Volleyballspiels zu berücksichtigen, müssen wir unsere Trainer lehren, <u>offene Bewegungsfertigkeiten</u> zu vermitteln. So meinen wir, daß Volleyballspielen lernen heißt, unzählige variable Bewegungsschemen zu entwickeln, die den ständigen Veränderungen der Umgebung (Raum und Zeit) angepaßt werden können. Wir lösen uns vom analytischen Fertigkeitslernen. Nach der notwendigen Vermittlung der Grundkenntnisse muß der Spieler befähigt werden, sie situationsbedingt anzupassen und einzusetzen. So wird z.B. das Grundelement Manchette zur effizienten, differenzierten Verteidigung.

ZIELSETZUNG:
VERTEIDIGEN

mit Manchette

Von der *Grund-*
fertigkeit aus-
gehende situa-
tionsbedingte
Anpassungen

Abb. 6

Abb. 6: Variationen des Baggerns (Manchette)

Unsere Spieler müssen frühzeitig in komplexe Situationen gestellt werden, die von ihnen Wahrnehmungs- und Entscheidungsprozesse verlangen. Durch das gemeinsame Auswerten sollen diese Prozesse auch bewußt gemacht werden.

Zusammenfassend könnte man sagen, daß SPIELEN und ÜBEN unsere Leitideen sind. SPIELEN ist geeignet, um taktische Handlungen (Wahrnehmung - Analyse - Lösung) zu erlernen und geübte Elemente ins Spiel zu integrieren.

ÜBEN dient in erster Linie der Verfeinerung und Automatisierung von technischen Bewegungsabläufen.

3. OFFENE PROBLEME

Unser Angebot gibt dem Laien-Trainer gute Voraussetzungen, um Spieler ausbilden zu können. Im J+S-Leiterhandbuch sind viele Informationen, die in der Ausbildung nicht oder nur sehr oberflächlich gestreift werden, vertieft behandelt. Der lernbeflissene Leiter kann sich mittels der Volleyball-Literatur weiterbilden. Die Arbeit mit dem Leiterhandbuch während des Ausbildungskurses soll ihn dazu befähigen und motivieren. Von J+S und den Verbänden angebotene Fortbildungskurse ergänzen die Grundausbildung. Das Eigenstudium und die gezielte Weiterbildung braucht Zeit - leider kann oder will nicht jeder sie aufbringen.

Unsere Ausbildung ist ein Einstieg, eine Anregung wie's gemacht werden kann. Für viele Trainer auf regionaler Stufe ist sie ausreichend und wird geschätzt. Jedoch fehlt die Trainerausbildung für unsere nationale Spitze. Einzelne Angebote des Volleyballverbandes werden nur in unbefriedigendem Maße besucht. Unsere Trainer sind zum kreativen Erfahrungsaustausch noch nicht bereit.

Ein weiteres Problem ist die gesellschaftliche Stellung des Volleyballsportes in der Schweiz. Erst etwa 3 oder 4 Trainer sind Berufstrainer und auch dies ist nur mit Zusatzbeschäftigungen außerhalb des Volleyballes möglich. So ist dann auch verständlich, daß von Seiten des Verbandes nur wenig Druck hinsichtlich Aus- und Fortbildung unserer Spitzensportler möglich ist.

VI. VOLLEYBALL-VIDEO

FRITZ DANNENMANN / RUDI SONNENBICHLER

KINDER LERNEN VOLLEYBALL

1 ZIELSETZUNG UND ZIELGRUPPE

Der Videofilm "Kinder lernen Volleyball" will (Sport-)Lehrer, Jugendbetreuer und Jugend-Übungsleiter inhaltlich darüber informieren, wie modernes Volleyballspiel heute vermittelt werden sollte, wenn es das erklärte Ziel ist, möglichst rasch und gut das Sportspiel Volleyball zu erlernen. Dabei wird beispielhaft ein ausgewähltes **Vermittlungsmodell** konkretisiert, das in der sportspiel-methodischen Literatur als **ganzheitlich-analytisch** apostrophiert wird.

Das Sportspiel Volleyball kann unter verschiedenen Sinngebungen an zahlreichen Orten gespielt werden: als Strandvolleyball, Wasservolleyball, Volleyball in Mixed-gruppen, Leistungsvolleyball. Da dieses Spiel Bewegungsanforderungen stellt, die relativ wenig mit alltags-motorischen Fertigkeiten wie Gehen, Laufen, Werfen, Fangen zu tun hat, ist es notwendig, daß die **Bewegungstechniken ohne** und **mit Ball** sorgfältig gelernt werden - auch aus Gründen, um Verletzungen vorzubeugen.

Zudem hat sich dieses Spiel, das weltweit die meisten Anhänger hat - es wird von etwa 150 Mio. Sportlern in über 150 Ländern gespielt - , in seiner Spielweise in den letzten Jahren erheblich verändert: es wird variabler, flacher, schneller gespielt. Von Anfang an müssen die Kinder lernen, unter Zeitdruck Probleme situativ günstig zu lösen, sich erfolgsorientiert zu **entscheiden.** Viele Lehrer, Übungsleiter und Trainer, die vor Jahren ihre Ausbildung absolviert und keine Gelegenheit zu einer sportartspezifischen Fort- oder Weiterbildung hatten, unterrichten heute dieses Spiel so, daß die sportliche Zukunft der Kinder und Jugendlichen eher verbaut, denn geöffnet wird. Ihnen will der Film Anregungen, Hinweise, verwertbare Informationen liefern.

2 TECHNISCHE REALISATION

Der Videofilm ist 53 Minuten lang. Er wurde auf U-matic, in Farbe, mit Original-Ton, Musik und Kommentar produziert. Entstehen konnte er nur dadurch,

- daß der VOLLEYBALL-LANDESVERBAND-WÜRTTEMBERG das Projekt finanziell förderte;
- daß der Jugend-Bundestrainer und Reallehrer **Rudi Sonnenbichler** und die **Kinder** des **Volleyball-Teilzeit-Internats** an der Realschule **Creglingen** sich in selbstloser Art und Weise engagierten;
- daß Frau **G. Wächtershäuser** als Sprecherin und Herr **Hansjörg Zeller** als Komponist unentgeltlich mitarbeiteten;
- daß Herr **G. Pietsch** und andere AVZ-Mitarbeiter sich nicht um ihre gesetzliche Arbeitszeit kümmerten.

3 INHALT UND STRUKTUR

Nach kurzem Problemaufriß werden zunächst knappe Hinweise zur **körpertechnischen** Ausbildung der Kinder und Jugendlichen gegeben; danach werden die **Balltechniken des Volleyballspiels** vorgestellt, methodisch eingeführt und jeweils sofort integriert in erweiterte Spielformen, in denen steigende **taktische Anforderungen** gestellt werden.

Körpertechnik		
	- Beinarbeit	
	- Bodenarbeit	
Balltechnik	und	**Volleyballtaktik**
- Fangen und Werfen		- Kleine Spiele
- Pritschen vorwärts		- Spiele 1 : 1
- Pritschen rückwärts		- Spiele 2 : 2
- Baggern		- Spiele 3 : 3
- Aufschlag von unten		- Minivolleyball
- Frontaler Angriffsschlag		- Midivolleyball(4:4)
- Feldverteidigung		- E-Jugend-Turnier

4 GESTALTUNGSMITTEL

Da die Übungs- und Spielformen mit zwei hochwertigen Kameras und zwei Video-recordern **simultan** aufgezeichnet wurden, zudem mehrere Mikrofone eingesetzt waren, konnten wir mit verschiedenen Gestaltungsmitteln experimentieren. Aus über 12 Stunden Rohmaterial schnitten wir im Studio einen Film von 53 Min. Länge. Für die **Totale** hatten wir in der Sporthalle ein ca. 8m hohes Gerüst auf-gebaut; **Halbnah-, Nah- und Großaufnahmen** wurden mit der zweiten Kamera aus ganz unterschiedlichen Positionen aufgenommen. Einige **Standbilder, blue-box-Auf-nahmen** im Studio und ein adäquater **Schnitt** lenken die Aufmerksamkeit auf zen-trale Aussagen. **Titel, Zwischentitel** und **Abspann** strukturieren den Film ebenso wie eine "Erkennungsmelodie", die sich am Volleyballrhythmus orientiert. Der **Ori-ginal-Ton** bringt wichtige Raumgeräusche (z.B. rhythmischer Schmetteranlauf) und **Lehrinformationen** (Aufgabenstellungen, Bewegungsanweisungen, Bewegungsbe-gleitung, Korrekturhinweise) zusammen. Zeitweise wird der O-ton zurückgenom-men und durch einen erläuternden, professionell gesprochenen **Kommentar** ergänzt. Die speziell komponierte **Musik** wird sparsam verwendet.

Die **Darsteller** sind 10- bis 14-jährige Jungen und Mädchen; sie sind angemessen sportlich gekleidet. Durch Großaufnahmen werden sie den Zuschauern emotional nahe gebracht.

Mit **Lichteffekten** konnte nur wenig gearbeitet werden; um eine gleichmäßige Ausleuchtung und Farbentreue zu erreichen, wurde fast ausschließlich mit Kunst-licht gedreht. - Auf spezielle **filmische Tricks** (Zeitlupe, Einblendungen, elektroni-sche Bearbeitung) mußten wir aus Ausstattungs- und Kostengründen leider ver-zichten.

Eine 19-seitige **Begleitbroschüre** bringt ergänzende Informationen, Ratschläge für die Benutzer, wie sie die filmischen Anregungen in ihrem Unterricht und Training umsetzen können.

5 EINSATZ

Der Videofilm wurde in erster Linie für Volleyball-Lehrkräfte produziert. Er kann in der Sportlehrer- wie Übungsleiter- und Trainer-**Ausbildung** eingesetzt werden. Bei **Fortbildungstagungen** für die genannten Zielgruppen wurde der Film bereits mehrfach eingesetzt; er stieß dabei auf große Zustimmung.

Für Volleyball-Lernende kann er - richtig verwendet - ebenfalls gewinnbringend sein. Bei ersten Einsätzen konnten wir feststellen, daß dieser Film sehr motivierend wirkt. Er regt Kinder und Jugendliche an, das Spiel "richtig" zu erlernen, d.h. es mit so viel Bewegung zu spielen, wie im Film gezeigt. Lehrer wie Übungsleiter müssen Motive und Möglichkeiten ihrer Kinder und Jugendlichen richtig einschätzen und dementsprechend anregende Ausschnitte des Filmes zeigen und die visuell vermittelten Informationen anschließend verarbeiten.

Der Film kann preiswert von der Pädagogischen Hochschule Heidelberg bezogen werden:

Fritz Dannenmann, Fach Sport, Im Neuenheimer Feld 710, 6900 Heidelberg.

AUTORENVERZEICHNIS

BAUM, KLAUS Dr.	Physiologisches Institut der DSHS Carl-Diem-Weg 2 5000 Köln 41
BERET, FRANK	Sofienstr. 10 4018 Langenfeld
BLÜHM, GISELA	Institut für Sportspiele der DSHS Carl-Diem-Weg 6 5000 Köln 41
BOUCHERIN, BARBARA	Eidgenössische Turn- und Sportschule CH-2532 Magglingen
DANNENMANN, FRITZ M.A.	Pädagogische Hochschule Heidelberg Im Neuenheimer Feld 710 6900 Heidelberg
ESSFELD, DIETER Dr.	Physiologisches Institut der DSHS Carl-Diem-Weg 2 5000 Köln 41
FISCHER, ULRICH Dr.	Universität Dortmund Fachbereich 16: Fach Sport Otto-Hahn-Str. 3 4600 Dortmund
HANKE, UDO Dr.	Institut für Sport und Sportwissenschaft der Universität Heidelberg Im Neuenheimer Feld 700 6900 Heidelberg
JANALIK, HEINZ Dipl. Päd.	Pädagogische Hochschule Heidelberg Im Neuenheimer Feld 710 6900 Heidelberg
KREMER, BERTHOLD	Institut für Sport und Sportwissenschaft der Universität Karlsruhe Kaiserstr. 12 7500 Karlsruhe

KÜNSTLINGER, URTE Dr.	Physiologisches Institut der DSHS Carl-Diem-Weg 2 5000 Köln 41
PAPAGEORGIOU, ATHANASIOS	Institut für Sportspiele der DSHS Carl-Diem-Weg 6 5000 Köln 41
RUDEL, HANS-ULRICH	Seminar für Leibeserziehung der Päda- gogischen Fakultät der Universität Bonn Römerstr. 164 5300 Bonn
SCHNIEWIND, JÖRG-PETER	Falderstr. 24 5000 Köln 50
SONNENBICHLER, RUDI	Volleyball-Teilzeit-Internat an der Realschule Creglingen Unterer Laubberg 1 8701 Röttingen
TREUTLEIN, GERHARD Prof. Dr.	Pädagogische Hochschule Heidelberg Im Neuenheimer Feld 710 6900 Heidelberg
WAGNER, HANS-JÜRGEN Dipl. Päd.	Pädagogische Hochschule Heidelberg Keplerstr. 87 6900 Heidelberg
WERNER, FRITJOF	Schillinghörn 3 2800 Bremen
WESTPHAL, GERD	Institut für Sportwissenschaft der Universität Münster Horstmarer Landweg 62 B 4400 Münster
ZOGLOWEK, HERBERT	Universität Dortmund Fachbereich 16: Fach Sport Otto-Hahn.Str. 3 4600 Dortmund

Sportwissenschaft und Sportpraxis

Herausgeber: **Clemens Czwalina**

ISSN 0342-457X

Sportwissenschaft und Sportpraxis

Herausgeber: **Clemens Czwalina**

ISSN 0342-457X